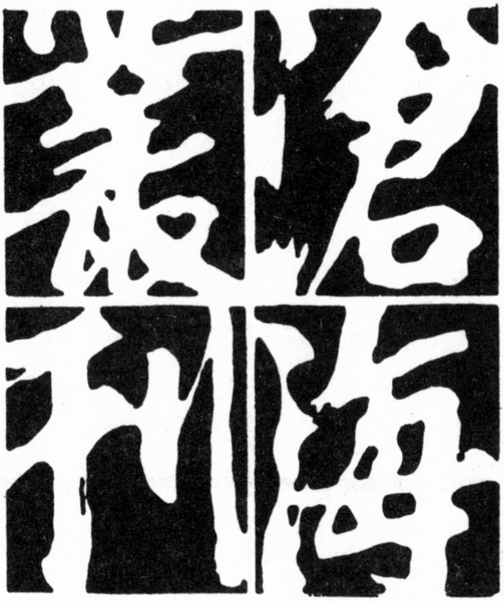

周世輔回憶錄

周世輔 著　東大圖書公司 印行

國立中央圖書館出版品預行編目資料

周世輔回憶錄／周世輔著.--初版.--
臺北市：東大出版：三民總經銷，
民82
面；　公分.--(滄海叢刊)
ISBN 957-19-1323-5（精裝）
ISBN 957-19-1324-3（平裝）

1.周世輔—傳記

782.886　　82000694

著　者　周世輔
發行人　劉仲文
著作財產權人　東大圖書股份有限公司
總經銷　三民書局股份有限公司
印刷所　東大圖書股份有限公司
地址／臺北市重慶南路一段六十一號二樓
郵撥／〇一〇七一七五——〇號
初　版　中華民國八十二年四月
編　號　E 78079①
基本定價　柒元伍角陸分
行政院新聞局登記證局版臺業字第〇一九七號

ISBN 957-19-1323-5（精裝）

卷首說明

我平生爲人，以務實爲本，撰文亦以寫實爲主，本書內容與歷史、文學、傳記、遊記、哲學，均有密切關係。略述如下：

一、就中國歷史體裁言，可分紀年體、傳記體、紀事本末體等，本書以傳記體爲主，紀事本末體爲副。

二、就西洋文學言，可分古典主義、自然主義、寫實主義、象徵主義等，本書以寫實主義爲主，古典主義爲副（如詩聯）。

三、就中西歷史哲學言，可分唯心史觀、唯物史觀、宗教史觀、政治史觀、社會史觀、民生史觀、天命史觀、倫理史觀等，本書則偏重民生史觀、天命史觀和倫理史觀。

四、就中西人生哲學言，大致分爲：1.悲觀主義、樂觀主義與達觀主義；2.自然主義（天命或宿命主義）、力行主義（人爲主義）與盡其在我的人生觀（盡人事聽天命）；3.利己主義、利他主義與互助主義的人生觀；另有個人主義、家族主義、社會主義、民族主義、世界主義、天人合一的人生觀。本書涉及甚廣，並贊同樂觀主義、達觀主義、力行主義、利他主義、互助主義、民族主義、世界主義以及天人合一的人生觀。這裏要說明的是，我的祖父母生於滿清道光年間，父親與伯叔都生於民國前三十年左右，彼時人人信神拜佛，家家看相算命，直到民國初年遺風猶存。我既以寫實主義下筆爲文，故對上述各項，亦照寫不誤，以存其眞。

五、出版回憶錄性質的著作，如專寫作者生平事功，自我標榜，很難取信於人，倒不如博取文、史、傳、遊的資料，編入相關章節中，使書中內容彌漫文學氣氛，涵蓋歷史文物，推介傳奇人物，神遊名山勝景，集散文、韻文爲一體，溶傳記、遊記於一爐，包羅萬象，引人入勝，可讓讀者閱此一書，能獲多種學識與樂趣，回味無窮，這是我撰寫此書的主要願望。又本書在撰寫期中，甚多資料搜集、文稿校繕、篇幅調整事宜，交由舍弟文湘負責，工作甚爲辛勞，特誌留念。

周世輔回憶錄目次

第一章 求學時期

自民國前六年至民國二三年（公元一九〇六——一九三四），共計二十九年。

本章包括：一、童年與私塾，二、小學肄業兩個月，三、中學求學前後，四、我的大學生涯，五、內憂外患與家難。

第一節 童年與私塾

我名世輔字文熙，於民國前六年丙午，即滿清光緒三十二年農曆正月十四日子時，生於湖南省茶陵縣茶鄉（後改爲第四區）周陂水頭村。父親升元公，譜名則恒（取日升月恒之意），生於清光緒丙子年十二月二十七日卯時。母親譚氏，未出閣前名清姑，于歸後名丙嫂，生於清光緒己卯年七月二十日酉時，歿於民國三十一年十二月二十六日丑時，享壽六十三歲。祖父觀國公（取觀國之光之意），與祖母劉氏同年生，祖父享壽八十有三，祖母享壽八十有四，夫婦齊眉到老，同慶高壽。祖母生子四女一，計有孫男女、曾孫男女二十餘人，「福備三多」，有「眼觀四代，眉齊八旬」之頌譽。

鄉間因無報紙，國家大事，僅憑口傳，多有未悉。惟慈禧太后之死與宣統（溥儀）即帝位，倒也大家知曉。外祖父存信公特別記得宣統，彼稱外孫周世輔與宣統同年生，將來必有大出息，此種聯想與推論，雖然不合邏輯，但亦可以自我安慰。惟近年在臺北看「末代皇帝」一書及電影，知道溥儀三次做皇帝，三次被黜，身為囚徒、園丁等，我亦不願與他相比了。

下面要記敍的是：㈠生於孝友慈善之家，㈡長於青山綠水之鄉，㈢私塾讀書甘苦談。

壹、生於孝友慈善之家

祖父觀國公配得上「洪福齊天」一句頌語，公少年雖為農民，但年近五十，即告退休，因為子孫衆多，無須自己服勞。早上送牛、猪到江邊草地（有看牛人來接牛），上午至附近田畝巡視水路暢通與否？飯後午睡，晚間與鄰居在室內或室外聊天（冬日圍爐、夏天乘凉）。有時與祠堂首司看顧晒穀，有時赴鄉黨飲酒應酬，他人忙忙碌碌，他則自由自在，亦有點像郭子儀，孫曾太多，不見得盡知名字，問安惟「點額」而已。最難得的是：他六十歲時，掉了一顆門牙，六十一歲長回了一大半，從此活到八十三歲，牙齒齊全，飲食不避硬物，玉米、黃豆均是下酒常品。古謂「齒落重生」乃壽者之相，實在言不虛傳。

他雖非大富，但年有餘貲，可以買田置產，曾建新屋兩次，第一次與父親平分，第二次分與長孫。遇有修橋舖路等慈善事業，必定捐款；迎神拜佛，必任香首（第一名），普獲鄉人尊敬。又滿清時代流行捐官捐監，祖父在六十左右，即納款捐爲監生，自此官袍官靴，與秀才同列爲地方紳士；祭祀主祭，地方有紛爭，即被請作調人——和事佬。

祖母與祖父同年生，而性格相反。她終年忙碌，早起入菜園除草摘鮮，白天忙於烹調雜務（惟洗衣掃地有孫媳擔任，不必動手），晚上還做針線。左隣右舍，均叫我們勸她休息。我入中學後，知她勤似昔魯之敬姜，不能中途停頓，要大家不再勸阻。一直活到八十四歲，病前一日猶孜孜不倦，自做餐食。

這裏要特別說明一件事，就是祖父、祖母逝世前，臥床不起，拒絕服藥，均無疾而終，未見有何呻吟痛苦，親友均稱「大福大壽」。

祖父母有一女嫁與離家十華里之古城譚家，姑父中年棄世，姑母撫二子孀居，家稱小康，生活無虞，鄉人有諺語云：「大衆客廳沒人掃，大衆姑母沒人要！」

首先，姑母亦有無人探視之感。某年母親規定：「每逢舊曆新年初二，必有四位內侄以上赴古城拜年，風雨無阻。」我則年年必須參加。自此，姑母年年高興，必備嘉餚招待，隣居亦稱讚不已。

另外，父親規定：「每年舊曆新年初一上午，必有六人以上遠赴緣化冲（離家三、四華里）

祖父墳前拜年；歸來又去離家一華里之祖母墳前拜年；然後同赴村中祖祠團拜。」祭祖聚餐，孝友傳家，鄉人稱羨。

祖父母有子五人，除晚子出撫外，家有四兒，本希望各兼一業，惟二伯父坤元專務農業，大伯父乾元以農兼裁縫，三伯父以農兼織布，父親則以農兼商賈。

母親譚氏爲捐監外祖父譚存信公之次女，賦性嫻淑，多謀多能，夫唱婦隨，旣勤且儉，家運蒸蒸日上，亦年有餘貲，可以購田增產。父親初兼行商，後在家中開店，鄉賢國丞公代取店名爲「懋化居」，並代書之，初不知其含義，後讀書經，始知「懋（貿）遷有無化居」之簡稱，即家庭商店之意。數年後，有江西商人（湖南商店多由江西商人主持）來邀，在附近沙園下租下尹映斗先生之店面開「鴻發號」，一時生意興隆，家產因之漸增。不久，父親又在離家不到一華里之江背，另開「同義和號」，亦是門庭若市。惟後來「鴻發號」因生意清淡關閉，故能集中力量經營「同義和」耳。

鄉間子弟多務農，教子讀長書，本不容易；我家因財運日佳，父母親有長期教我之意，祖父聞之，願贈十畝水稻田玉成之。我自己亦有此志願，且鄉人迷信，傳我誕生之日，有穿長衫之讀書人入我家，未見出門，這些傳言不可靠，但亦可讓我長期就學一臂之助。

從前讀書人家有一種傳說，認爲希望子弟讀書有成，考試順利，應多積陰德，換句話說多做慈善事業，有所謂「一命、二運、三風水、四積陰德、五讀書。」就是說用功讀書，祇占五分之一，卽百分之二十。

來臺後，各中學，甚至各大學，都有考前準備之舉，民國五十年左右，有某大學邀我去作此項講演（一名考前猜題），聽衆擁擠，緊張萬分，我爲鬆解情緒，開頭便說：你們今天參加聯考及高考特考，準備要有百分之八十，考運祇占百分之二十。如果早生八十年或一百年，生在滿淸時代，參加各種科舉考試，準備祇要百分之二十，考運獨占百分之八十，那多麼輕鬆；聽者忽然感覺意外！我便說從前的「考客」是：「一命、二運、三風水、四積陰德、五讀書。」大家哄堂大笑，爲甚麼不早生一百年？

那時，旣重視積陰德，故父親較祖父更熱心於公益事業，除修橋舖路外，又加了一件修野墳，凡無人打掃或者無主而荒蕪的墳墓，經人報告或自己調查所知，一律列爲修理範圍。可是請人修墳與修路不同，因爲墳與鬼（陰魂）發生牽連，修墳工頭，必須懂得安魂，否則會引起麻煩。有一次在西邊山上動土修墳，蝦蟆螳螂到處跳躍，施工者以爲有鬼作怪，請工頭作法安魂，工頭買了香燭鞭爆，一面口中唸唸有詞，一面環繞應修各墳大放鞭爆，一時蝦蟆螳螂不見跡影，回家晚飯，猶大談特談，佩服工頭「法力」。當時我年小，亦信以爲眞，長大入了中學，迷信觀念減少，方知鞭爆一放，硝磺氣四散，蝦蟆螳螂自然遠走高飛，不是工頭的法力所致。這種以理性破迷信的道理，當時還不敢向三十歲以上的鄉人談及，怕他們指我爲年輕妄談。

父親參加或捐錢舖修之路甚多，惟領導修築自興隆橋通達復隆橋之長路，爲我所親見，修好之後，行人誌感，牛馬通行亦感方便。猶憶我年幼時有一次患感冒，母親請道士來家作法收魂（鄉人迷信：以爲小孩生病時，恐怕已失魂）。母親問他：「試詢我家有什麼應做的事未做？」他把收魂米一撒，指着兩個小米堆說：「這是兩個橋墩，中間沒有架好橋板，你丈夫一定在此處許了願架橋！」等到父親回來，母親說：「趕快還架橋的許願。」父親說：「我許了什麼願，要架甚麼橋？」母親將道士的話實告，並且說，切不能忘記還願！父親思索良久乃說：「好像在蔴舖田過橋時，看見橋板多已破爛，心想：如果近的話，可以領銜代爲修橋。」母親再問多少路程，得知爲二十華里，乃催父親趕快雇人砍樹（家族山上有樹），請木匠造橋板二十，並雇工四十名（每兩人扛一板），浩浩蕩蕩，扛至二十華里，爲蔴舖田換新橋，當地農人圍觀叫好，沿途住民出來稱讚。

父親雖賦性剛強，不作任何宗教信徒，但公家迎神演戲，拜佛誦經，每次必被推爲總經理。前面已經談到，祖父必被推爲香首（捐款最多）。我幼時，亦必與道士或和尚同睡公共宿舍，以便早起，代祖父擋香盤跪拜。同住同餐各信徒，總以爲我如此敬神，他日必有大作爲，我自己則莫名其妙。

父親個人不信任何宗教，母親則既信佛教，亦信道教，中年後早上吃素（湖南人進食三頓乾飯，早上不進食稀飯），號稱半齋。她於民前十一年初生大姐世英後，越三年，祖父命大伯初生之次兒純熙過繼父親名下爲子，並由母親撫養成人（後生有門喜與厚生兩男，不幸於民國二十一年被共產黨殺害）。但仍五年不育，在鄉間「不孝有三，無後爲大」之觀念下，頗爲焦急。那時，惟男孩能傳宗接代，女兒與過繼的兒子不算，因此，看相算命，求醫問卦，敬神拜佛，祇求一舉得男。五年後（光緒三十二年正月十四日）我告誕生，全家歡天喜地，遵某相師言，說我有富貴命，不易撫養，且剋弟妹，年齡差距要在十歲以上，才能生長（母親先後生育男女六人均夭折，胞弟文湘誕生於十二年之後），必需送作窮人家做義子，方能健康長壽，於是半夜生下來洗沐之後，母親不能見面，抱至祖宗堂前參拜，穿過一蒸飯之大蒸桶，送到隣居湯家義父母處，焚香拜祖，約留數小時，俟天亮而後抱至母親身邊餵奶，母親高興萬分。好像演了一場具有安全感的短劇。

我生之後，父母更樂於從事慈善事業，附近修橋，固需攤款，遠處建廟，亦要捐錢，祖父母亦不例外。母親則聽到人家有生病或傷患，即親往探視，如需緊急開支，即予送錢或貸款，受者無不感激萬分。

貳、長於青山綠水之鄉

先談綠水，後講青山。

一、綠水映帶乎左右——先從朱熹詩講起，其詩云：

半畝方塘一鑑開，

天光雲影共徘徊；
問渠那得清如許，
為有源頭活水來。

吾師秉族伯周法華先生謂此詩卽為「水頭村」之寫照。按朱子此詩可作兩種解釋：一是寫「景」，描寫當地的風景與環境；二是寫「境」，抒寫作者的境界與胸懷。

就寫「景」言：是說在半畝方塘（池）中，可以看到天光雲影在裏面徘徊，強調作者對此奇異風景，有特殊欣賞，如王勃之「秋水共長天一色」（〈滕王閣序〉），白居易之「一條白練峽中天」（〈入三峽次巴東〉）。

就寫「境」言：有人把人生境界分為四種：㈠渾渾噩噩的境界，㈡功利境界，㈢道德境界，㈣天地境界。所謂「那得清如許」的天光雲影，在塘中徘徊，乃是指作者具有天地境界的高深修養；所謂「為有源頭活水來」，乃是指作者自然而然具有此種修養，不是勉強得來的❶。

法華老師謂朱子此詩乃水頭村之寫照，大概是就風景與環境而言。欲問吾村何以叫「水頭村」呢？乃是有條溪水，源出茶陵、攸縣交界處之分水嶺，綿亘數十華里，至饗子潭上傾瀉而

---

❶ 我中年以後，愛讀老、莊著作，並寫過《中國哲學史》，嚮往天地境界（天人合一與人天大同）的人生觀，或許亦受了朱子此詩的影響。因為我家住宅左後方，剛有一方塘，早晚常去散步，不時看見塘中之「天光雲影共徘徊」。

下，形成寬數丈、高數十丈的大瀑布，飛銀濺雪，蔚爲奇觀。農民在潭邊攔水作圳，灌溉數村稻田。因爲這是山溪下山的第一道清流，所以我們的村子叫水頭村。又因山溪水千年不涸，所以水頭村的稻田便千年不旱，他處畏旱之農民，無不羨慕之至。

此溪由甕子潭流至龍明潭，又爲農民攔水作圳，灌溉十多華里之農田，分支像網狀，流經大小數十農村，號稱「千擔種」，即可灌溉一千擔種子之農田，其範圍之廣，可想而知。

溪水再由龍明潭曲折而下，流經水頭村腳時，因碰上石壁，水勢急轉回流，演成螺絲旋轉形狀，號稱「螺絲灣」或「螺絲潭」，深不可測，木筏者無意陷入，即循環圓轉，非有人工救助，無法划出，捕魚者亦不敢接近。惟據風水先生贊稱：「水頭溪水沖巖回流，富甲一鄉。」水頭村民因無旱災，得天獨厚，生活似較他村富裕。

我間關來臺時，故鄉留有二女一兒，長女天英（婿黃明智），次女月英（婿譚益民），兒庭光。近年兩岸開放通訊者多，次女來函，告以庭光於晚上捕魚時，誤陷溪中馬腳潭之石洞中，當時鄉民仇視「反革命」子弟，無人往救，及堂侄輩聞訊趕往，已淹死多時，撈獲後草草埋葬，可云慘矣！讀後心痛如絞，徒喚奈何？

此溪水流不大，漲水時可以飄放木材至蒲江。離村後直下周陂，至蒲江與高隴溪合流，可通民船，抵縣境與洣水滙合，流經攸縣、衡山縣後，而入湘江，爲船舶、木材運輸之要津。父親與胞弟曾與商友合作，做過穀米木材生意，坐船往返，惟次數不多耳。

家譜載：「武王伐紂成功，以周爲天下之號，至昭王南狩，長子歆諫不從，以王位遜弟滿，自就封外郡汝南，以國號更姓周，此爲天下周姓之所自始也。」「漢末周瑜輔東吳，與昭烈鼎峙，延漢一線，又爲吳楚周姓之鼻祖。」其子孫發達，分徙江蘇、浙江、湖北、福建、江西、湖南等省。其中吉水派傳至彥章公徙永新，宋朝末年，永新永言公季子道存公，以進士刺荊州轉任茶陵，因元軍侵犯，於辭刺使後返原籍，途經蒲江籐谷山，他愛此處風水甚佳，可以發族，遂留住於蒲江之周家坊，爲雲陽周家之始祖。後果瓜瓞綿綿，其子孫分遷於周陂、白塔、上下西嶺、水頭、田心里、梯隴、墨莊等處，高達千餘戶之多，約爲十四都總人口之半數。

又道存公五傳至孔彰公，由蒲江開基周陂，大祠名「世禮堂」，衍三楚，啓六房，蔓延於本隴，村落相毗鄰，人丁之繁，房分之衆，文風之盛，均爲雲陽周姓之翹楚。至吳楚周氏、雲陽周氏及二房長分之派系流傳，詳細情況見本章附圖一、二、三。雲陽周姓班行字輩共四十八字，每字代表一世次，子孫取名按世次各取一字冠其首，聞其名即知輩分，尊卑之序，秩然不紊，其班行輩字錄後：「長國民懷，元子惟道，士之有家，奉以爲則，世生仁文，克修其業，榮耀本宗，瑞應昌吉，升朝揚廷，才顯功立，承先垂聲，永傳後澤。」

民國三十一年，茶陵縣周陂市周氏世禮堂族中父老，經多次集議後決議，籌辦第九次重修族譜。因修譜是族中一件大事，三十年重修一次，要花一筆鉅款，籌措相當困難。至調查、編輯、校對等事務，須認眞辦理，不能發生錯誤。參加修譜人士，都愼重推舉，尤其是總管人選，族人非常重視。父親升元公以德高望重，兼有理財豐富經驗，爲衆望所歸，被推任譜會總管，主持譜務，積極展開各項工作。胞弟文湘負責編校，駐會辦公三月，始竣其事。我時任福建省圖書雜誌審查處處長，應族中父老函囑，曾撰第九次續修族譜序，強調擴大宗族主義爲民族主義，族人努力目標，除光宗耀祖與揚名顯親外，且應公忠體國，爲民族爭光榮，茲錄原文如下：

中華民國三十一年夏，余長福建省圖書審查處，余弟文湘由閩歸省，族間父老集議重修第九次族譜，文湘奉父老之命，寄縉德公、仰山公與光煥公序文三篇，囑余序。余自束髮受書，以迄服務黨國，初未嘗留意先世所修之譜牒，及讀縉德公序，知吾姓淵源有自；再讀仰山公序，知吾族支派繁衍；三讀光煥公序，於一本之誼，生親愛之心，更切望新譜之早日觀成。

余生於前清光緒丙子年春，適逢第八次續修族譜，歲不我與，迄今三十又七年矣。當此三十七年中，國事如麻，變亂靡定，衡之歷史，或較任何朝代中之三十七年爲重要。就國事論，辛亥武昌起義，一舉推翻滿清，建立民國。民國二年袁世凱稱帝，以張勳擁溥儀復辟，六年國父中山先生在廣東推展護法運動。十二年曹吳賄選，十五年國民革命軍誓師北伐，十七年統一告成，十八年至二十二年間，湘贛邊境慘遭紅羊之厄，二十年發生九一八事變，次年發生一二八事變，二十六年發生七七事變，全國一致抵抗暴日，三十二年一月十一日英美對我放棄治外法權，以上各項，均爲重大國事。

再就世界大局論，民國四年發生第一次世界大戰，吾人生此動盪時局中，個人固飽經患難，宗族亦受其影響。自廢科舉興學校以來，吾周氏族人，初尚囿於固習，不願送子弟入學校讀書，以致教育幼稚，文化落後。昔日耆宿如秀才金振公、廩生法華公均先後謝世，後進如羅松兄、世傑弟均遭匪徒所害，今知識分子，寥若晨星，此受時局之影響一也。當民十九年與二十二年間，赤燄滔天，壯丁死於鋒鏑，老弱轉乎溝壑，田園荒蕪，廬舍爲墟，人口驟然減少，元氣損失殆盡。茲逢抗戰軍興，征兵征糧，均有無法應命之感，此受時局之影響者二也。他如人心之澆薄，風氣之窳壞，在在與時局之變化有關。

昔日言宗族者，可以不顧國事，今日言宗族者，必須兼顧國際大勢。蓋吾人今日欲求改良習俗，振作人心，恢復地方元氣，提高文化水準，應先盱衡時局，順應潮流，既不可故步自封，亦不可與國策相逕庭也。抑有進者，曩者吾國國民往往重宗族而輕民族，故易遭外侮。國父以爲欲救吾中華民族，必須擴大宗族主義爲民族主義，以抵抗外來侵略，此爲金科玉律之言，徵之於此次團結抗戰而益信。今後吾人努力目標，固不僅在光宗耀祖或揚名顯親，且應公忠體國，爲國家民族爭光榮。蓋國弱則宗族無法自強；國強則祖宗千秋血食，亦得與河山共其悠久，後之族人，其亦深體斯言乎！

二、青山環繞於前後——青山環繞於前後，綠水映帶乎左右，這是水頭村的寫眞，綠水已述如前，青山容述於後：

滿清時代，茶陵州（民國改州爲縣）分四鄉，即茶、睦、西、衷。吾縣名茶陵，位居湖南之東（簡稱湘東），與贛北毗鄰；又茶陵以都名里，茶鄉轄管十三至十八都，我家居周陂市水頭村，屬十四都，國民政府行政院長譚延闓（祖安）先生家居高隴市石床村，屬十五都，隔山上下爲鄰，相距約十五華里。其先翁譚鍾麟先生，在慈禧太后當政時代，曾任六省總督，書文均佳，鄉間新建祠堂，多請他題聯。他在我們水頭村周氏二房長分祠，書題聯甚長，現難全背，祇記上聯首句爲「鄧阜左踞」，下聯首句爲「仙巖後屏」，此指兩名山而言。下面先講仙巖寨，後談鄧阜山。

1.形如老虎的仙巖寨：相傳元兵入踞，漢民反抗，各方勇者立寨爲王，不肯屈服，故吾村後山，既有仙巖寨亦有歌鶯寨，惟後寨久無踪跡，前寨則演爲仙廟。

此廟之奇特處，並未敬奉任何神仙或菩薩，祇在神殿上安置銅牌一面，刻有雷公電母及其他天神，鄉民有人患病，卽扛銅牌奉爲神仙塑像，以香燭三牲敬之，祈求消災解厄，不藥而病除，香火甚鼎盛。

由吾村前往此廟，約二小時可達，沿途皆「之」字路，崎嶇險阻，不易前進，臨門仰望，巖石如虎，故又名石虎山。進門右邊，見有大石洞，不知有多深遠，聞可通鄰邑攸縣。相傳洞內住有頭上生冠巨蛇，每年五、六月中夜間出洞一次，經過之處，稻苗爲之壓倒一條長線，但無人看到此蛇，姑妄言之，姑妄聽之。

我幼時曾往遊三次，因巖前缺泉水，一面以大水缸儲天水，一面要下至半山挑水，非常艱苦，故和尚多未能久居，有時由居士結伴管理而已。由廟側有小路上山頂，坡度甚高，步行困難，及臨山峯，仍有寨址遺跡，殘餘的磚瓦甚多，可作「立寨」之說的見證。

就風景或風水論，仙巖寨山脈，計分數十支，下達數十華里，內中多奇景。堪輿家即據以講風水，建築陽宅（住室）或陰宅（墳墓），多在這些脈麓覓地。周家祖墳就葬者，多達數十處，就地建住宅者亦不少，均由堪輿先生選定。先母於抗戰期中仙逝，堪輿家戴仁友先生相擇墓地在仙巖寨山脈的支脈山麓，冬天闢掘墓地，挖土三尺，土中突冒熱氣，似炊煙狀上升，事誠罕見現象，無怪乎鄉里競傳為「佳城」。戴先生面賀是福人福地，他為人堪輿數十年，從未發現如此美景。

現在臺灣人的風俗，死者多用火葬（惟鄉間仍有覓風水良好之地舉行土葬者），購宅者多由建築商安排方向（惟鄉間建屋仍有請堪輿先生覓地與選方向者），居者聽之而已。但生在滿清光緒以前之老百姓（尤其富貴人家與知識分子），幾乎沒有不信風水者，如火葬父母，必視為大逆不道；建屋不看風水，家人不敢遷入。反之，堪輿先生說你家祖墳或住宅風水好，子孫必欣欣然喜，努力從事成家立業工作，或許因此而家運興隆，也未可知？

2. 九牛推磨的鄧阜山：「鄧阜朝陽」為茶陵八景之一，為茶鄉首屈一指的勝地。我去過一次，四面九峯羅列，號稱「九牛推磨」。供奉什麼菩薩，早已忘記，祇記得香火甚旺，朝拜者甚多。其山脈由江西大庾嶺蜿蜒而來，山麓遍及茶陵、攸縣及江西一部分。單就茶鄉言，其正面朝着十五都，右麓延及十四都及十三都，左脈涉及十六都，故後來十五都叫阜陽鄉，十四都叫阜麓鄉。

民國十六年，我任縣立四區小學敎師時，同事譚朝庶先生善談風水。他說：「鄧阜山在茶鄉有三大支脈：左脈奔騰於社下（屬十六都）李家村，出了明朝宰相李東陽；中脈蜿蜒於石床（屬十五都），出了六省總督譚鍾麟及行政院長譚延闓父子；右脈飛躍於雉公山（屬十三都），出了清末榜眼尹雲綬（曾一度任袁世凱機要秘書，因對義和團事件看法不同而分手）」。我說：「爲甚麼我們十四都與十五都同屬中脈，何以不出大人物呢？」他說：「十五都譚延闓父子佔了兩位，把你們十四都的名額奪去了。」聽者哈哈大笑；我則爲十四都人仰天太息，大叫「命薄」！慰我者說：「不必洩氣，還看將來。」好在我是好談風水故事，並不深信這套，否則要聯合鄉中人士，向上天玉皇大帝告狀或抗議。

螺絲灣山上成半圓圈形，圈中葬有一墳，北面朝着鄧阜山、石虎山脈有支脈經此而走鳳凰嶺。因此，我把綠水青山合起來，撰了一聯云：

甕溪滾滾下龍潭，南來首作螺絲轉；
石虎騰騰趨鳳嶺，北望南朝鄧阜山。

叁、私塾讀書甘苦談

由民國前一年至民國十一年（西元一九一一—一九二二），六歲至十七歲，共計十二年，全爲私塾時期。

在以上十二年中，除私塾生活外，可記者爲鄧阜山發現特種礦的經過。故下面標題有二：一爲喜見名山藏寶石，談特種礦的風波；二爲久留私塾似籠禽，談十二年私塾生活感想。

一、喜見名山藏寶石——王羲之撰〈蘭亭集序〉云：「此地有崇山峻嶺，茂林修竹。」鄧阜山足以當之而無愧！該山峯高面濶，崗嶺重叠，故鄉下人欲借大款或完大債，都說：「我將以鄧阜山（指全山言，不是指廟區言）作抵或賣給你！」這表示鄧阜山山區廣大，且有寶藏，沒有人買得起。我遊美國黃石公園時，見有焚過樹木甚多，經詢老遊客，謂國家管理人員故意不救火，要保持天然狀況。又住南嶽半年，見冬季羣山起火，也無人救火，知皆爲茅山，不値得動員去救，鄧阜山亦然。幼時在冬天常見火燒山區，草茅俱焚，火後聞有人去檢山栗（可食）而已。

不料天下事由泰而否，亦有由否而泰；由盛而衰，亦有由衰而盛。鄧阜山頂有一天然大池，足夠數百人飲用，相傳元代有人在此立寨稱王，反抗異族統治。惟房屋早毀，僅見零星瓦片，故山頂又名爲「瓦子坪」。大約民國六、七年間，有位和尙想在此重建廟寺，募集工友，動土興建，一天覓運基石，見一純白石塊，平常兩人可以扛動，竟分次增至八人方能扛起，深覺奇怪，大家把它用巨捶擊破，祇見金光閃閃，片片烏黑，因此叫它「烏金石」。我那時在法華師家讀書，他家有少數地產在鄧阜山，人家送來烏金石碎石數片，我當時見所未見，亦引以爲奇。

後來有人帶至長沙，送建設廳化驗，始知是鎢礦，係造槍礮及燈絲最佳原料，乃稀有礦物。當時長沙有位西米律師，即帶人至茶陵鄧阜山山主家族，以種桐樹或挖煤礦等名義，向山主批山（租用），以少數金錢，獲得大批山區面積，經向湖南省政府備案後，雇用大批開礦洗沙員工，大量開採。一時茶鄉士紳大爲震驚，一面責詢山主，一面上書行政院院長譚延闓先生，大意指西米律師等以欺騙手段，租得鄧阜山大挖鎢礦，破壞名勝古蹟，請轉令湖南省政府予以制止，行政院即據情轉湖南省政府查明辦理呈覆，省政府主席當然重視，一面轉令茶陵縣政府查明辦理呈報，一面呈覆行政院說明處理情形。茶陵縣長接文後自不敢輕視，正在派員調查之際，忽接西米律師等以鎢礦公司名義控告茶陵第四區團練局，擅用武裝在高隴河邊攔截鎢砂，不准搭船下運，並附所訂備案合法租約，請縣政府派警察加以查明放行，並課攔砂者以重刑。縣長即召西米律師等面詢經過，乃以省府命令見示，西米等仍持民、刑法條文請求查辦。縣長謂：「你們既熟悉民、刑法條文，亦當知行政法規及行政手續。他們告你們騙訂契約、破壞名勝古蹟，假如你是縣長，我爲告訴人，我請你們依民、刑法條文查辦，你們派大批警察前去高隴強迫他們放行（是否引起槍戰，暫時不談），並拘捕團練局主任，按刑處罰，然後據實呈報省府，試問省府會不會這樣照轉？」頓時西米等語爲之塞，答不出話來。於是縣長乃轉換口氣說：「我看事實上，你們的租約訂得很聰明，亦獲得很多便宜，但如果毫不變動，這些便宜頗有問題；何不退一步着想，與茶鄉人士合作，股分各半，化敵爲友，一團和氣，鎢砂自然放行，你們亦自然發財。」後來果如法炮製，雙方合組協和公司，縣政府則據實呈報省政府，省政府亦據實呈報行政院備查，一場大風波，煙消雲散，人皆佩服該縣長的能言善辯與處事精明。

鄧阜山的鎢礦脈苗，遠自江西大庾嶺而來，苗區甚廣，除協和公司所轄之廣大礦區外，尚有餘苗甚多，我與鄉紳尹蓮芳先生等曾上山查勘過，後來當地士紳另組振興公司，公推譚伯壽先生任經理，又組公益公司，由尹蓮芳先生任經理（我父親亦爲股東之一）。民國十九年我赴上海升學，還在長沙向尹先生借了一筆錢，作升學之用，年底由父親在分紅項下扣還。

二、久留私塾似籠禽——談過了鄧阜山發現鎢鑛的風波，現在再談十二年的私塾生活。

民元前一年，我六歲，照例發蒙讀書，父親乃聘同村周多崑先生爲塾師，連續三年，讀完三字經、四書，又讀一部分唐詩，開始作「破題」（八股文第一步）❶。因天資尚佳，爲塾師所稱讚，從未體罰。

民國三年，另聘段木古先生爲塾師，連續兩年，開始讀五經、作短文，因段先生不知何謂新式議論文，故進步甚慢。

❶八股乃科舉考試初步之論文，例如考秀才，即應作八股文。第一段爲「破題」，第二段爲「承起」，第三段爲「小講」，第四段爲「大講」，全文共計八段，即八股。吾師心理學家張耀翔先生謂八股文最好審查（閱卷），內有一股不通，即丟卷子，不必看完全文。

民國五年，父親經商於離家兩華里的沙園下，遂外傅於該村塾師尹映斗先生，住商店鴻發號內，寫字用湘包紙，毋須購買，由店供應，書法稍有進步。

民國六年，就讀於經師梁壽芝先生，讀《東萊博議》，作議論文，始識新式文體。又讀《左傳》至最後數篇，記憶猛進，點書後，默讀二、三遍卽可背誦如流。塾東之妻舅謝君隔室暗窺，謂其姐夫周蘿松兄云：「世輔記憶特強，過目成誦，點後卽背，毋須口唸。」蘿松兄對吾父言，父奇之，詢究竟？我答已默唸兩三篇，彼未聽到而已。半年後，作文書法均有進步，梁師乃囑堂兄清和轉告我父母云：「此子應長期課讀，不可作農民或商人。」雙親聞之，欣欣然有喜色。祖父聞之，恐父親有經濟困難之感，願贈龍頭水田十畝，「充作世輔束修之用」，雙親信念因此益堅。

民國七八年間，梁師他就，從同族補廩秀才法華先生學駢文，雖有進步，而不自覺，華師亦不言及。

民國九年改就經師尹超羣先生於沙園下義塾堂，第一篇作文爲「惟楚有材」，交卷後，尹師甚爲驚奇，讚不絕口，於文中「翼軫分野，不乏偉人，江漢鍾靈，類多騷客。」上面眉批是：「就楚立論，確實不浮。」文末另有佳評，字句忘記。同窗年長者甚忌之，公議共加壓力，處處與我爲難，經數月的忍氣吞聲，從容應付，彼等終於致轉敵爲友，同示好感。

民國十年，負笈梯隴周家祠堂，從黃硯田先生遊，名列前茅，與某同學爭第一名，不分上下。梯隴文人甚多，以秀才紀勛先生爲最，他既主持龍頭的鐵廠，又創辦上十四都的團練，復任第四區團練局主任，並兼協和鎢礦公司四區方面之經理，他在家時，亦常爲我講解古文，我亦視之如嚴師，他並曾爲我改作文。是年冬，謠言忽起，謂有匪徒將刼梯隴，乃將此私塾遷至水頭晴江書屋，在我家附近，黃師更加愛護備至，學業因之更爲進步。

民國十一年再從尹超羣先生於離家二十華里的黃泥冲，第一篇作文爲「赤壁與淝水之戰」，我以駢文筆調，每段前一句講赤壁之戰，後一句講淝水之戰，如此自首至尾，一氣呵成，自以爲新作，但不知屬於何種體裁？尹師見之，大予嘉獎，並向來賓傳觀，因此周圍三十里，無人不知世輔善文。孔子云：「聲聞過情（名過其實），君子恥之。」故自感慚愧不已。

民國十二年春，正是江南鶯飛草長之時，我因事由黃泥冲回家，某夜有土匪十餘人至黃泥冲，攜長槍六、七支，活動火把七、八個，以繩吊巨木兩端，撞開私塾大門，捉去塾東少夫人及其幼弟，時號「吊羊勒贖」，經數月接洽，聞交光洋約千元，始獲釋放，私塾自此停頓。我檢回行李，深感無書可讀，不免徬徨歧途。行至中途一亭中，獨坐靜思，忽憶及陶淵明「悟已往之不鑑，知來者之可追」，乃擬不再讀私塾，應入小學以升中學，免在鄉間浪費寶貴光陰。

良以祖父生於道光年間，心中只有秀才、舉人、進士、翰林，父親亦差不多。光緒三十年廢科舉，興學校，鄉民初不知悉，後雖聞知，尚以爲乃一時現象，將來必再恢復。故民初茶鄉雖設有小學一所，大多不願送子弟入學，我家亦其中之一。民國五、六年間，有人勸我進小學，父親尚不以爲然，以致連續讀私塾達十二年之久。

私塾固然能教人專門讀經書、練習作文章，國文容易進步，但亦有毛病：第一、鄉間無古書可買，讀過四書，再讀五經一部分或全部之後，塾師即不再點書或講歷史，惟三、五天改作文一篇，講古文一篇而已；第二、將來縱能寫通文章，亦不能與中學生尤其是大學生爲伍；因爲學歷不同，不相爲謀；資格不同，不能共事。想到這些，乃在亭中自唱：「我好比籠中鳥，有翅難展。」遂不計年齡，決計前往四區小學插班。

第二節　小學肄業兩個月

我在四區小學肄業僅兩個月，英文學會了拼音，算術講到四則題，沒有求到甚麼學問。但因四區小學設在高隴市石床村六省總督譚鍾麟先生的官邸，情況特殊，要回憶的事情很多，下面談到三個問題：㈠四區小學與賜書堂，㈡高隴與石床的風景文物，㈢鄉賢譚鍾麟先生的豐功偉業。

壹、四區小學與賜書堂

民國十一年春，由黃泥沖返家，將在路上小亭中決定進小學之事，稟告母親，幸獲贊許，父親雖有難色，亦未加阻止。次日即赴高隴四區小學，請求插班，當場命撰一文，題爲「求學之目的」。在私塾時雖不知「目的」意義，但估計與前程相似，大約半小時交卷，即獲錄取高小一年級，此可謂生平的大轉捩點。

茶陵四區小學，原設於高隴上游的小村「斑竹祠」，後因團練局要設在該祠，小學則遷於石床的「賜書堂」。

何以稱「賜書堂」？此官邸乃國民政府行政院長譚延闓（祖安）先生尊翁譚鍾麟先生所建。他是滿清末年翰林出身，曾任陝甘、閩浙、兩廣六省總督，退休時，在長沙、茶陵各建私邸一所，因爲慈禧太后當政時期，每年考績後，對於績優大臣各賜親書「福」字嘉勉，鍾麟先生連續得了九個「福」字，故長沙私邸名「九福堂」，茶陵私邸名「賜書堂」。

譚家石床老村，早已無空地可用，「賜書堂」乃建於村外，面向高隴，共分三進，每進三排，旁有廂房，最後一排有樓房，一部分作圖書室（舊稱藏書樓）。四區小學遷入後，其後裔縮居左後排，其餘均爲小學教室，與師生宿舍、禮堂、飯廳等。右旁有小花園、小涼亭及小魚池，池水已乾，花木雖不多，但有爲鄉間所稀有者，如羅漢松、金銀花及鐵樹等。大陸內地，鐵樹不易開花，故鄉間花鼓戲演梁山伯與祝英臺的，演到祝英臺已許與馬家時，梁山伯唱「許了馬家，亦要娶她。」旁邊人唱：「若要娶她，除非鐵樹開花。」可見鐵樹開花是不容易的。

「賜書堂」園中的鐵樹，也許來自廣東、福建或臺灣，比較容易開花。傳聞譚延闓先生中

「會元」時，此園鐵樹開過花，民元年任湖南都督時，又開一次花；民十七、八年，任國民政府主席及行政院院長時，確實又在開花。大陸甚至臺灣的老百姓，都以爲鐵樹開花是瑞兆、是吉祥，不知是眞的，還是碰巧。

貳、高隴與石床的風景文物

這裏所謂「風景」含有「風水」之意在內，在他人認爲「風水」之區，我便認爲「風景」之區。其實他們稱爲風水好的地方，十有八、九是風景好的地方，因爲講風景可以避免迷信的色彩。

有人說「石床」居鄧阜山中脈之麓，與明朝宰相李東陽居鄧阜山右脈之麓相似，故能誕生譚鍾麟先生父子，兩代政績，均極輝煌。我到了石床讀小學，曾去參觀繞着石床而流的溪水，只看見來，未看見去（迎面而來，繞山而去），說此水與李東陽宰相故里之水一樣。但是我後來到過李村，未去看風水。又有人說：「譚公父子之祖墳是虎形，風水甚佳。」我亦沒有時間去遊覽。

石床對面有一「盤藤廟」，廟前有條大古藤，上下環繞數轉，見之令人大嘆觀止。幼時隨母親去燒過香，但讀小學，未再上去。民國二十六年任教國立同濟大學，遷至昆明時，爲避日機轟炸，有一部分移往宜良縣，縣中亦有盤藤廟，古藤懸繞，似較石床者爲大，令人啓思鄉之念。

高隴與石床，僅二華里許之遠，兩地均為譚姓，惟祖籍不同。高隴之所以高，與石床之河床有關。我讀過地質學，知道下游為巖石，上游必為高地，蓋河床不能為河水冲低之故。因為石床的河床均為巖石，故上游便形成「高隴」。

高隴當日為茶鄉（第四區）行政中心、教育中心、軍事中心、商業中心、交通中心及人事糾紛案件調解中心。隔河兩岸，都有商店及住戶，有大石橋通往，為湘東贛西來往要津。因此，人才亦班班輩出，高隴方面有舉人譚惠青先生，文章書法均佳，曾任譚延闓先生長沙九福堂之家庭教師，後亦常有書信來往。又有譚鈞仙先生，於譚公督湘前後，任湖南省議員。譚智吾先生任職稅務及電訊工作。另有譚國銘先生以商業起家，在譚公督湘時，常為座上客。

石床方面有多人隨譚公在湘在粵服務，最後有堂姪譚文啓（號曙村）先生，在行政院任機要秘書，有時代譚公書聯或函件，追隨多載，直至譚公棄世之後，猶在行政院工作。譚公生於廣州總督官邸，一生服務於他鄉，僅曾回石床、高隴一、二次，民初致惠青先生詩云：「長夏空齋百慮清，端居還憶老經生；書堂燈火餘前夢，高隴桑麻想太平。人世茫茫誰得料，風塵點點愧無成；蟠藤山色應如昔，知我懷君此日情。」

叁、鄉賢譚鍾麟先生的豐功偉業

譚鍾麟先生字雲覲（始名二一監字文卿），皐陽鄉高隴市石床村人。少時家貧，不能供饘粥。

年十六，由石床至仁源村，拜名師譚敎諭直青先生爲師，發憤求學數載，已有深厚基礎。然後志氣彌厲，入府應試，徒步往返數百里，未嘗乘車船，清道光二十三年提學試第一（考取秀才），二十九年鄉試中式（舉人），咸豐六年會試中式，賜進士出身，改翰林院庶吉士，九年散館授編修，是年秋翰林會考，又名前列，這是清代科舉學制中的最高學位。

同治元年充湖北鄉試副考官，鄉舉總督文恭，「欲爲施南府別出試卷，俾利邊郡」。雲覲獨曰：「奉命主試，不可更舊章，且安知施南終不舉者，持不可。」試後施南中式者七人，文恭愧服。是年冬，補江南道監察御史，強調「御史効忠補闕，深維國家安危利害，令可施行」。奏請「非廉明伉直有節操者，不得保送御史，違者罪坐長官」。得旨下部議行。三年春，恭忠親王以召對時，語言不檢，被嚴旨罷，交付閣議。雲覲以吏部給事中會議內閣，主會者傳示衆曰：「議已定，趣署名。」以「朝廷有所疑，故令集議，奈何首鼠持兩端」，拒不署名。並獨奏論列：「海內多事之秋，全賴上下一心共資康濟，而懿親爲尤甚。若廟堂之上，先啓猜嫌，根本之地，未能和協；駭中外之觀聽，增宵旰之憂勞，於大局實有關繫。」奏上，上大感悟，復恭忠親王直軍機，名震京師。

五年授杭州府知府，恤流亡，理獄訟，清賦稅，捕斬橫行鄉里與擅殺良民之豪強徐正魁與張桂林，觀者數千人，無不歡呼。又總督過境時，騶從暴橫，立擒笞之。巡撫欲曲法活人，令按察使諭意，卒持不可，不爲威武所屈。

七年擢河南按察使，爲軍機大臣文忠奏薦，因會議內閣時，久聞其名，是時文忠未識雲觀，雲觀初不知爲文忠所舉，後悉其事，亦未往謝，論者於是兩賢之。十年除母喪入都，陝甘總督左宗棠薦授陝西布政使，以深知民情，更易民所疾苦法令；又解除嚴禁回民出城禁令。惟諭禁民不得相讎，卽訟，戒屬吏無有所袒，回民感泣，誓不犯法。光緒元年擢陝西巡撫（省長），駕輕就熟，政通人和，政績彰著。時值左宗棠率大軍西征，方督師甘肅，徵餉東南，設糧臺陝西，總其事者爲雲觀，徵發立應，不繼卽取庫儲濟之，師行悉無留誤，厥功甚偉。故宗棠奏曰：「數年來百姓綏靖，糧餘不匱，臣得一意軍事，無內顧憂，皆巡撫力。」奉旨賞戴花翎。五年任滿入覲，召見者三，慰勉有加。旋調浙江巡撫，銳意爲治，糾汚獎良，吏治清明。並改革鹽政與釐稅，建統稅法，商民稱便。仁和縣吏何秉仁浮收漕糧，積資數十萬，立逮斬之。將軍以下皆爲請，卒不聽，官兵震懾。又躬巡海瀕，莅築礮臺，督修海塘，建文瀾閣，收藏高宗賜四庫書，開局延文儒校刊羣籍，因此浙江治績聞天下。

七年冬，授陝甘總督，承左宗棠征回之後，大功初定，善後萬端。甘肅地邊民窮，歲餉仰給他省，亟謀自給。乃汰冗員，修吏事，尤務與民休息，並改良稅制，使庫收增加。未幾黃河大決，災民遍野，嗷嗷待哺，願捐餘蓄六十萬助塞河，及賑災民，朝野警服。臨事又忠義奮發，急君父之難，常爲天下先。居官九年，吏畏民懷，無水旱兵戈之事，庫儲銀至百餘萬兩，州縣積穀數百萬石，十倍於初至時。嗣以眼疾，數請解任治疾，及疾劇始得俞旨。後遇陝西楊醫鍼目復明，復召入都，詔以尚書銜補吏部左侍郎。

十八年出爲閩浙總督，福建本貧瘠省區，海防費巨，皆貸之外人，罄歲入償，庫儲空虛。又養兵數十營，軍費鉅大，且驕橫無紀律；船局歲費百餘萬，流弊尤多，主事者視爲利藪。雲覲爲嚴整軍紀，重申約束，裁兵罷老，軍律一新；又大簡船政，盡斥冗員，使幹廉者主其事，成績倍於往時。由於嚴稽歲入，控制歲出，反有結餘，遂畢償前所舉債。七月兼署福州將軍，主管閩省海關稅務。海關原多故弊，積習難改。接任之初，即整飭稅政，嚴格執行，果然稅收增加，得以補償前將軍虧負，未嘗自言功。十月調四川總督，因故未赴任。

二十一年四月，調兩廣總督。「承困敝之後，綱紀放弛，盜賊公行，吏事不修，貪污窳惰之風相扇，萬事紛然」。故採用重典，凡違法失職者，均繩之以法，令出必行，以救時弊。認爲粵患盜多，非民性使然，是賭爲禍根，非禁賭不爲功。於是盡封賭館，有犯必懲，尤嚴官吏納賄之禁，貫徹執行，收效宏著。又廣東濱海，互市爲先，與外國交涉，繁於他省，均據公處理，非條約明許，不肯絲毫遷就，雖恫喝無所讓。關於英租九龍與法租廣州灣外交案件，事定始知，仍電奏「形勢關繫，不可輕許。」二十五年秋，朝令廣西提督蘇元春蒞廣州灣議界事，堅囑理事。不料蘇盡許法所索。雲覲怒奏劾蘇，請立廢定約。會遂溪縣民與法兵鬪，傷其渠長，命黜知縣以謝，議界遂定。雲覲歎曰：「爲國家守土，不能保，又重傷吾民，何顏復居此乎。」五上奏力求解任，奉旨晉京陛見，力陳衰老，乞許開缺，三請乃奉俞旨。從此以老謝客，絕口不問世事，忘其貴官。晚年患中寒，體力衰微，於同治三十一年三月十二日端坐而終，生於道光二年三月十九日，享壽八十四歲。

第三節 中學求學前後

本節是中學求學與社會服務的回憶，甘苦難忘，意義甚為重大，並研討下列問題：㈠長沙市面面觀，㈡進補習班白了少年頭，㈢楚怡肄業四年，㈣出任小學教員與縣黨部委員。

壹、長沙市面面觀

民國十一年離家去長沙，那年十七歲，農村生長的我，初到省城，人地生疏，一切均覺新奇，有似劉姥姥進大觀園，眼花撩亂，不知如何是好？為了入境問俗，便看了多册介紹長沙的書，始知其概要，且有先來同鄉同學開導，有關生活與讀書等問題，總算獲得滿意的解決。

長沙市是湖南省會，位居本省東部偏處湘江下游，為我國歷史二十四文化名城之一。湘江流經全市，江東是市區，江北是著名的嶽麓山，風景秀麗。今日京、廣鐵路從市東經過、貫通南北。公路通往全省各縣和鄰省支線，四通八達。湘江流域水運便利，輪船南達湘潭、衡山、衡陽等縣，北出洞庭湖與長江流域各省相通。空運有十四條航線，飛往北京、天津、上海、南京、西安等十八個城市。水陸空交通，都非常發達。

長沙正式成爲行政單位，創建於秦置長沙郡，是個歷史悠久的古城。漢高祖封功臣吳芮爲長沙王，成爲諸侯王國的都城。漢景帝封其子劉發爲定王，王長沙。唐末馬殷任武安軍節度使，五代後梁封他爲楚王，後唐封他爲楚國王，建都城於長沙，是當時十個封建割據國家的一個。又爲有名的文化古城，創建於北宋已歷千年的嶽麓書院，是湖南大學的前身，據說目前市區高等學校很多，除原有湖大外，還有國防科技大學、湖南師範大學、中南礦冶學院、湖南醫學院、湖南中醫學院、長沙鐵道學院與長沙交通學院等高等校院。惟師資、設備與教育經費，都低於水準，又如何能辦好高等教育，培育專業人才？

關於長沙的古蹟甚多，其中最爲著名者計有賈誼祠、白沙井、天心閣、嶽麓山、嶽麓書院、名寺名墓及愛晚亭。

一、賈誼祠——長沙在歷史上是有名古城，漢文帝時，青年才子賈誼被謫爲長沙王太傅，文名大噪。今大西門內太平街有賈誼祠。他是一位偉大的政論家，曾謂「安民可與行義，而危民易與爲非」。又曰：「貴爲天子，富有天下，身不免於戮殺者，正傾非也。」確爲千古不易之理。對於親疏更有透徹之論，在〈治安策〉說：「長沙廼在二萬五千戶耳，功少而最完，勢疏而最忠，非獨異姓人，亦形勢然也。」漢文帝未爲所動，痛哭上書於長沙王，亦回天無力，後人爲尊敬賈太傅，故別號爲「賈長沙」。

二、天心閣——離定王臺不遠，位在城垣上的天心閣，登樓觀望，長沙城景盡收眼底，瀟湘夜雨的湘江巨流，水陸洲的飄渺煙迷，景趣悠然。昔時文人墨士多喜在此登臨，詠詩作賦，妙高峯遙相對望，山景宜人，炊烟四起，晚霞彩飛，最娛嘉賓。閣前陳設巨砲一座，砲口對向城外，太平天國軍隊攻城時，西王蕭朝貴在此中砲彈陣亡。

三、白沙井——長沙南門外有一口白沙井，水色清澈，不涸不溢，爲該市一大水源地。另城內馬王街，有瀛州花園，頗具規模，原爲楚王馬殷宴客之所。

四、嶽麓山——山不高峻，位在南嶽之麓，面城臨江，景色秀美，由長沙西渡湘江，繞水陸洲卽達。山腳有白鶴井，井水澄清，爲煮茶佳品。半山有張輝贊衣冠墓，張爲勦共名將，在江西作戰時陣亡。水陸洲爲湘江中之沙洲，俗謂「水陸洲，洲平水」，相傳水漲洲高，形勢甚美。

五、嶽麓書院——嶽麓山斜坡處卽湖南大學，爲嶽麓書院之舊址。去書院必經朱張渡，傳說朱熹講學於嶽麓，張栻講學於湘東之妙高峯，兩人時相過從，渡江於此，因此名爲朱張渡。進樓廳仍存朱熹所撰「忠孝節義」四大字，筆力蒼勁。院內刻有朱熹詩碑及其他古碑，非常珍貴。院後有麓山寺碑，爲唐朝北海李邕所書。

六、名寺名墓——嶽麓山由山麓步行至山頂，約三里許，名勝古蹟甚多，途中有六輪塔，爲積疊石板所構成。再上爲麓山寺；原爲魏晉時代之大道場，寺已全毀，僅殘存石柱數支而已。過笑啼巖，其上有蔡松坡先生墓。再過印心石屋，便是中華民國開國元勛黃克強先生墓。至此有小路多條，左往可去雲麓宮，爲一道觀，另一小徑可直達山巔，有禹王碑碣。相傳爲禹治水時所建，其他如飛來鐘、響風嶺，均有各種神話流傳後世。

七、愛晚亭——築於蔡松坡墓側，相當幽雅，其取名來自杜甫的詩句：「遠上寒山石徑斜，白雲深處有人家；停車坐愛楓林晚，霜葉紅於二月花。」附近有崑濤、黃興、張輝贊及蔣翊武等墓園，弔望名傑的墓廬，看那青楓峽的景觀，足以啓發遊人各種不同的感想與懷念。其亭前楹聯是：

山徑晚風舒，五百夭桃新種得；

峽雲深翠滴，一雙馴鶴自籠來。

貳、進補習班白了少年頭

我入四區小學時，年已十七，深覺同班同學均年輕，年齡差距太大，難與爲伍。肄業僅兩月，適長沙長郡中學設暑期補習班，寄簡章到校，經詢袁師翰章，謂補習後可以考入初中，遂歸禀雙親，母雖贊許，父有難色，因家僅小康，學費難籌，正在「山重水複」之際，忽想請宗伯周紀勳先生貸助。彼乃鄉中富戶，經營煉鐵廠，兼地方團練，並任協和鎢礦公司經理，在長沙有銀行帳戶，可資週轉。某日親赴團練辦公處的斑竹祠，面陳來意，立獲首肯，破此升學之第一難關，與高采烈，引爲生平第一快事，後有詩記其事云：

山窮水盡欲何之？

巧遇恩公濟困時；

娥皇灑淚成斑竹，

我幸歡離斑竹祠。

歸將族伯同意「先貸款，事後不定期歸還」辦法稟告父母允許後，遂決計負笈長沙，同行者有周兆元、周貽蓀等六人，由家鄉步行三天，至醴陵搭火車赴長沙，先至長郡中學補習班上課，因小學課程未聽講，授課速度又快，聽課非常困難，英、數課尤甚，心頭苦惱與手上拮据齊來，不無惶恐之感！同行有作歸計者，我不敢後退，堅持奮鬪到底，惟英、數課程度差，自料無法考取優良初中，乃一面入某某初級師範肄業，一面再補習英、數。十三年夏，又入湖南大學暑期補習班，茶陵同學有劉柔遠、虞庠等人，早起晚睡，孜孜不倦，大家每日僅睡四小時，我年方十八，兩鬢見霜，老年理髮師云：「少先生勿憂，他日必轉黑。」後來果如其言。相傳伍子胥過昭關，在苦惱中，一夜之間鬍鬚全白，不知過關後伍子胥的白髮，有無轉變爲黑髮否？經再次惡補後，學業甚有進步，勝過一位優秀的小學生，故投考楚怡工業學校，一試便取。

叁、楚怡肄業四年

我小學肄業僅兩個月，進補習班補習一年，能考取享有盛名的楚怡工業學校，堪稱幸運。

鵲報傳到鄉里，父母非常高興，闔家欣欣然有喜色。在校求學四年，支付學雜費及生活費甚鉅，本不是農村家庭所能負擔，但因家運亨通，生財有道，幸未再發生經費困難問題，因此學業成績甚佳，除每年償還族伯紀勳先生貸款外，尚有餘貲購置田產，生活水準亦爲之提高。別人懷疑我家發了意外之財，挖到窖藏金銀，故有此財源茂盛氣象，父母亦很難解釋何以有此結果。

楚怡高級工業中學，由創辦楚怡小學而享盛名的陳潤先生任校長，與私立明德中學校長胡子靖齊名，有關工業科別甚多，設備與師資均一流，教學認眞，校規甚嚴，故其畢業學生被工業界爭相羅致。吾鄉有一留日學者龍秉剛先生在校任課，多承照顧。其親戚蕭之彥先生，比我早一年入學，因爲吾鄉鄧阜山產鎢礦，他選鑛冶科，我亦受其影響，跟選鑛冶科。事後方悔未選土木工程科，所以民國十九年在上海考入復旦大學時，卽選土木工程系，後因抗戰關係，轉入暨南大學教育系，宿願未償。民國五十五年長男南山考取國立成功大學土木工程系，繼承乃父未竟志業。

講到創辦私立明德中學的胡元倓先生，在長沙是鼎鼎大名的教育家，他字子靖，別號耐菴，湖南省湘潭縣人。淸同治十一年八月初七日生，因出生於書香世家，循科舉正途，光緒二十三年被選爲拔貢。二十八年膺選湖南留日公費生，入弘文學院速成師範科，深知日本明治維新之成功，在於普及教育，遂矢志以教育救國培養人才與復興民族爲職志。回國後獲刑部侍郎龍湛霖先生贊助，創立明德學堂，招中學生甲乙班八十人，自任監督，延聘有名教師周震鱗、張繼、蘇曼殊等人，復得譚延闓先生支援，力謀擴充，分向國內外聘請英文、日文、理化、博物與體操教師，黃興卽於此時應聘來校。並與龍湛霖、譚延闓兩先生成立經正學堂，三十年夏，增設高小兩班。時黃興、張繼等以學堂作掩護，進行革命活動，事洩，獲譚先生力助脫險赴滬。三十二年開辦高等商業科。宣統元年東渡任留日學生監督，明德校務由譚延闓先生主持。

民國元年徇校友之請，經正併入明德，分設專門、中學、高小與初小四部。嗣請准教育部創立明德大學，設於北京，聘章士釗爲校長，長沙本校專辦中小學，規模益大。五年三月大學部停辦。八年八月復設明德大學於漢口，將小學部停辦，十五年八月大學部亦停辦，專致力於中學之發展。抗戰軍興，二十七年一月遷校於湘鄉縣霞嶺鄉曾氏宗祠，先生當選國民參政會參議員。同年十一月十二日，張治中火燒長沙，明德校舍全燬，聞訊憂憤交集。二十九年五月十八日忽患腦充血，養病於重慶歌樂山，又染嚴重瘧疾，於十一月二十四日病逝，享年六十九歲，著有《耐菴言志詩》。

民國十五年北伐軍入湘，共產黨乘機奪權，操縱湖南黨政，家鄉亦遭鬪爭，我乃轉考湖南省黨校第一期，適逢馬日事變，清除共產分子，各學校停辦，乃回家鄉，當承四區小學聘爲教員，教課之餘，閱讀中山全書，爲我研究三民主義學術思想之肇始。當時到處發生戰亂，未再申請楚怡復學一年，故未取得中學畢業資格。

肆、出任小學教員與縣黨部委員

國共分裂後，毛澤東等共軍由井崗山出發，試行燒殺政策，有槍兵數百人，攻陷高隴市，地方團隊加以抵抗。我繞道逃回水頭，遠見烽火連天，濃煙四起，下午趕往探視，見高隴市街住宅被焚數十棟，石床四區小學（譚延闓官邸）被燬，小學因此停辦，我又陷於徬徨之境。嗣見湖南省黨校四期招生，有縣額六名，應考後名列榜首，承縣長召見，以畏公（譚延闓）文章道德相勉。旋赴省複試，又名列前茅。入學後，因代表同學要求退制服費，被禁閉一週，發表〈走辰運〉一文於長沙《大公報》，同學爭閱，是爲撰文之始。

因公被禁閉，引起同學愛戴，出禁後，卽當選爲學生會主席，是爲主持學生活動之始。後因湖南鬧甲乙兩派，畢業後，久未分發，乃偕同學六人赴中央黨部請願，承中常會推戴季陶先生接見，並予指導，歸撰南京見聞，發表於長沙《大公報》。

請願歸來，中央指令湖南省黨部卽日分發工作，我被派爲茶陵縣黨部指導委員，以曾任學生會主席及打倒縣中著名共黨分子故，各方均予重視，除任縣黨部組織組與總務組主任外，並兼縣訓練團副主管及其他多項公職。時年方二十三，銳氣未歛，既打擊強豪，亦培植青年，成爲多數派之領導者。某卸任縣長聞我率衆而來，夜半潛逃，後任則對我頗多顧慮。我因友人彭炳盛先生力勸棄職升學，於改選大會以多數票當選後，急流勇退，宣布辭職，去考大學。

第四節 我的大學生涯

我在上海求學五年，適逢「一二八」事變，暨南大學停辦，借讀中央大學，曾往秋浦打工，艱苦備嘗。二十一年暨大遷回上海，我返滬復學至畢業，故以下列問題為標題：㈠放棄公職赴滬升學，㈡轉學暨大借讀中大，㈢打工秋浦漫遊至德，㈣探親患病舅父被害，㈤暨大復學參加青運。

壹、放棄公職赴滬升學

一、急流勇退決心升學——民國十九年，我在自己縣城（湖南茶陵）從事黨務工作與縣政幹部訓練。原來茶陵亦分甲乙兩派，我於民國十七年夏任茶陵縣黨部指導委員後，便想把這兩個派別清除於無形，經兩年的綜合，成績尚稱輝煌，於十九年春間選舉時，對立不相上下的形勢打破了，我以最高票當選，其他中立者亦多應運而出。

他人或疑我要在茶陵製造地盤，製造大派別。出乎他們意料，我於當選之後，即日宣布讓賢，馬上赴長沙補習，準備暑假去上海升大學。衆人大吃一驚，愛我者並不失望，因為他們早已知道；畏我者似乎為之一快，但此類人數不多。因為我在茶陵兩年助人較多，尤其是自己告退，可以讓出一個高位給朋友，所以歡送者甚衆。

這裏有一件有趣的事情，就是茶城有私娼，除零星接客外，可分年包有。在你包有時間，不接他客，一則講點感情，二則減少疾病。一般公務員在城區住了一年以上，多有包娼。我則不知其門，從未「過屠門而大嚼」，人以「聖人」呼之。但彼時年輕，有意於將來從事行政工作，亦不願自外於人，故答應他們於離縣之前進館一次，表示不以「聖人」自居。果然，起程赴長沙以前，承他們在館設午宴歡送，以了彼等心願，我由此博得「吾從衆」、「不傲羣」的美名，亦可笑也。

二、寄住勞大狀似啞巴——民國十九年暮春，我到長沙補習英、數兩個月後，於六月搭船經漢口換輪先赴南京。十七年因公去過南京，今天舊地重遊，似已習慣，同行者有第一次出門者，走到南京市區，見馬車與大小汽車，縱馳橫衝，爲之目瞪口呆；又有人入旅社後，不會開關自來水，鬧笑話不少。

是年，鄉賢前輩譚延闓（祖安）先生任行政院院長，他雖少用小同鄉，但有姪少爺譚曙村（文啓）先生任行政院機要秘書，我的至交蕭之彥同學任庶務科長（主管財務），曙村先生築宅於成賢街譚院長官邸的隔壁，我到南京即住其家，由蕭同學陪遊數日後，即赴上海補習功課，寄住於勞動大學。

彼時勞動大學，甚至中央大學男生宿舍，外面學生只要有同學引薦，即可自由入住，我由一位同鄉彭炳盛同學引入勞大男生宿舍，與另兩位中學同學同寢室，因為要按進度補習英文、數學、歷史、地理、國文、常識等課程，規定時間，依次進行，自律甚嚴，平時不與同寢人談天，有慣來客人，疑我為啞巴，細聲問同室伙伴，幸他們同聲微笑，予以否認。

三、考入復旦即將休學——當年，父母希望我學工程，乃於民國十九年八月間考入復旦大學（時為私立，抗戰時期改為國立）土木工程系，三個月之後，我在長沙向茶陵公益鎢鑛公司（我家係股東之一）經理尹蓮芳先生借了光洋一百六十元，行將用盡，寫信請父親滙錢，沒有回函，正在走投無路之時，忽然接奉家諭，驚悉故鄉遭匪患，舉家逃難鄰邑攸縣鄉間，衣食困難，囑我休學謀事，冀得入微俸，以養家小。一時青天霹靂，「屋漏偏遭連夜雨，船破又遇打頭風」，如何度此難關，甚感手足無措。

有困難便求助於朋友，遂邀彭炳盛同學來復旦商量，他說：「絕對不能休學，休學卽永遠不能復學，為了減輕書籍儀器負擔，寒假轉入教育系，該系畢業後，進可以攻（從政），退可以守（教書），寒假我回湖南為你借學費，度過大學時期難關。明年暑假，轉考上海國立暨南大學或南京政治學校。」我照他的高見，先行轉入教育系。是年暑假，他赴長沙為我借錢，一文莫名，回來經過南京，向蕭之彥同學商量，承同意先借一學期用費，以度過復旦難關。

貳、轉學暨大借讀中大

一、轉學暨大「一二八」失學——二十年秋，蒙上帝幫忙，果然轉考國立暨南大學教育系獲取，同時應徵精武體育會十人愛國團幹事成功，月入光洋叁拾元，勉可維持生活。不料上課不久，二十年九月十八日，日軍進襲瀋陽，全國嘩然！我們同班學生爲之大哭，暨南大學學生全體憤慨，組織學生「抗日後援會」，我亦被選爲組主任之一，從事抗日研究宣傳及募款接濟馬占山游擊隊抗日等工作，個人則決編「九一八」痛史，以誌不忘。

在我決心升學之後，中央有令，凡因參加國民革命而失學者，可以申請中央資助復學費（升大學者每年補助光洋叁佰元），我當時已申請，孰知此項郵件經過漢口時被焚，後經師長勸我補辦，幸得於二十一年初核准，乃於一月二十七日赴南京領款，不料上海發生「一二八」事變，暨大被燬一角，我便無法回上海，中央的資助金亦未領到，孑然一身，困在友人家中，雖然三餐無虞，除身穿衣裳外，一無所有，連換洗的內衣亦無錢購買。幸有一位小同鄉譚玉麟先生供給我一點零用金，在南京祇好將早日所抱「聽天由命」的人生觀，拿出來自我安慰。

二、借讀安大延期上課——算是靠天吃飯，有一日，報載安徽大學刊載啓事，招收上海各大學學生借讀，我認爲機會來了，便跑到中央資助生委員會詢問：「如果有安徽大學借讀證書，可否領資助經費？」答覆是：「毫無問題！」於是絕處逢生，先向朋友告貸光洋若干元，重新購買內衣褲襪、棉被、洗臉、起居等用具，煥然一新，買票上安慶去。

安慶在皖南，爲一山坡地勢，高高低低，馬路不平，旅館住下來，即找復旦大學同寢的同學趙充亮，他陪我向安徽大學登記借讀，以借讀證件向中央領取資助費，並以他家住址爲通訊處轉交。又因安徽大學延期上課，估計尙有兩個月時間，乃向安徽省黨部書記長蕭先生請求介紹短期工作，他滿口答應，函介至秋浦縣黨部我的中學同學處任幹事，這是包不打回票的差事。

三、借讀中大告別秋浦——我生於湖南，二十五歲前，一天三餐乾飯。十九年到上海，一稀兩乾，二十一年到了秋浦，一天只吃兩頓乾飯，初時易餓，後來亦習慣了。早飯前寫小字，午飯後閱報，大小廣告全部看光。一天，見南京中央大學亦招借讀生，因南京可住友人家，餐宿不花錢，而且回上海方便，乃舍安大而就中大。

二十一年三月間，告別秋浦友人，先至安大取消借讀，次至友人趙充亮領取由南京寄來的資助費，滿以爲壹佰伍拾元可以如數收到，不料他打了一個八折，說還有叁拾元暫時借用，遲日滙京。那時叁拾元在上海可以包五個月伙食，在南京還可以包六個月呢。窮人遇到更窮人，徒喚奈何！

在中央大學辦好借讀手續，馬上上課，教育系有好幾位名教授，如許恪士先生後來做了臺灣省教育廳長，某先生做了中山大學校長，我亦樂於聽他們的課。又借讀中大的優點是：我可寄住成賢街譚秘書曙村先生家，膳宿免費，掛名爲家庭教師，亦可代爲招待湖南來賓，因此想出一副對聯：

半做主人半做客；

亦爲弟子亦爲師。

四、汪精衛善言掌聲如雷 —— 中大有一側門，開在成賢街，我聽到上課鐘聲，才檢書包，還來得及，非常方便，滿以爲這一學期，可以安心讀完。又未料學期末了，大鬧風潮，學生和教授多人參加，題目是：㈠要派學者校長（校長正出缺），㈡要增撥經費。五月間，組織請願隊，向行政院進發。爲了避免警察抓人，推女生打先鋒。當時行政院長爲汪精衛，他聞訊趕回行政院，隊伍將他包圍。他說：「我特回行政院接待。」大家把他放行，入行政院後說：「十分鐘內，禮堂相見。」

大家在禮堂站了十分鐘，他如時而來，先稱：「聽說你們有兩個條件，㈠要校長好，㈡要增加經費。果如所言，聽我答覆，你們不滿意再行發言。」全場鴉鵲無聲。他說：

「第一，你們要學識優越的專家擔任校長，我全部同意，無論在國內國外，一提便請，不過有一個先決條件，要他自己願意接受。

第二，你們要增加經費，原則上可以辦到，不過數目上要待財政部決定。

你們是大學生，無不關心國事。我要告訴你們一個秘密，我們全國每月收入有多少？我問財政部宋部長（子文），他說：『每月收入壹千肆佰萬元，軍費壹仟貳佰萬元，一般行政開支僅有貳佰萬元。』我這個當家婆，實在不好做，或許你們聽了覺得一般行政費太少，我要補充一句，現在不能縮減軍費，因爲我們要與日本人決一死戰！」（聽者鼓掌）

我還要告訴各位一個秘密，要和日本打仗，請誰打先鋒呢？我以為要東北軍打先鋒（鼓掌）。我親自去過北平，請東北軍首領打先鋒，不料他們不同意。我更要告訴各位一個秘密，我已經下了決心：他們不走，我走；我不走，他們走。我還要講一句，我決心不走，要他們走！」（鼓掌）最後他說：還是以前兩句話：

第一、你們要好校長，一提便請；

第二、你們要增加經費，在可能範圍酌發。

五、校長被毆中大解散——汪精衞憑三寸不爛之舌，退近千請願之師，本以為風潮可平，前途看好，不料他行不顧言，無視學生意見，次日卽接受朱部長主張，發表教育部段次長錫朋為中央大學校長，一時校內譁然，貼滿了反對標語。而段校長性急，第三天卽走馬上任，僅帶一位隨身秘書，一入校門，被學生團團圍住，寸步難移，擠上一樓，喊打之聲不絕，一生從背後一拳，他轉過頭去，背後又是一拳，在亂喊亂打中受傷，夏布衣被撕破，乘車玻璃被擊毁，五四運動老英雄，竟敗於學生之手，誰料得到？當時勉強經人扶上原車回部。次日行政院發布命令，中央大學解散，教授重聘，學生除為首者嚴懲外，一律重行登記，另宣布期中考代替學期考成績。

叁、打工秋浦漫遊至德

安徽大學因延期上課，距離開學時間，尚有兩個月，遂去秋浦縣打工，到至德縣遊覽，追憶古今賢人往事。

一、秋浦打工暢遊滴水岩——「秋浦打工」這個名詞，是後來倣照美國大學生想出來的，當時在中國無此名詞。其縣城在東流隔鄰，東流又是彭澤的隔鄰，我不唱陶淵明的高調，說什麼「不爲五斗米折腰」？我便高高興興地乘船上東流，坐汽車到了秋浦，擔任了宣傳幹事，大事宣傳抗日工作。這個縣雖然名氣不小，因爲唐朝大詩人李白亦曾停留過。可是當日該縣青年才俊有限，「客自上海來，應知上海事」，大家問長問短，既要我講演，又要我撰抗日歌。

當地有兩處名勝，一號滴水岩，一號迎春洞，後者未往，前者曾遊。當我與冠者五、六人爬山數華里，走到滴水岩時，忽見瀑布懸空而下，似乎做了一個大洞門的水簾。但旁邊有小路進洞，洞中有菩薩，我們只看風景不拜神，司廟者亦無可奈何。迨上山察看，原來是一條小溪，流到此岩洞前，突然斷岩，故一瀉而下，造成瀑布奇景，蔚爲壯觀。同行者對我說，他到過迎春洞，好事者撰了一聯云：

滴水岩前看滴水；

迎春洞裏喜迎春。

二、漫遊至德崇拜兩賢——秋浦隔鄰縣爲至德，春季佳日，結伴同往，該縣於清末民初出了兩位賢傑；一爲許世英先生，在袁世凱任總統時期，當過部長，他同時敬仰 孫中山先生，故南北議和時，做過出席代表，亦代表過段祺瑞與南方聯絡，又好像做過保定軍校教官，先總統 蔣中正先生以師禮敬之，故抗戰時期，做過國民政府的賑務委員或救濟委員，民國三十九年到過福建視察，我亦曾參加過歡迎行列，並作過個別謁談。他後來老死臺灣，富有道家修養，淸風明月，澹泊一生，能忍人之所不能忍，能讓人之所不能讓，眞的與世無爭。我們進至德時，大家對他即有「心嚮往之」的景慕。

另一位賢傑爲周馥先生，與許世英相比，一個是兩袖淸風，一個是腰纏萬貫。雖然是一貧一富，但同爲本縣人所崇敬。滿淸末年，周馥爲李鴻章所器重，得李保薦及提拔關係，累官至兩江總督。入民國，在天津創辦實業，與在南通創辦實業的張季直先生齊名，有「南張北周」之稱。

民國三十九年，內人懷孕，承臺中友人王玉書兄邀至其家生產，一舉得男，因爲生於玉山下，故取名玉山，另長男生於南嶽名南山，三男生於北投名陽山，後知周馥亦名玉山，如早知之，即避而取他名，以示不敢高攀於前賢也。

三、秋浦與李白——閱名詩人李白傳記，知他於脫離長安宮廷生活後，浪跡江湖，曾在秋浦住過一個相當長的時期，吟詩有十七首之多，玆錄數首如下：

第二首詩云：「秋浦猿夜愁，黃山堪白頭；青溪（秋浦溪名）非隴水，翻作斷腸流。欲去不得去，薄遊成久留；何年是歸日，兩淚下孤舟。」讀此詩可知他來秋浦原欲短遊，不料變成久遊，欲去不得去，故淚下如雨。

第六首詩云：「愁作秋浦客，強看秋浦花，山川如剡縣（奉化），風日似長沙。」幸我遊秋浦時，未讀到此詩，否則，戰亂之際，離鄉背井，打工秋浦，想念長沙，豈能不觸景生情，而興「白雲親舍」的感嘆！

第十五首詩云：「白髮三千丈，緣愁似個長，不知明鏡裏，何處得秋霜。」此詩最有名，亦引起寫實主義者的批評。他們說：「白髮那有三千丈呢？」當然也有理想主義或象徵主義者代答，這是想像，亦是誇大，豪放如李白，自不免誇大其詞。我後來讀西洋哲學，知認識對象問題中分實在論與觀念論，觀念論者重視主觀觀念，自可講到他主觀觀念中的「白髮三千丈」，不必與客觀實在者的看法相同。

我生平最愛李白的詩，尤其是中年好讀老莊哲學以後，因此亦愛講李白的故事。記得讀私塾時，周法華老師講古：李白喝醉酒，倒騎一驢，在華陰亂撞，撞倒了街上攤販與商店的東西，捕快（警察）把他綁起來交縣長審問，縣長再三問話，他一言不發，最後他索取文房四寶，揮筆不停的書寫：「余生西蜀，身寄長安，天生碧桃，慣餐數顆；月中丹桂，高摘一枝，御前題詩，曾使高力士脫靴、楊貴妃捧硯，……天子殿前，尚能容我橫走馬，華陰縣裏，豈不許倒騎驢。」縣太爺看了之後，嚇了一跳，大呼：「李白來了，你們瞎了眼睛，亂抓人，統統滾開！」他下得堂來，親自鬆綁，長揖道歉，並大擺宴席，把他喝得酩酊大醉，送回旅社。我聽老師說，這是李白在華陰的故事，亦有人說，是在秋浦的故事，未知孰是？

肆、探親患病舅父被害

民國十九年，朱（德）毛（澤東）共軍自寧岡縣的井崗山出發，向湘東各縣進犯，我的故鄉茶陵縣首當其衝，縣城亡陷，受禍最慘！縣境四分之三地區，被共軍盤據達五年之久。他們以「打土豪、殺劣紳、分田地」爲政治號召，實行殺人、放火、沒收、搶刼的土匪勾當，不知多少人妻離子散，家破人亡，十室九空，廬舍爲墟，造成人間的黑暗地獄！幸父母親與家人，在戰亂中逃亡，能問關脫險，避難於鄰邑攸縣的農村，過着難民的艱苦生活。我於十九年離開家鄉，與父母已三年未見面，思親情切，想到攸縣去，敍敍天倫之樂，因受各種限制，未能成行。

民國二十一年中央大學因學生鬧學潮，又毆打新任校長，被行政院明令解散，提前一個月放暑假，距離開學時間有三個月，便想趁此難得機會，回湘拜探流亡中的雙親。正苦於來往旅費無着之際，居停宣布贈川資若干元，即欣然就道，冒着酷暑的天氣，經武漢返湖南的攸縣，抵逃難寄宅，父母他往，難鄰留吃晚飯，食辣椒炒田鷄。我係湖南人，吃辣椒本是司空見慣，不算一回事；惟在京、滬兩年多，很少食辣，此次因食辣過多與貪涼關係，即發生傷寒重症，父母躭憂！幸逃難友人中，有位有名的中醫士譚文生先生，經他多次醫治，約一個月痊癒。

中醫在治病期中，進用素食，病情好轉後，才准吃肉類食物。病癒，正在高與殺鴨開葷，又不料患傷寒病者腸胃無抵抗力，因硬飯塊鴨食得過多，次日又再翻病，痛苦甚前，性命堪虞！又承前醫再臨，小心施藥，大約一月，又已復原。經此反覆，暑假已餘時間無多，乃乘轎返茶陵安全地帶的腰陂市，爲南京譚姓朋友自淪陷區接出一孤兒回攸縣。

另外要提到一件事，母親娘家是周陂市象背村，距吾家僅五華里，外祖父譚存信公，雖業木匠，因略通文墨，在地方上有點名氣。舅父譚夏祥公，一脈單傳，撫有一子名年喜，生有一子名多生，舅母健康情況不佳，常生疾病，雖是小康之家，卻被中共列爲鬪爭對象。我正欲起程赴京滬，忽然噩耗傳來，舅父在家鄉被共軍殺害！母親姊弟情深，傷心若絕，痛哭昏倒，我亦不知所措，當稟告母親，向學校休學一年，在家侍奉。過了兩天，母親神智清醒，仍以學業爲重，催我上道，乃於悲哀悽涼中拜別雙親，赴長沙轉漢口抵南京，再去上海暨南大學辦理復學手續，那時正是：

世事亂如麻，一載流亡三大學；

人命賤似犬，二年冤死兩至親。

所謂「二年冤死兩至親」，除舅父冤死外，另一至親爲家兄純熙，他本是大伯父乾元公次子，過繼父親爲嗣，成爲我的大哥，不幸前一年在家鄉被中共殺害！家嫂撫孤度晚年，玉潔冰清，可建「貞節牌坊」。家兄生有二男，長名門喜，次名厚生，均留大陸。現聞門喜僅生苟崽一人，生活較苦。厚生育有國勇、國強、國晁、國瑩四男，人丁興旺，家境甚佳，足慰遠念。

伍、暨大復學參加青運

「一二八」事變的戰爭不久結束，暨南大學又遷回了眞茹。二十一年秋，我自南京抵上海眞茹，辦理復學手續，與同學們相別半年，各敍離悰，友情更爲增進。

一、恢復兩湖同學會（湖光學社）——我於二十年轉入暨南大學後，發現兩湖同學奇少，加起來不過十人左右。謠傳當局因兩湖人鬧風潮，故意收得少，但是否如此，沒有甚麼憑證可言。又因爲人少，便容易團結，以前曾組織了一個暨大兩湖同學會，教授有李石岑、張耀翔、陳科美、鄧祁民等十餘人，好像比學生人數還要多些。二十一年復學後，教育部爲了打消同鄉觀念，通令各大學不得組織同鄉會。我們偸天換日，找了安徽同學王玉書領銜，湊成三省學生，組織湖光學社，實質上便是兩湖同學會的化身。

二、組織資助生聯誼社及新湘社——上海各大學計有中央資助生近百人，我們組織了一個聯誼社，還出版了一次刊物，在暨南大學內，約有十餘人，起初非常團結，以後則不免分道揚鑣。又有人說：「湖南人只會打仗，只會互鬪，不會團結。」並諷刺湖南人的毛病是：「一個湖南人可怕，兩個湖南人相罵，三個湖南人打架，四個湖南人動刀殺！」我們旅滬大學生，爲了消除互鬪，特發起組織新湘社，出版「楚雁」，向京、滬、湘發行，做到了上海三湘子弟空前未有的團結，他省人亦另眼相看。此外，當日上海青年界還流行一種結拜兄弟的小組織，這也許是受了青幫的影響。我亦不能免俗，大概亦結了三、四起，後來亦有兄弟鬩於牆的，不過大多數已發揮了互助精神。

三、參加青運組織成立暨大學生自治會——上海是十里洋場，那時各黨各派都想在此造勢力，勞工、學生、教職員、自由職業人士，甚至於婦女，都有人來拉攏，組織各種會社。我因爲在湖光學社、資助生聯誼社及新湘社都擔任工作，引人注目，故有多起青運組織來吸收，只好選擇加入了一種，並以此種青運組織爲憑藉，在暨南大學從事學生運動，於兩週之內，成立了暨南大學學生自治會，被推爲出席上海大學聯代表之一。本來「九一八」事變發生，暨南大學已組織了學生抗日聯合會，我被推爲研究組主持人之一，但未負實際責任，此次被推爲上海大學聯出席代表，參與領導與組織業務，頗有責重任繁之感。

四、成立上海大學聯——在青運組織推動之下，各大專出席代表聯合起來，成立了上海大學生抗日聯合會。記憶所及，當時上海市社會局長吳醒亞先生在滬領導青年運動工作，有人邀我參加，後見復旦大學莫萱元、大夏大學劉脩如、東吳大學薛光前、交通大學吳炳南，均爲其中要角，乃公議發起組織上海大學生聯合會。是時暨南大學爲最複雜的學校，異黨分子甚衆，暨大成功，其他各校選舉亦多順利完成，召開學聯大會之日，上海大專二十九校，僅某藝專一校未選代表參加，且派代表前來質問，我代表大會發言指出，汝等不服，可另組一大學聯，彼等見大勢已去，黯然神傷。

大學聯成立後，暨南、交通、復旦、光華、大夏五大學代表被選爲常務理事，東吳大學出席代表薛光前，被選爲學聯秘書長，推行純正的抗日運動，異端分子銷聲歛跡，不敢輕舉妄動，鼓吹學潮，此後數年中，平靜無事。我們組織與進行過的工作是：㈠組織暑期回鄉抗日宣傳團，㈡籌開抗日游擊司令馬占山歡迎大會，㈢各大學軍訓演習，㈣各種抗日募捐與講演，㈤函電督促政府提早出兵抗日，但不從事大規模請願，以免政府窮於應付。上海大學生不請願，各地亦然，政府得以安心努力準備抗日工作。

五、中學聯、中教聯及大教聯相繼成立——繼大學聯之後，上海中學聯亦成立了，他們所做的事情，與大學同一目標，分工合作，相互聲援，更能發揮工作效果。不久，大學教職員聯合會與中學教職員聯合會相繼成立，上海社會形成了一種安定的現象。以上大學聯、中學聯、大、中教職員聯四個教育團體，我參加了其中三個，除主辦暨大及大學聯事務外，身兼數職，應付多方，有人戲稱爲「眞茹學生之王」或「大阿哥」。

此外從事藝術的人員還組織了藝聯，亡友季灝兄會演話劇，參加了藝聯，那時江靑還年輕，演過電影，亦參加了藝聯。一天開理事之類的會，季灝遲到，座無虛席，江靑一把拉他坐在膝上，並說：「小季是我的，你們不能搶！」及上海撤退，季灝走臺灣，江靑視察上海，問藝聯朋友，小季那裏去了？衆答：「臺灣。」江靑還說：「你們寫信要他回滬，我保障他！」又誰知泥菩薩過江，自身難保。

六、我的功課與得獎——我赤手空拳，效法彭炳盛同學升大學，生活非常困難，前途毫無把握，但有一顆信心，準備第一年在私立大學打好轉學的基礎，第二年轉到國立大學，再從事課外活動或勤工儉學工作，以至畢業。幸好天從人願，第一年在復旦照原定計劃進行，如期轉到國立暨南大學，第二年第一學期，雖參加了學生抗日運動，但未負實際責任，未去南京請願，全神貫注所修功課，平均得九十分，故由學校將成績單送至湖南省教育廳，即獲得省外大學生獎學金光洋一佰元，教務處把我列爲全校用功學生之一。

惟自第二學期起，即忙於從事學生抗日運動，不免因公缺課或請假。當時註册組規定極嚴，每日要老師點學生的名，並派工友點老師的名，故不僅學生不敢不上課，老師亦有點怕怕！幸而註册組點名人員老早知道我是得獎的學生，又知道我因公開會很多，當我常去請公假時，手續麻煩，他們便說：「你不必常來請假了，以後看見老師打你的缺課記號，我們便補一個公假記號。」自此以後到畢業，我亦不知道請過多少公假！

七、大學聯與自治會的命運——大學聯起初的出席代表甚爲整齊，由國立交通大學代表吳炳南，暨南大學代表周世輔，私立復旦大學代表莫萱元，大夏大學代表劉脩如，光華大學代表等五人任常務委員，東吳大學代表薛光前任秘書長，嗣因各大學學生自治會或改組或停頓，最後幾年，差不多有些事，由我與薛光前共同主持。

暨大學生自治會，因我誤聽某君之言，要重內部訓練，致對組織稍有疏忽，引起糾紛，對方乘虛而入，多方破壞，學校當局亦下令停止自治會活動，迄今引以爲憾！但抗日的學運工作，仍照常進行，因爲各大學有青運的支部組織領導活動，因自治會停止活動，更積極籌劃各類抗日工作的開展。

這裏要談到一件事，就是湖南人丁默邨的機智，這位後來在汪精衞僞政府裏殺人不眨眼的特務頭子，民國二十二年是我們的指導者之一（不是特務工作）。有一次，傳來某個壞消息，幾乎令人站不住腳。他說：「壞消息來時，不要驚慌，不要後退，更不要投降，宜穩定陣線，咬緊牙關，再向前進，數日之後，或有好轉。」我遵照他的建議進行，果然不出三天，好消息來了，皆大歡喜！事後打聽，前面這個壞消息，是試探性質，如果我們投降了，好消息便沒有了。

二十三年六月，我畢業於暨南大學教育系，他人也大學畢業，多離開學運工作。我因潘公展先生的厚愛關係，仍主辦學生運動工作，兼任大專組長，至抗戰軍興，中間因環境需要，曾以法家權術對付敵黨。他們亦運用陰謀，使我上當或深入陷阱，勾心鬬角，縱橫捭闔，幾乎無日無之。有人稱我足智多謀，亦有人說我善用組織，於今思之，實覺幼稚可笑。如以道家風度觀察，更覺不足掛齒。

第五節　內憂外患與家難

我讀大學時期，適逢外患是日本發動「九一八」與「七七」的侵華戰爭，烽火連天，到處展開英勇的抗日聖戰。內憂是中共乘國軍抗日後方空虛的機會，擴大軍事叛亂，企圖奪取政權。家難是故鄉淪陷蘇區五年，父母與家人逃難攸縣，生計困迫，處此險惡貧苦環境中，幾乎徬徨失措，不知如何度過難關？心神所受的煎熬，至今未忘！下面追憶往事是：㈠日本發動侵華戰爭，㈡共黨擴大叛亂，㈢故鄉淪陷蘇區與父母逃難。

壹、日本發動侵華戰爭

日本的侵華戰爭，可遠溯唐朝薛仁貴征東，大敗日軍於高麗；明朝戚繼光任福建總督，殲滅倭寇於閩浙沿海地區。清朝同治十年，日與我簽訂通商條約，得比照各國享有最惠條款，十二年又同意日在中國各開放口岸設領事，進而併吞我屬國琉球，伸展其勢力於朝鮮、臺灣、澎湖及遼東半島，並連續發動「甲午」、「九一八」及「七七」等侵華戰爭。

一、**甲午戰爭**——光緒二十年（一八九四）朝鮮東學黨亂起，日本決定對華作戰，清廷被迫派軍援韓，中日出兵，遂發生甲午之戰。此一戰役，以海軍黃海之戰，最關全局，陸軍平壤之戰次之。當時海軍艦艇的噸位與數量，均不弱於日本，但訓練與技術不如人，不幸豐島海戰，首先失利，大東溝與威海衞海戰，更是艦毀人亡，全軍覆滅，水師提督丁汝昌與護軍統領張文宣殉職，水師總兵楊用霖自殺，壯烈千秋。從此我國歷久經營的海軍，掃地以盡，海權淪喪，使中國的四海，變成日本的內湖。

關於平壤陸軍之戰，係以淮軍爲主力，李鴻章奏保葉志超爲各軍統領，前敵將士多抱不平。

宣戰後增援韓軍，計有提督馬玉崑統毅軍四營、總兵左寶貴統奉軍六營，總兵衞汝貴統盛軍十三營，副都統豐伸阿統盛軍六營，均循陸路入朝鮮，將士人各一心，不相統屬，與葉志超分畫守界，不相互支援，及日大軍會攻平壤，各自爲戰，或作戰陣亡，或不戰自退，或棄城北走，人馬枕藉，死亡二千餘人，全軍潰敗。嗣後九連城、大連、旅順各戰役，都是失敗，淮軍聲譽掃地，難當大任。復思再用湘軍，清廷授兩江總督劉坤一爲欽差大臣，駐節山海關，督辦東征軍務，以湖南巡撫吳大澂、四川總督宋慶副之。坤一與諸將素不相習，又無對敵良策，日軍續犯，各軍作戰不力，牛莊與營口相繼失陷，遼東以東盡爲日有，瀋陽形勢危岌。

甲午之戰失敗後，清廷任李鴻章爲全權大臣，赴日簽訂喪權辱國的馬關條約，計正約十一款，專條三款，另約三款，停戰展期專條二款，其正約要點如下：

㈠中國認明朝鮮爲獨立自主國，該國向中國所修貢獻典範等，嗣後全行廢絕。

㈡奉天南部從鴨綠江抵安平河口，至鳳凰城、海城、營口之遼東半島，及臺灣、澎湖所屬島嶼，均割讓於日本。

㈢賠款二萬萬兩，分八次交清。

㈣限兩年內日本准中國割讓地方人民遷居，逾期不遷，視爲日本臣民。

㈤開沙市、重慶、蘇州、杭州爲通商口岸。

㈥日人得在各通商口岸從事各項工藝製造。

(七)換約後三個月內日本撤兵。
(八)日軍暫駐威海衞，俟第一第二次賠款交清，通商行船約章互換後，始行撤退。
(九)本約經兩國皇帝批准後，在煙臺互換。

馬關條約公布後，俄、德、法三國共同干涉，向日政府提出強烈抗議備忘錄，日本屈服於三強壓力下，同意交還遼東半島，增加贖遼代價議定爲三千萬兩，另訂專約一項如下：

(一)日本自願將馬關條約第二款中國讓於日本管理之奉天省南邊地方，及所屬諸島，以及該地方內所有堡壘、軍器、工廠及一切屬公物件，永遠交還中國。
(二)中國爲酬報交還奉天省南邊地方，將庫平銀三十萬兩交與日本政府。
(三)自訂立本約之日起，三個月內，日本軍隊從該交還地方一律撤退。

二、「九一八」事變——東北易幟歸服中央後，軍政大事，仍由張學良負責處理。日人最怕中國統一，爲先發制人計，陰謀發動侵華的戰爭。二十年九月十八日夜，日本關東軍自將南滿鐵路柳條溝段炸毀，誣賴中國所爲，向瀋陽北大營大舉進犯，當時張學良滯留北方，十九日瀋陽失守，五日內南滿要地全陷。十月吉林代主席熙洽降敵，十一月進攻黑龍江，被代主席馬占山部隊擊敗，十二月日軍再動員戰車與空軍支援陸軍作戰，西攻遼西，北攻黑龍江。二十一年元月二日錦州失守，二月六日哈爾濱失守，整個東北地區全部淪陷，抗日的軍事反抗，轉入地下活動，或在山區建立據點，從事游擊戰爭。

「九一八」事變後，政府迭次向日本提出嚴重抗議，要求日軍從速撤退，我出席國際聯盟代表施肇基，向國聯控告日本侵略，請求主持公道。九月三十日國聯決議，限定日本在十月十三日以前撤兵，日本內閣對國聯干涉，有所顧慮，當時頗有妥協表示，後因軍部反對，內閣不敢自作主張，至十月十三日，日軍毫無撤退跡象，且擴大佔領區，增派軍艦在長江各埠示威，對於國際聯盟的撤兵決議，未予重視。十月十三日國聯召開特別會議，美國雖非會員國，派遣駐日內瓦總領事吉伯特參加，表示支援中國的道義立場。二十四日再以十三票對日本一票，通過限令日本於下次十一月十六日開會前，完成撤兵。國聯於十一月十六日改在巴黎開會，至十二月二十日又通過勸告當事國勿再有啓釁之軍事行動，並派遣調查團調查東北事件，日方代表芳澤謙吉竟聲明，日軍因護僑之軍事行動，不在限制之列。國聯雖未能勒令日本撤兵，但始終站在正義一方，嚴辭討伐，未向暴力低頭，並以強大之國際輿論壓力，予日本軍閥重大打擊。

三、七七盧溝橋事變——九一八事變後，日軍得寸進尺，又發動「一二八」淞滬戰爭，復攻陷熱河，進窺內蒙，並積極作侵華的軍事準備，欲實現其所謂「三月亡華」的狂妄夢想。二十六年元月起，日機在華北各地，散發分裂的荒謬傳單，日本浪人經常毆辱軍警，企圖製造事端，其海軍在我內海作大規模軍事演習，誇耀戰力，日本國內各報刊，鼓吹煽動戰爭的宣傳，中日的緊張關係，非常危急。

六月間，日軍按照原定計畫，集中兵力於平、津近郊，準備發動侵略戰爭，七月七日夜，突在盧溝橋附近舉行野戰演習，藉口一名士兵失踪，向宛平縣城砲擊。當時平、津一帶，是宋哲元屬部二十九軍防區，宛平縣係馮治安師吉星文團駐守，以守土有責，開槍還擊，奮起抵抗，民族自衞的聖戰，於焉爆發。日軍分三路侵入華北，又揚言以地方事件解決，七月中敵人投入戰場兵力達十萬人以上，發動極猛烈的攻勢作戰，先後佔領豐臺、宛平等地。我政府知犧牲已到最後關頭，決心全面應戰，下達總動員令，電令宋哲元率部堅強抵抗，並命中央軍集結保定、滄州地區以支援宋氏與敵人戰鬥。蔣委員長對盧溝橋事變作嚴正宣示：「我們希望和平，而不求苟安，準備應戰，而決不求戰。」「如果戰端一開，則地無分南北，年無分老幼，無論何人皆有守土抗戰之責任，皆應抱定犧牲一切之決心。」對保持和平與維護領土主權的決心，宣告中外。

八月十四日，國民政府發表自衞抗戰聲明書，痛斥日本對中國之侵略，宣布實現天賦的自衞權。八月三十一日，蔣委員長對路透社記者談話，呼籲列強對日本之行動，加以干涉，以維護國際之正義。我最高統帥部爲保國衞民，乃集中兵力，重新部署，迎擊各地侵犯敵軍，截至二十六年底，華北戰場平綏線，敵軍陷歸綏、包頭，同蒲線敵軍陷大同、太原、汾陽，平漢線敵軍陷保定、石家莊、安陽，津浦線敵軍陷德州、濟陽，敵我兩軍，形成隔河對峙的局面，惟廣大後方，仍在我軍控制之中。

華南戰場，日軍先後調集大軍三十萬人，發動「八一三」淞滬戰爭，激戰三個月，陣亡六萬人，始攻佔上海，佔領南京傷亡六千人，戰敗於臺兒莊，死傷三萬餘人，進犯武漢，死傷二十萬人以上，長沙三戰三敗，死亡逾十五萬人，敵軍每次攻城掠地，均付出重大犧牲的代價；其所佔領的地區，不過是點線的基地，點線以外的廣大區域，其土地、人民與政權行使，仍為我政府所掌握。

淞滬戰爭發生後，八月十四日，我空軍奉令轟炸黃浦江日旗艦「出雲號」，敵機最精銳的鹿屋及木更津海軍航空隊，分批侵襲我杭州、廣德機場，被我空軍第四大隊高志航部擊落九架，創造九比零的光榮勝利。十五、十六等日，敵機再襲杭州、南京、嘉興等地，先後被我擊落者，共有四十六架之多，其鹿屋與木更津兩機隊，已殲滅殆盡，證明我空軍訓練精良，英勇奮戰，故能建立如此輝煌的空前戰果。

二十七年政府為貫徹持久抗戰國策，西遷重慶辦公，並改組最高統帥部，劃分戰區，派遣司令長官，負責對敵作戰，士氣更高昂，爭先殺敵，往往以弱勢兵力，打敗強大敵人；敵人採用速戰速決方法，瘋狂發動攻擊，企圖迫我屈服，實在枉費心機！太平洋戰爭爆發後，日欲結束對華戰爭，在各戰場作垂死掙扎，我軍以逸待勞，迭創敵軍，戰爭仍在激烈進行中。三十三年四月起，敵軍傾其全力，在華中陷豫西，打通平漢鐵路。華南陷長沙與衡陽，侵入廣西，復沿黔桂路北犯。十二月陷貴州獨山，遭我阻擊，損失慘重，戰局始告穩定。

三十二年十月，我遠征軍開始反攻緬甸，滇西國軍策應夾攻。至三十四年一月二十七日會師於滇北芒友，打通中印公路，美援戰略物資，得源源運入大陸。五月十八日福建國軍克福州，七月二十八日廣西國軍克桂林。正當我軍反攻節節勝利之際，太平洋美軍已登陸琉璜島與琉球，美機大批轟炸東京、神戶、名古屋等地，日本已呈土崩瓦解之勢。八月六日美國第一枚原子彈投落廣島，人民死傷十餘萬，九日第二枚原子彈再落長崎，傷亡人數更多，舉國震悚，遂於八月十日將請降書托瑞士轉盟方，願意接受波茨坦宣言各項規定，無條件投降。而我國八年抗日的民族戰爭，終於獲得最後的光榮勝利。

貳、共黨擴大叛亂

要研究共黨何以能擴大叛亂，關涉問題甚多，分下列各項敘述：

一、中國共黨之由來——民國十年， 國父駐節於桂林，共產國際派馬林求見，企圖遊說與蘇俄合作，未有結果。至十一年蘇俄代表越飛，因與北京政府談判決裂，南下抵滬，同意在 國父提示條件下，援助中國革命事業。十二年一月二十六日共同發表孫越宣言，其主要內容是：「孫逸仙博士以為共產組織，甚至蘇維埃制度，事實均不能引用於中國。因中國並無使其成功之情況也，此項見解，越飛君完全同意。」同年八月蔣中正先生奉令率代表團赴俄報聘，並考察共黨政軍之狀況，歸後報告指出：「聯俄容共雖對抗西方殖民主義於一時，但決不能達到國家自由平等之目的，……對東方民族獨立運動甚為危險。」其建議未為 國父所採納。故國民黨改組之前，已接納俄國的顧問，政治有鮑羅廷、軍事有加倫將軍。實施以黨治國，軍隊中設有黨代表及政治部，卽爲採用俄國黨政軍制度之說明。

二、共黨分子混入革命陣營——中國共產黨創辦人陳獨秀、周佛海、李大釗、譚平山等於民國十年七月成立共產黨於上海，黨員甚少。列寧主張借國民黨之力，以求發展，派馬林來華，向國民黨要求，與中共合作。國父僅允中共分子得個別加入國民黨，接受國民黨的領導，並不得在國民黨內保持共黨之組織。國民黨召開第一次全國代表大會時，中共分子有出席代表十四人，當選委員三人，候補委員六人，任部長二人，黨、政、軍各級幹部，均容許參加，此種「聯俄容共」政策，當時曾引起爭論。由於 國父威望崇高，防範甚嚴，所以 國父在世之日，俄人與共黨有所顧忌，不敢輕舉妄動。

三、寧漢分裂與淸共——國父逝世後，共黨分子利用「聯俄容共」政策，在俄國顧問鮑羅廷指導下，從事顚覆活動，當革命軍底定東南之日，正「寧漢分裂」之時，共黨分子在國民黨內製造左右兩派，擁護汪精衞爲左派首領，並成立政府於武漢，與南京國民政府對立，史稱「寧漢分裂」。南京政府接受吳敬恒等建議，實行淸共政策，將中央及地方黨、政、軍、民衆團體中共黨分子，全部淸除，範圍及於江蘇、安徽、浙江、廣東及廣西等省。武漢方面，因共黨把持民衆運動，發動罷工、罷市、公審、鬪爭等暴力事件，不知多少人家破人亡，形成一片赤色恐怖。長沙許克祥團長首先發動「馬日事變」，淸除共黨分子，江西、河南、武漢軍人，亦相繼反共，加以馮玉祥復於七月十五日開始淸黨，共產黨頓成「過街之老鼠」，各自逃生，自是轉入地下活動，並從事各地暴動。

四、各地共黨暴動——民十六年七月武漢清黨後，史達林利用國民黨「左派」失敗，老羞成怒，嗾使中共在各地發起武裝暴動，其著者如下：

1.南昌暴動：此次暴動是譚平山發起，周恩來、張國燾等領導，賀龍、葉挺率領叛軍二萬餘人爲主力，於八月一日在南昌叛變，企圖先取東江，會合海豐、陸豐的共軍，再進犯廣州。軍行三日，途中覺悟脫離者三分之一，至廣昌、會昌等地，爲國軍錢大鈞、黃紹雄等部截擊，損失慘重，比抵潮、汕，陷入包圍，被陳濟棠、黃紹雄等軍擊潰，賀龍一度被俘，暴動完全失敗。

2.兩湖秋收暴動：南昌暴動失敗後，八月七日召開緊急會議，罷免總書記陳獨秀，由瞿秋白繼任，更走盲動主義路線，同年九月，毛澤東返湘組織「工農第一軍第一師」，並發起暴動，佔據平江、瀏陽、醴陵三縣。湖南省政府派兵往剿，該「工農軍」不戰而敗，毛澤東被民團所俘，未料解往團部途中，竟掙斷繩索逃走。

3.廣州暴動：民國十六年十一月國軍第四軍在廣州叛變，攻擊友軍，其參謀葉劍英係共黨，掌握教導團，勾結匪徒，於十一日發動暴動，攻佔各機關，肆行燒殺，成立「廣東蘇維埃政府」。軍長張發奎事後檄調附近各軍及海軍平亂，十三日克廣州，代理蘇維埃主席張太雷及指揮暴動的蘇俄駐廣州副領事哈西斯被擊斃。此次暴動，爲史達林指示，第三國際與共黨中央同聲喝彩，失敗後，史氏稱之「英勇的退兵的一戰」。

4. 海陸豐暴動：共產黨彭湃等在粵東、海陸豐積極活動，於民國十六年十一月十一日暴動，佔領海陸豐，進陷碣石、捷城等地，組織「蘇維埃政府」、「赤衞軍」及「革命法庭」，實行土地分配及清算鬪爭，殺害無辜人民一萬餘人。又廣州暴動失敗後的殘部，紛紛逃至，聲勢益壯，經國軍進剿，歷時半年始告撲滅。

五、擴大叛亂蘇區——毛澤東鑒於城市暴動失敗，創一戰爭理論，戰略是「以農村包圍城市」，控制農村後，再向城市進軍。戰術是「立寨」與「流竄」互用，先佔領險要地區，選擇「立寨」據點，再向四方「流竄」，另立「新寨」，交互運用，以擴大地盤與戰果。此種戰略與戰術思想，在實踐中都獲得相當的成效。

共黨兩湖暴動失敗，毛澤東率殘部數百人，起初在贛北永新、蓮花、湘東茶陵、酃縣地區活動，專幹殺人放火的土匪勾當，旋竄入寧岡縣，以縣屬井崗山為「立寨」據點，其後朱德率軍一團來歸，與毛澤東會合，編為紅四軍，朱任軍長，毛任黨代表，朱毛之名自此始。其時中共黨徒在湘贛、鄂豫皖、湘鄂、贛閩、陝甘各省交界崎嶇僻遠之地，紛紛建立蘇維埃政府及紅軍，高呼「打土豪、殺劣紳、分田地」口號，引誘農民，到處流竄，擴張叛亂蘇區，並在江西瑞金成立「中華蘇維埃共和國」。當時各省邊境蘇區及紅軍活動，大致情況如下表：

蘇區名稱	設立時間	首領	地點	共軍番號	附註
中央蘇區	民十八	朱、毛	贛南瑞金	紅一軍、紅三軍	二四年竄至陝北
鄂豫皖蘇區	民十八	張國燾	皖西金家寨	紅四方面軍	二一年竄川北
川陝蘇區	民二二	張國燾	川北通江	紅四方面軍	二五年竄至陝北
湘鄂西蘇區	民十九	賀龍	洪湖、鄂西	紅二方面軍	二五年竄至陝北
贛東北蘇區	民十七	方志敏	江西弋陽	紅十軍	二四年北竄皖境被殲
閩西蘇區	民二一	羅炳輝	上杭武平	紅十二軍	與中央蘇區合流
左右江蘇區	民十八	李明瑞	廣西百色	紅七軍	竄至中央蘇區
陝甘蘇區	民二十	劉志丹	陝北保安	紅廿六軍	

以上蘇區紅軍，於民國二十年「九一八」以後，配合日本侵略中國戰爭，乘國軍無暇進剿機會，得以迅速發展，兵連禍結，烽火漫天，局勢日益艱危！國民政府爲攘外必先安內，動員國軍，進剿各省邊境蘇區紅軍，先後削平。對於贛南中央蘇區，更實施五次圍剿。

六、五次圍剿——中共以贛東瑞金爲首都，成立「中華蘇維埃共和國」。設中共中央黨、政、軍機關於此，指揮其他各省蘇區叛亂活動。國民政府爲貫徹剿共作戰任務，展開清剿軍事活動，收復各省邊境地區；對贛南中央蘇區進行五次圍剿，始克瑞金，共軍不支，突圍西竄。

第一次圍剿——民十九年紅軍乘各地軍人叛變之際，曾一度攻陷長沙與江西吉安。政府設陸海空軍總司令南昌行營，以魯滌平爲主任，督師進剿。十二月十九日克共區東固。嗣因十八師師長張輝瓚輕敵，率兩旅進克龍岡，其地形爲凹地，四面環山，周圍山頭，均爲共軍佔據，共軍以三路軍自東、北、西三面來撲，朱、毛、彭親赴前線指揮，國軍陷入重圍，寡不敵衆，張氏被俘殉職。

第二次圍剿——民二十年三月，政府以何應欽爲南昌行營主任，率五路軍共三十八個師，二次進攻。實際參戰者僅十一個師，與共軍朱德第一軍團、彭德懷第三軍團，激戰於東固、廣昌地區，共軍採集中力量、各個擊破戰術，國軍頗有損傷。

第三次圍剿——同年六月，共軍猖獗，由贛南擴展至閩西。蔣主席親臨南昌指揮軍事，任何應欽爲敵前總司令，率兩個集團軍，約十三萬人，進行第三次圍剿，連下黎川、廣昌、寧都等地，進迫瑞金。後因「九一八」事變發生，剿共戰爭無形中停止。

第四次圍剿——共黨配合「九一八」外患，肆行擴張。二十年十一月七日成立「中華蘇維埃共和國臨時中央政府」於瑞金。毛澤東任蘇維埃政府主席，朱德任工農紅軍總司令，周恩來任政委，轄第一軍團林彪、第三軍團彭德懷、第五軍團董振堂，贛東閩北，均受竄擾。民二十一年四月，政府以何應欽任總司令，進行第四次圍剿，由中路軍總指揮陳誠率三個縱隊，計十七個師為主力。共軍採取主動攻擊，連陷金谿與滸灣，國軍退保臨川、南城。

第五次圍剿——此次圍剿由蔣委員長親自指揮，在軍事上採用碉堡政策，步步為營，不求近功；政治上提「三分軍事，七分政治」口號，着重收復區的安撫與管理；在經濟上實行封鎖主義，使共區物資匱乏，無力作戰。並動員大軍圍剿，任顧祝同為北路軍總司令，蔣鼎文為東路軍總司令，陳濟棠為南路軍總司令，何鍵為西路軍總司令，負主力攻擊任務的是北路軍第三路軍總指揮陳誠部隊二十餘萬人，共軍為林彪第一軍團、彭德懷第三軍團、董振堂第五軍團，總兵力約十萬人，數量上是二與一之比，處於劣勢。

第三路軍於二十三年元月下旬發動攻擊，自宜黃、南城、南豐向南壓迫，四月中旬，猛攻共軍要塞廣昌，激戰十七日後克之，雙方傷亡均慘重，於是共巢瑞金之北門大開。三路軍在永豐之另一部隊，克龍岡，攻雩都，東路軍亦迭克清流、寧化、連城、長汀等縣，瑞金陷於包圍中，共軍自知大勢已去，無力再戰，遂於十月十四日突圍西竄。

七、二萬五千里追剿——共軍所以能突圍西竄，是因南路軍封鎖不嚴，西路軍意存觀望。其

後流竄湘南、粵北、桂北、貴州期中，除桂軍在全州殲共軍三千，俘七千餘外，各省部隊均未能配合作戰，讓其渡烏江而北竄。中央任薛岳為前敵總指揮，已失殲敵機先，殊可概嘆！二十四年一月共軍竄抵遵義，毛澤東利用軍人不滿情緒，召開遵義會議，打倒了國際派共黨總書記秦邦憲，以張聞天繼任，實權操在毛澤東之手，已取得領導的地位。

四月共軍北犯川南，為川軍迎擊於土城，復南竄繞貴州入西康，軍閥劉文輝不戰而退，使共軍進入川西懋功，朱毛殘部不過三千人。而原在川北的張國燾、徐向前率部七萬人前來接應，與朱、毛會合，其勢復振。七、八月間，共軍為此後逃竄方向問題，舉行多次會議，毛澤東主張北竄陝甘，張國燾主張續踞川西，相持不下，乃分道揚鑣。毛率林彪、彭德懷二股北上，經過松潘阿壩草地，泥淖難行，饑寒交迫，復遭沿途截擊，死傷潰散者甚衆，及抵陝北吳起鎮，與劉志丹會合時，僅存殘部二千餘人。

張國燾與徐向前第四軍團，董振堂第五軍團，羅炳輝第九軍團復南竄，陷西康的天全、蘆山、滎經各地，嗣為國軍薛岳部隊擊敗，轉竄西康的甘孜。二十五年二月，原在湘西共軍第二軍團賀龍與六軍團蕭克亦西竄，六月抵甘孜，與張國燾等部隊會合後，沿毛澤東路線北竄。另徐向前與董振堂共軍二萬餘人，竄抵河西走廊，為馬步青部隊所截擊，殲滅殆盡，董振堂陣亡，徐向前率數百人竄新疆，其餘共軍，於十一月間到達陝北，與毛澤東會合，合計殘部不足兩萬人。

叁、故鄉淪陷蘇區與父母逃難

國共分裂後，毛澤東率領紅軍數百人，流竄到茶陵縣高隴市（距吾家周陂水頭僅十華里），與地方團隊發生戰鬥，燒燬譚公官邸（前清兩廣總督譚鍾麟公館）及民房多棟，停留數小時，即向贛西永新縣撤走，地方仍恢復平安的局面。十八年再由贛西進犯，成立蘇維埃政府，故鄉淪陷蘇區者五年。

一、故鄉淪陷蘇區——共軍於十八年再度來到茶陵，展開軍事、政治與經濟各種殘酷統治：在軍事方面：首先佔領湘贛邊區農村，建立據點，再由村到鄉，由鄉到縣擴張，搜繳民團槍支，脅迫農民當兵，實行其所謂以「農村包圍城市」的戰略，獲得軍事上的相當戰果。在政治方面：以「分田地、打土豪、殺劣紳」爲口號，利用地痞流氓，組織蘇維埃政府，舉行各種公審大會，殺害無辜人民，工商人士、鄉紳及保長以上行政幹部，無一倖免。其後又高唱「有土皆豪，無紳不劣」，自耕農與半自耕農，亦列爲鬪爭對象，視民如草芥，實行其赤色恐怖的血腥統治。經濟方面：採用殺鷄取卵與竭澤而漁的辦法，沒收私人財產、搶奪公司行號財貨、破壞生產事業，使工廠不冒煙、機器不轉動，各種生產陷於停頓狀況；農村情況更慘，由於壯丁當兵去，老人與婦女不得不下田耕種，「縱有健婦把鋤犁，禾生農畝無東西」，農產品減產，非常嚴重，使整個社會物資貧乏，糧食缺絀，人民過着饑寒交迫的生活。

中共黨外鬥爭叫停時，必然發生黨內的權力鬥爭。大概是故鄉淪陷的第三年，展開了黨內對托派或改組派（又叫AB團）的權力鬥爭！甚麼是托派呢？可要話說從頭，當時俄國有史達林的國家派和托洛斯基的國際派，兩派鬥爭的結果史達林獲得勝利，自然要鬥爭托洛斯基一派，與中共何關？如果說中國有「托派」？應該是留俄派的陳紹禹等少數人，中下級幹部與一般人民怎能扯上關係？毛澤東爲要清除異己，把政見不同的人士，列爲「托派」鬥爭與殺害，不知多少人頭落地！縣鄉政府對「托派」處理，更是濫殺無辜，慘無人道。故鄉有位周則友農民，被人誣告爲「托派」，自料必死，當鄉政府三巨頭（主席、書記、肅法委員）審問時，他答得很妙：「介紹參加『托派』的是主席，書記是同黨，肅法委員是同路人。」三人嚇得面無人色，當場釋放，也救了不少無辜人民。爲什麼有此結果？因爲三人如被檢舉是「托派」，有生命危險，怎敢審問下去？由此說明蘇區共幹和人民的生命財產毫無保障，「人爲刀斧，我爲魚肉」，這是何等暗無天日的世界！

二、父母逃難攸縣——共軍侵犯茶陵茶鄉後，父親已逃到攸縣去，地方團隊利用地形地物，到處發動襲擊，使共軍傷亡甚大，數月後，猶在本鄉八團（清制縣下設都團，相等於鄉保組織）山區繼續抵抗，激戰半年後，因無後援，始向攸縣境地撤退。母親及家人追隨團隊逃離共區，步行二天抵縣城，與父親會見，借住於離縣城五華里的夏園鄉村，僅帶簡單行李，身無長物，一家數口衣食，完全依賴帶出來爲數有限的銀元，勉強維持窮苦的難民生活。當時胞弟文湘年僅八歲，便因家貧失學，參加斫柴、挑水、捉泥鰍、抓青蛙等工作，以節省費用。村內住有同鄉周濟民、周雙喜等數家，彼此往來甚密，患難相助，顯示格外親熱。又村民對難民甚表同情與關切，如借住房舍、家具或床桌等事，都無條件慨允，並願齊伸援手，協助難民解決喪葬、疾病、生育等問題，相處非常融洽，從未發生嚴重的爭吵或打架等事件。

父母逃難外縣後，我雖曾籌寄少許款項，救助家人生活費用，杯水車薪，效用實在有限，但實際情況如何？未能瞭解眞相。二十一年夏，向朋友借款成功，決計返湘省親，至攸縣農村拜見父母。家人生活雖苦，健康情況良好，刼後重逢，全家歡欣，暢敍天倫之樂。詎知水土不服，加以食辣椒太多，忽患痢疾，經延醫治療，病情好轉，癒後復發一次，病癒後不久，聞舅父譚公夏祥被家鄉匪徒戕害，過繼兄長純熙亦不幸被殺，噩耗傳來，舉家哀悼，母親手足情深，更是痛不欲生！我因開學期近，急需返校註册，不得已與父母辭別，忍痛起程。是年秋，因國軍六十二師（師長陳光中）、六十三師（師長陶廣）、十五師（師長王東原）及十九師（師長李覺）奉令進剿蘇區，先後開抵茶陵，向贛西蓮花、永新等縣挺進，難民紛紛回家，父母亦搬家茶陵洪山廟周姓本家借住，二十二年春，再搬家至蒲江石背村（離我家水頭僅十華里），爲時甚短，因共禍已靖，安全無顧慮，始重返離別五年的老家定居，重整家園。

三、刼後重整家園——刼後回家，三伯父震元公來訪，痛哭流涕！父親說：「三哥：共黨未鬪爭你，何以如此傷心？」伯父說：「老四：你不知道？共產黨無法無天，殺人如麻，我五年不敢隨便說話，內心何等痛苦！今後又有說話自由，我是喜極而哭！」三伯父這段話，已說明共黨統治人民是何等的殘酷！另外發生一件慘無人道的悲劇是：江西省共產黨徒押解其所謂「反革命分子」眷屬一千餘人，送往湖南白區（中共稱政府統治地方爲白區）尋親，當押至高隴市，將其中老弱婦孺三百多人，屠殺於河岸上的田中，「殺人盈野」，血水滙流河中，河水爲赤，下流魚羣湧至，爭食人血，陷於昏迷狀態，俯拾卽是。但鄉人迷信是鬼變的，不敢取食。事後集屍埋葬於河岸沙洲上，晚上常有燐火出現，鄉人不敢接近。

刧後家鄉，滿目瘡痍，田園荒蕪，到處呈現殘破景象。好在家中房舍未遭嚴重破壞，重加整修，除舊換新，便漸復舊觀。至於添購衣物家具，各項設備佈置，因父親在國軍勦共期中，從攸縣買米至茶陵出售獲利，有錢好辦事，做得有聲有色，規模更盛於前。又有餘錢借人，往來人客甚衆，排難解紛之事亦多，仍然是鄉中的小康人家。

胞弟文湘因逃難失學五年，當時年已十二歲，民國二十三年再進設於高隴市劉家祠的縣立四區小學，在班上還算年輕，因爲同學中，十八歲左右的有好幾位，他們曾任共軍連排長與連指導員，有實際作戰經驗，還把文湘叫做「小鬼」。另一特殊情況是：校址靠近碉堡，學校有步槍十支，手榴彈若干枚。小同學夜間輪流放哨，大同學負責作戰兼管理步槍，如情況緊張，可退入碉堡避難，這種小學生武裝的事實，恐怕世界各國都不多見。

附圖一——吳楚周氏共祖之圖(一)

洛陽令異公之子
↓瑜（吳都督封都鄉侯）↓
├循
└⿰彳肖（襲封都鄉侯）↓
　├豫（都尉居汝南）→彌昌（都尉）↓
　└泰（留守廬陵烏東舊為烏東派始祖）

↓愷（都尉）→祥麟→爾雅→貞→文→婉→揆古→汾（隋煬帝時為會稽刺史因忤煬帝謫袁州復徙烏東為烏東新派始祖）

↓舉仁→鼎→傑→掄魁（子四、賢、潼、滬、淵）→沂（唐長慶中經學教授遷吉水泥田、賢公家豐城、潼公遷歷玩再遷桑園，淵公無考。）

吉州茶陵邑為泥田派始祖→整（大理寺評事）→廷廣（兄廷顯居藕塘、弟延實居吉水竹山、廷充居湖山。）↓

吳楚周氏共祖之圖(二)

齊光祿大夫國子祭酒→政凝→士叶↓
├茂曜大郎（遷安福者賦令別為派）
└茂旺二郎世居泥田↓
　├彥章
　└彥卓→世桂→方→成二郎（由泥徙楊橋為楊橋基祖）↓

↓惠（其弟徙新塗塘）→永→高翔→顯→永言（由楊橋徙居下利田子三、長菊存次菽存仍居利今另為派三道存）→道存

附圖二——雲陽周氏大宗圖㈠

↓道存 字光祖號霱月舉宋大觀進士、授荊州刺史轉知茶陵州、因靖康之亂、家於茶之蒲江、今為雲陽開基一世祖、生子三、孟舍、仲舍、季舍↓

- 仲舍 字時和
- 孟舍 字時陽以貢舉授武岡州學正↓
- 季舍 字時熙授袁州分宜縣主薄

道存長子

↓孟舍↓

- 伯一 名書宋翰林學士↓國誥 贈廉訪使↓
  - 安仁 字廸叟元刺史徙耒陽鵰家山
  - 依仁 字南叟同中大德丁酉科舉人任河南廉訪使↓
- 伯二 徙寧鄉

↓依仁↓

- 仲賢↓孔範 由蒲江徙白塔↓楚詞↓下略
- 仲寶宣議郎↓孔彰 明稅課司由蒲江徙周陂為六房始祖字文顯別號德濟
- 維賢世居蒲江

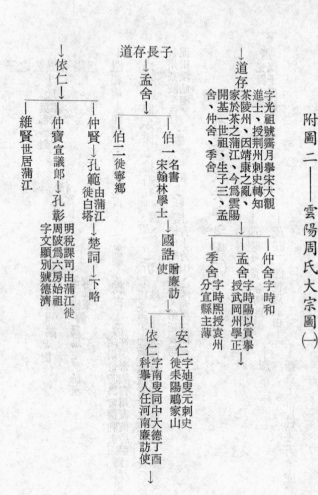

雲陽周氏大宗圖(二)

周陂周氏六房總系圖

仲寶公子 → 孔彰 →

- 楚昂 字敬嗣 儒林郎 →
  - 長明 字智壽 承事郎 長房祖
  - 長德 字仁壽 儒林郎 二房祖 ↓
- 楚仁 字敬山 配劉氏 時友諒割據 差役繁重 洪武十一年攜子徙渡永 徙居攸縣之霄渡集夏泉
  - 長諭 字信壽 承事郎 三房祖
  - 長英 字天壽 戶部侍郎 四房祖
- 楚善 字敬寶 儒官 →
  - 長榮 字恩壽 主簿 五房祖
  - 長隆 字義壽 六房祖

次子二房系圖

長德 字仁壽 儒林郎 →

- 珥 字宏謹 徙沅江 二房三分 → 民脩 長子聖凝、次聖研、世居沅江、季子聖砌、徙光水嚴塘
- 瓊 字宏貞 住水頭 二房長分 →
  - 仕濂 住水頭西邊 ↓
  - 民安 住豐水下
  - 民慰
  - 民從
  - 民邦

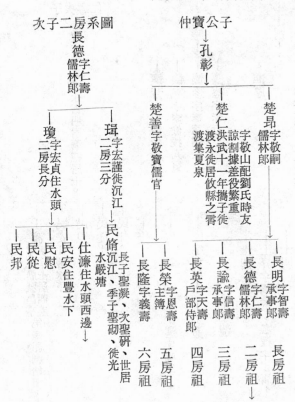

附圖三——二房長分西邊戶總系圖(一)

仁壽次子
↓瓊字宏貞號永齋明贈潛德居士↓
- 士濂字茂膺號昌亭明庠士居西邊爲濂祖祠始祖↓
- 民安住豐水下
- 民慰
- 民從
- 民邦

（民慰、民從、民邦）無考

↓士濂↓
- 懷芳字素清授承事郎↓
  - 倓
  - 仁
  - 佐字世輔↓
    - 子選字鳴臯↓
    - 子遙
    - 子邅
- 懷亮字素儉授嘉賓
- 懷珍字素簡儒士
- 懷德字素行

↓子選↓
- 惟厚
- 惟孚字雲峯↓道川字月泉↓
  - 士鼎
  - 士昇字爾彝↓之樑字正庸↓
    - 爲龍
    - 天霈
    - 希修
    - 誠德
    - 希思↓邦顯
  - 士明
  - 士旦
  - 士成

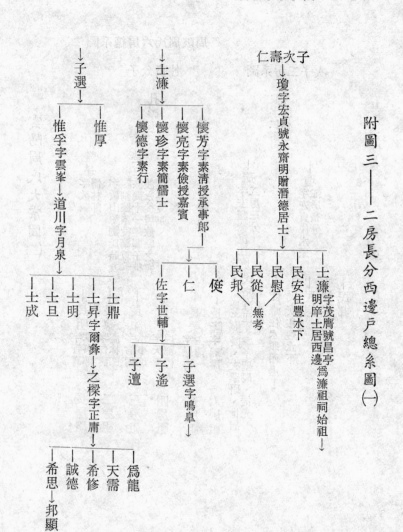

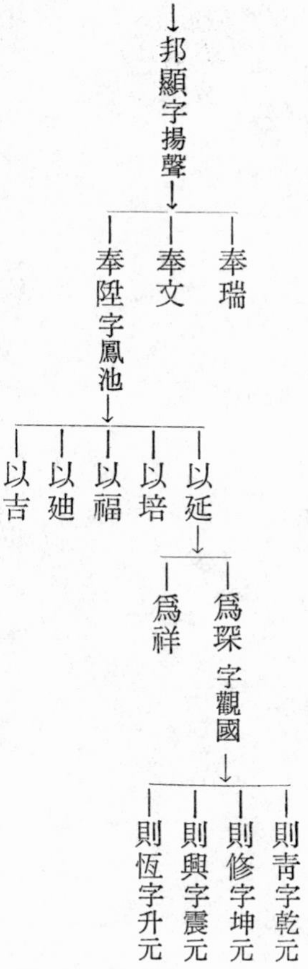

二房長分西邊戶總系圖(二)

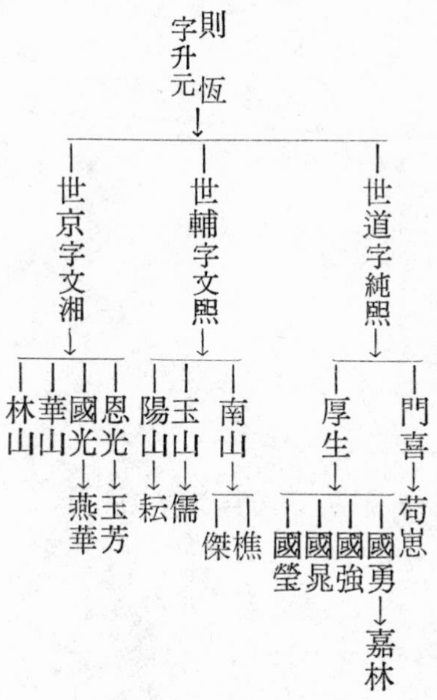

第二章　抗戰時期

自民國二十四年至三十四年(公元一九三五—一九四五)，三十歲至四十歲，共計十一年。

本章包括下列各節：一、暫別讀書與服務八年的上海，二、重遊武漢初到重慶，三、出任同濟大學訓育主任，四、旅遊滇黔憶往事，五、福建省服務公職七年。

第一節　暫別讀書與服務八年的上海

我於二十三年六月暨大畢業，任教市立新陸師範學校與務本女子高中，仍兼學運職務，「八一三」戰爭發生後，參加救濟與宣傳工作，備歷艱危。僅談下列標題：㈠服務教育界仍兼青運工作，㈡「八一三」戰起參加救濟工作，㈢請纓無路揮別上海，㈣難忘上海八年中幾位好友情義。

壹、服務教育界仍兼青運工作

民國二十三年春，暨南大學改組，是年夏，我亦畢業離校。承上海市教育局局長的關照，主任秘書沈階升先生的協助，把我介派到市立新陸師範學校去做訓育主任，月薪較優，表面上是脫離了上海大學生運動，實際上是藕斷絲連。「新陸」是上海獨一無二培養小學教師的師範學校，設於浦東的甲子公園。該公園爲一資本家所建，捐作公用，內有西馬拉亞松、修竹、水蜜桃、楊柳、紅梅、綠蕚梅等樹木，蘭、蕙、杜鵑、康乃馨，及各色牡丹等花卉，「暮春三月，江南草長，雜花生樹，羣鶯亂飛！」置身其間，生趣盎然。

新陸師範分組特殊，計有農藝組、工藝組及社教組，農藝組則定時整理公園，灌溉花木，把公園維護得很理想，學生如沐春風中，教師亦有作育人才之樂，眞是一座花木茂盛、桃李扶疏的優美教育環境。客人來往，可以遊覽，日、韓、歐、美各國小學教師，亦常來參觀。有人認爲該校風景幽美，可以久留，亦有人認爲交通不便，形同邊疆充軍，宜早辭職，另謀發展。由於距離上海市中心區甚遠，往返一次，花費時間太多。關於學生運動工作，仍未完全擺脫，或電話聯繫，或親往參與，責任既感沉重，經費亦支應困難，顧此失彼，甚感兩難兼顧。

幸好學校當局認爲我是風頭十足的學運健將，不免可怕，加之我處理問題，亦有點法家作風，當局商請教育局長允准，另介一人接替，叫我回滬復行兼理學運，我認爲「塞翁失馬，焉知非福」，欣然同意。不過我在「新陸」一年，深得學生愛護，未料學校當局採取報復手段，把擁護我的學生開除四名，教育局認爲毫無理由，未予核准，算是給我這個離職的訓導主任，維護了尊嚴形象。

次年返市區服務，學運指導單位改組，其他大學畢業同志多已洗手不幹，我因潘局長公展的愛護，仍被派充大專在學組組長，並當務本女子高中訓育主任、兼同德醫學院及國立音樂學院教授，以大學畢業僅滿一年，即任兩學院國文教授，在留學生滿街走的上海，允稱難得。從此白天在務本、同德等校教書，午後三時至九時到學運會辦公，九時以後回家改卷子，席不暇暖，忙得不亦樂乎！

上海的學運與工運原由社會局主持，二十四年夏，局長吳醒亞先生因患高血壓病逝廬山，迎靈回滬，我輓之以聯云：

主持青運逾五年，心神恒爲暨南瘁；

恭迎靈輀逢八月，哭泣難忘領袖恩。

上海市長吳鐵城先生於吳局長逝世後，電請中央派教育局長潘公展先生兼任社會局局長，於是青運工作亦由潘先生兼任，下設總幹事一人，組主任二人，我即被派爲在校部主任（另設畢業部），負責全滬大專學校抗日學生運動的輔導之責。

另外，我們又組織上海市訓育學會，研究訓育及輔導工作。二十四年組團赴南京參觀時，看到國民政府正在準備與日本作戰，海陸空軍都在加緊訓練，乃建議上海市教育局，請南京方面派員來上海向各大學講演，以闢政府不抗日之謠，當由中央派張道藩、劉建羣兩位先生來滬作多次演講。劉先生講了一個譬喻，他說：「從前有一強盜抓了一位寡婦，欲施強暴，口中還說我們要戀愛結婚，這位寡婦正在衣袋內搜剪刀，準備襲擊，其子即喊：媽媽快搜出剪刀來！強盜聞言，便給這寡婦一刀！各位親愛的同學，今天我們對於日本軍閥，正是寡婦搜剪刀的時候，千鈞一髮，不要亂喊！」聽者莫不熱烈鼓掌！有位院長對我說：「這次講演，收效宏大；我幾乎場場來聽。」這也是安定人心，穩定青年情緒之一法。

貳、「八一三」戰起參加救濟工作

二十六年「七七」事變，蔣委員長在廬山宣布全面抗戰，政府不抗日的謠言不攻自破，全國青年一致擁護政府，滙成了抗日建國的洪流！上海民衆與駐軍或許都具有敏感，自「九一八」以來，日軍攻滬的消息，時有所聞，聽說租界上的房東，惟恐天下不亂，他們的房子如果租不出去，便大造謠言，謂日軍某月某日要進攻上海。

整個上海市可分爲租界與非租界地區：租界內分爲日本租界、法租界、英、美的公共租界；非租界分爲閘北、江灣、眞茹、滬西、南市等地，如果日軍攻滬謠言一出，則非租界的住民便向租界搬家，房東們樂得笑逐顏開，滿面春風。關於駐軍，因看到日本軍閥在東北三省、在熱河、在河北，步步進迫，我軍沒有抵抗，實在忍不下這口氣！尤其是二十六年「七七」事變以後，滿腔熱血，天天在沸騰，士氣空前旺盛。

二十六年八月十三日，我赴青運組織辦公，忽聞槍聲響了，租界外難民如潮水般湧來，我們的總幹事易禮容先生比我還鎮靜，他根本不相信「打起來了」，問我：「你相信嗎？」我說：「以前天天有謠言，我根本不相信，今天我聽到槍聲響，恐怕前線士兵忍不住了！」他說：「眞有這一天！」於是計劃把辦公室由南市搬入租界，卽公共租界杜月笙先生的浦東銀行樓上。

這裏有一個難解決的問題，究竟「八一三」開火，是我們先放槍？還是日軍先放槍？據住在上海的民衆說：「當時兩軍對壘，箭在弦上，是日日軍誤入我軍防線，我軍以爲他們進攻，便開槍還擊，戰爭的序幕，就這樣揭開了。」但是否如此，我不敢肯定，留待歷史家去查明。

本來上海的日租界駐有日本陸戰隊，黃浦江上駐有日艦出雲號。「八一三」戰事爆發，他們海陸空軍增援，自不在話下。又日本軍閥之所以敢於舉兵侵略整個中華民國，早就認定中國在海陸空劣勢兵力之下，就是全國軍民奮起作戰，至多只可以抵抗三個月，故鼓吹「三月亡華」的論調，初不料上海便打了三個月。

這三個月如何打法呢？據我們在租界上觀戰，實在艱苦異常。首先我們是取攻勢的，陸軍越界發動攻擊，八月十四那天，我們的飛機自南京起飛轟炸出雲艦，誰知該艦高射礮厲害，幾乎不能靠近，有架我國飛機被高射礮擊傷，駕機健兒想把所攜炸彈丟在上海市跑馬場，不料稍有偏差，便落大世界馬路中心，死傷數百人之多。

當時我擔任上海市救濟委員，奉派去大世界慰問難民，幸好由救濟會動身時叫黃包車，他要三角錢，我還他兩角，這車不去，另一車來搶生意，待我快到大世界時，轟然一聲，炸彈響了，前面的人頭破血流，我的車伕也丟車亂跑，大家以爲日機炸租界，我起先跟着羣衆向後跑，後來想起心理學家的教訓，手挽電桿停下來，對天仰望，看見飛機上有青天白日的旗幟，知道是自己飛機誤炸，便回過頭來，仍向大世界前進，看見屍體遍地，哭聲震天，慘不忍睹！馬路中心炸成巨河，洪流滿街！我如不是第一輛黃包車討價還價，慢了一步，否則剛好抵達馬路中心，從此，更相信生死有命。

叁、請纓無路揮別上海

「八一三」抗日戰爭發生了，我興奮異常，七年來希望與日本作殊死戰的目標實現了，輔導上海青年在安定中督促政府抗日的目的亦達到了。可是自己卻忘記，以前從事抗日的青運組織解散了，教育工作也沒有了，實際上是失業了，因爲在滬所擔任的救濟委員和宣傳工作，都是義務性質，不是正式公教人員，展望前途茫茫，不無何去何從之感。

像我這樣文弱書生，效法班超傭書養母則易，投筆從戎則難，我雖有自知之明，但這是投筆從戎的時期，於是一心一意想到第六部（後來的政治部）去投効，拿了介紹信向南京進發。可是投効有心，請纓無路，一因初出茅廬，不懂官場心理學，不知門徑；二因在上海八年所言所行，未必博得長者同情，故亦不無阻力。留京數週後，因友人勸歸，乃留下行李，隻身返滬，當承莫萱元兄推薦，協助朱姓先生招訓幹部，擬將難民中的壯丁，以工程運輸隊名義，赴浙江協助軍隊打游擊。

不料訓練未及兩週，日軍見上海打了三個月，仍然陷於膠着狀態，乃另闢戰場，進攻浙江的金山衞，適逢該區換防，一攻卽登陸成功，國軍似無抵抗力量，由是長驅直入，勢如摧枯拉朽，迂廻江寧縣之後，繞攻安徽蕪湖，將截斷南京的退路，一時舉國震驚！上海守軍卽宣布撤退，獨留四行倉庫的守軍抵抗，造成轟轟烈烈八百壯士的聲威！日軍不敢轟炸，後來平安退至租界。

我們的訓練班設在南市民立女中，當金山衞失守之日，日軍開始炮轟南市，機槍與礮彈齊飛，南市住民紛紛向法租界撤退，法租界閉門自守，馬路上擠得水洩不通。當日我進公共租界接洽要公，至晚無法通過法租界邊境進入南市，乃實行苦肉計，在界邊一住民門口苦站數小時，至晚上九時，承住民憐恤，悄悄啓門放出，乃乘虛抵隙，穿回訓練班，有的人料我不會回，有的人料我一定回。這時，料我一定回者齊聲鼓掌，於是商量共同撤退辦法，幸好親多友衆，有幾批學生在法租界邊境住有親友，乃備好繩索，將我們數十人分戶吊進法租界，並帶着隱藏的長槍數支、手槍七支，安全撤退，臨別互道珍重。

組訓工程運輸隊與打游擊的計劃均未實現，只好準備離滬，追隨政府共赴國難。但離滬以前，要把槍枝處理。當將長槍數支拆散分置於屋頂瓦行內，短槍則擬帶回後方，以備軍用。友人都勸我把手槍丢入黃浦江，以免沿途引起麻煩，甚至招致殺身之禍。我那時不知是那來的勇氣，並沒有採納他們善意的建議，還是冒險把手槍全部帶回後方。

有一天晚上，友人得到情報，謂公共租界我們的住宿地區，正在挨戶檢查武器，由東而西，檢查出來，人被關，槍沒收，大家替我着急！我問房妹周嘉玉：「你有此大膽否？」她問何事？我說：「你如果膽大，這小皮箱內有七支手槍，放在妳的黃包車上，我坐另一黃包車走在前面，也放一小皮箱，由西向東，到東方旅社去，如果有巡捕向我檢查，就向後轉。」她說：「我有膽子！」於是照計劃行事，沿途闖關，幸未發生事故。記得辛亥起義後，革命軍與滿清軍隊在漢口作戰，忽然漢口大火，黃克強先生軍隊被打散了，他便跑到大火的後方，安全無恙。我告訴各友，巡捕由東南向西南檢查，我們到東南去住，豈不是大火的後方？那天就這樣的安全居於東方旅社，嘉玉送槍後仍回住原處。

過了三天，我和嘉玉攜行李和一小箱手槍，由租界搭外國輪船赴寧波，常提此神秘小皮箱靠船邊看風景。聽說有時日本海軍會上船檢查，如眞的來了，我便將小箱子丟入海中，但一直未見日軍上來，船快到寧波，心中的石塊剛好放下去，忽然人頭騷動，問何故？有人說：「槍兵來了」，正準備把小箱丟入海中，又有人說：「寧波要塞司令部望見有人向要塞照相，特派兵來船上搜底片。」一想與我無關，乃大膽提行李上岸。

安抵寧波後，改乘汽車，經長樂、永康、金華，搭上火車經上饒到南昌，依依不捨與上海共患難的嘉玉分手，各奔前程，她走漢口，我走長沙，沿途再未檢查行李，如見有檢查的話，這隻小皮箱留後出站，等檢查人散了，再大搖大擺的提出來。後來將六支手槍贈予打游擊的朋友，剩下有護照自衞用的一支，經武漢、四川、廣西、越南，帶到了雲南，因為守密的關係，幾乎無人知我有自衞用手槍。

肆、難忘上海八年中幾位好友情義

我在上海讀書與服務八年，好像是驚濤中漂流的孤舟，時刻在緊張中，有不虞之譽，亦遭到求全之毀，意外的事情眞多，尤其在艱苦環境情況下，獲得許多好友支持與鼓勵，珍貴的友誼終身難忘，現追憶幾位好友往事：

一、悼念為國捐軀的平祖仁——我初入暨大時，即與何介夫、熊鵬南等同學朝夕晤談。何為湖南人，熊為湖北人，來往多次後，即有組織兩湖同鄉會之擬議，經徵得兩湖教授同意，即向訓導處申請成立。次年因教育部通令大學不得設同鄉會，我們偷天換日，請安徽同學王玉書領銜，申請組織湖光學社，因爲成員不限於兩湖，故獲得批准，事實上大家都知仍是兩湖同鄉會，因爲有名教授李石岑參加，做得有聲有色，頗引他人注意。

平祖仁學長是江西九江人，雖已畢業，仍留校服務，彼時本黨有一潛伏性組織，由上海市社會局長吳醒亞先生領導，暨南大學由平學長負責，他在招兵買馬時，聽說我主持湖光學社略有成績，便來找我參加他的組織。時值「一二八」事變以後，上海這類組織頗有多起，我經過考慮之後即塡表參加。記得第一次在某旅館會談時，我因未進入情況，一言不發，有一位上級指導員引以爲奇，問平學長：「此人是否有問題？」平答以「熟了就會有話講。」亦可謂知我者。

在暨大學生自治會成立之後，我變成了活動的中心人物，引起了組織內一位姓韓的同學反感，加以韓同學與一位姓婁的同學不睦，更鬧出了一個漏選的大問題。平學長爲彌縫此裂痕，曾邀我們在旅館打麻將，我因不諳此道，僅在桌旁觀戰，未料韓同學有氣無處發洩，竟與同去的另一位同學打架，事後還買了一把刀子，準備再戰。我當時膽子眞大，竟敢偷偷地把刀子交給平學長，不知這場戰爭是因我而起，可說是犯了年輕人做事缺乏警覺的缺點。

當上海市學生抗日後援會成立之日，暨大出席代表計有三人，吳局長問：「誰任首席代表？」平學長不便指定我，向我打了一個眼色後，便說：「蕭國光！」我亦默然同意。不料到了會場，復旦大學首席代表莫萱元、大夏大學首席代表劉脩如等都是湖南人，蕭同學知難而退，事事讓我發言，我便做了事實上的首席代表。次年，大學聯執行秘書長薛光前（東吳大學首席代表）看見我還能言善道，有膽有識，於歡迎東北游擊司令馬占山時，便推我爲主席，以後的會務，則以我們兩人的主張爲最多。

上海大學聯成立後，對內對外，我變成暨大學運的領導人物，適值內部改組，平學長他調，內部工作便由我主持，「一山難容兩虎」，似乎情況有變，未能融洽相處，計有一年之久，我雖遇有重大事故，仍和他商量，他亦勉強應付，但很不自然，何況有人從旁推波助瀾。至二十四年夏，吳局長逝世，組織領導換人，我和平學長皆已離開學校，我的工作改爲主管各大學學運，他已不再過問學運，彼此見面，倒很融洽，常承以「善組織、會計劃」見稱，我不免自覺慚愧。

抗戰時期，我在福建服務，報載平學長任江蘇某區行政專員，在上海租界從事抗敵活動，被日寇捕獲，處以死刑，臨刑之日，其女友墜樓殉情，聞之不勝悲痛！曾撰一追悼文，在福建《東南日報》發表，追述其生平事跡及忠勇精神，以誌哀思於萬一。古人云：「一生一死，乃見眞情」，於今思之，更信斯言！

二、難忘「大而有容」的呼竹仙——呼竹仙學長，蘇北人。我於民國二十年夏轉入暨南大學，是年九月十八日發生瀋陽事變，次年一月二十八日，日軍進攻上海，炮轟暨大，破壞一部分校舍，我先一日去南京，因此不能回校就學，與十餘位同學借讀中央大學，組織借讀同學會，當日因事引起蘇北同學誤會，我還蒙在鼓裏，不知事情嚴重。是年秋返校，又因事得罪蘇北同學，兩案併發，使我籌組暨大同學自治會，遭遇極大的阻礙，工作進行陷於停頓中。

當時我向各系活動時，有人說我「言不壓衆，貌不驚人」，這兩句名言對我打擊頗不小。事後有人告訴我，這是蘇北同學的「傑作」。我時常反省這兩句話，倒是眞實寫照，因爲我這個轉學生在學校能活動自如，全是組織的力量，不是靠我的才能，對於這些打擊，祇忍氣吞聲，向他們多解釋，請他們多原諒。

蘇北同學中除婁子明兄外，尚有這位年長、資格老的呼竹仙學長，他觀察數月之後，即向大家宣布：我們要學周世輔苦幹精神與謙虛態度，不要與他爲難，反之在可能範圍內予以協助。這樣一來，我高興得到了化敵爲友、化阻力爲助力的知己同志。因此在很多場合中一帆風順。「飲水思源」，我對這位呼學長，眞是感激涕零。

後來，我又使蘇北多數同學不滿，事後請他們上南園喝茶解釋，亦承呼學長從中斡旋，小事化無，皆大歡喜而散。現在屈指五十年，如果呼學長仍活在大陸，我要向他祝福，祝他福壽康強。

三、追憶老練精明的婁子明——現在臺灣讀書的青年命運好，讀大學一年級，大多數是二十一歲，我中學讀書時，適值國民革命軍過長沙，休學任小學教師一年，後來自湖南黨校畢業，又任黨務工作兩年，故由復旦轉學暨大二年級時，已經二十六歲，自以爲是一位老學生，不料同年級的婁子明同學比我大三歲，一舉一動，一言一行，都非常老練。我有黨務與學生活動經驗，他更多有幾年，因此兩人一見如故。

我與婁同學同爲本黨中央的資助生，每年由中央黨校發給一筆升學費，先在上海組織資助生聯誼會，後在暨大組織學生自治會，在自治會成立之初，他爲了不讓姓韓的同學作監事，害得我對組織無法交代，馬上宣布辭自治會出席代表，後經他人勸解，始作罷論。

古代張耳與陳餘，刎頸之交成仇人。我與婁同學後來分道揚鑣，幾成水火。我深覺不應以友爲敵，乃轉變作風，遇有重要事情，先和他商量，並欲以領導權讓給他，他謙辭之後，態度好轉，恢復交情。不過有一次他的設計方案過於激烈，我這個中庸主義者不能照辦，一夜未能成眠，次日至復旦大學與朋友磋商，他要我將不能照辦之困難直說，次日如法炮製，果獲諒解，交友之難，於此可見一斑。

民國二十九年，我承丘漢平學長電邀到福建永安服務，於校友集會時，建議母校由上海遷閩，經教育部核准，乃遷建陽孔廟。三十年左右，我赴建陽訪三戰區政治部，同時訪問何校長炳松及校友，婁兄時任訓導工作，他鄉遇故知，歡樂異常！他告以身體欠佳，三戰區某司令欲介紹任縣長，已經婉辭，我很贊成。自此又失去連絡，抗戰勝利後，聞已因病逝世，令我悲傷不已。

四、追悼英年去世的龔履端——龔履端是同學中政治成績最佳的一位，前途日趨光明，每與傾談，輒默深期許，將出掌中央要職。豈料正當年富力強之時，忽患不治之症，竟於四十六年三月二十二日棄世，瞻仰遺容，淚如雨下，伯牛有疾，顏子夭折，天乎人乎，果眞修短有命？暨大校友公祭文悼之曰：「嗚呼警初，吾儕之秀；負笈眞茹，品學兼優。青年英發，頭角嶄露；筆端縱橫，辭令江河。洎乎始業，從政洪州；轉業中央，名著陪都。鄉黨相望，八閩歸騶；議壇膺選，建樹殊多。農院兼教，黨務宣謀；詡贊省政，疏還首功。何期痼疾，遽傳撒手；中興軌軌，家祭含愁。玉山高蒼，淡水低泱；英靈不遠，勳績永光。」

五、未忘同學尊稱大姐的劉瑩——劉瑩同學能言善道，人緣甚佳，同學都尊稱她爲「大姐」，她與夫婿的結合經過，同班同學均能道之。其實內有一個秘密，恐怕只有鄧明治同學和我少數人知道。嚴格的說，我是眞正的月下老人。可是事成之後，始知我的另一位好友王健民早在追求她，我好像成就了這方面，破壞了另一方面。因此，對劉大姐婚後的生活情形，我實在比誰都關心，可是二十餘年音訊未通，一點消息也沒有，遙望南洋，能不興嘆？

六、懷想誠懇待人的何介夫——何介夫是湖南人，學問好，修養好，又勇於任事，誠懇待人，同輩均尊稱爲「大哥」。尤其對我主持的青運工作，熱心相助，全力以赴，盛情難忘。民國三十年我任福建省圖書雜誌審查處處長時，曾函邀至閩任圖審處組主任，後承丘漢平學長安置在福建省銀行服務，前後幾達十年，我由湘瓊來臺，總以爲閩、臺僅一衣帶水之隔，他夫婦應早已先我而至，幾經打聽，始知他攜眷逃至厦門，因故未能前來，生死未卜，能不痛念？

七、猶欠信債未償的羅敬吾——羅同學號稱何介夫兄的外甥女，聰明、活潑、美麗，曾是不少男生追求的對象，不料在某個暑假中，在武漢找到了一位如意郎君。畢業後各奔前程，十餘年未通音訊，民國三十八年我執教南嶽國立師範學院，她由沅江寫了一封長信，說已生男育女並述生活情況。我本想覆一詳函，那曉得共軍渡江，匆匆離湘赴粵，至今猶欠了一筆信債未還。

八、追悼第二位為國捐軀的韓師愈——韓同學與我同系同班，品學兼優，有點自負。雖佩服他的能力，但個性未能相投，總算是勉抑情緒，遇事忍讓，相處至畢業，未發生衝突。原期於離校之後，在革命前程上增加友誼，誰知他竟為國犧牲！追懷忠烈，典範猶存。

第二節 重遊武漢初到重慶

民國十九年赴滬讀書，途經武漢；此次離滬經浙、贛、湘抵武漢，再穿三峽到重慶，返武漢再經三峽，並暢遊三鎮名勝古蹟，其標題如下：㈠重遊武漢，㈡三鎮名勝古蹟，㈢三峽景象奇觀，㈣重慶勝景。

壹、重遊武漢

我於二十六年冬，由滬租界登輪，化裝商人，經寧波、嵊縣至金華，搭浙贛路火車經南昌株州抵長沙小住，再乘粵漢路到漢口，有「二度劉郎今又來」之感。停留數週，搭輪經宜昌、萬縣各留數日候輪，穿越長江三峽，於二十七年春達重慶，訪教育部陳部長立夫暢談上海訓練幹部情形與教育界救國工作。此時聞茶陵業師周法華公逝世，非常悼念，輓以聯云：

回首仰春風，釋六經，詮四書，曩在程門恒侍坐；

請纓抗暴日，穿三峽，越五省，為赴魯難未臨喪。

留重慶數月，未找到適當工作，適潘公展先生由成都經渝赴漢，囑組上海學生聯絡處，代辦借讀轉學工作數十件，結束後仍返漢。再經三峽，順流而下，舟行快捷，誠如李白詩云：「朝辭白帝彩雲間，千里江陵一日還，兩岸猿聲啼不住，輕舟已過萬重山。」抵漢後，始欲入三民主義青年團，從事青年運動，以問津無門，憑同德醫學院教授證書，任教育部臨時編審，月支津貼八十元，以維生活。除偶住漢口外，多下榻好友王健民先生寓宅，同住者尚有劉脩如、鄭傑、周尚諸兄，清閑無事，常往三鎮名勝古蹟參觀，增益見聞。

後聞國立同濟大學訓育主任出缺，請教部推薦，陳部長介我應聘，健民兄聞訊，大喜若狂，愉悅之情，溢於言表，離漢前夕，又愼重進言，應與早在同濟服務的陳保泰兄善為相處；後在同濟工作三年，與保泰兄相處如兄弟，未負老友期望。保泰兄來臺後，先後榮任高雄市市長，漁業管理局長及陽明山管理局長等要職，與我過從甚密，久而敬之。及其病逝臺北，我適遠在美國，不能至靈堂弔祭，悼念不已。

武漢三鎭包括武昌、漢口與漢陽，武昌居長江之東，爲政治都市；漢陽居長江之西，爲工業都市；漢口居漢水之北，爲商業都市，三市鼎足而立，形勢險要，自古爲中國十八行省行政的心臟地區。又長江是中國第一大河，流經青海、雲南、四川、貴州、湖北、湖南、江西、安徽與江蘇九省，全長九千九百六十里，水利發達，航運方便，魚產量豐富，是國計民生的命脈。自宜昌至上海，有很多美麗的臨江都市，其中南京與武漢的形勢與風景，都在鎭江、蕪湖及九江之上。尤其武漢在地理上是南京的咽喉，「地襟江漢，綰轂南北」，西枕荊山與巫山，東有大別山爲屏藩，東南有幕阜山爲阻障，關隘四塞，歷代成爲兵家必爭之要地，不得武漢，不足以言定天下，秦漢而後，「道通九省，冠蓋輻輳」（顧炎武評語），工商礦業都非常發達，爲江湖各地物產的總樞紐。

貳、三鎭名勝古蹟

武漢的名勝古蹟不可勝數，尤以漢陽爲最。我停留期間，因爲候差，空閒時間較多，常往有名的風景區參觀，現憑記憶所及，作如下介紹：

一、**龜山名勝**——漢陽的主山是大別山，其主峯名龜山，又名魯山，別稱翼際山，在漢陽城東北一里處，山上有禹王廟及祖師殿，古蹟中有晉征南將軍荆州刺史胡奮碑文，爲平南將軍王世將刻石，記載征杜曾事蹟，山麓有巨石，名狀元石。

二、**黃鶴樓**——據唐閻伯理記黃鶴樓云：「州城西南隅，有黃鶴者，圖經云：黃禕登仙，嘗駕黃鶴返憇於此，遂以名樓，事列神仙之傳迹存述異之志。觀其聳構巍峩，高標巃嵸，上依河漢，下臨江流，重簷翼舒，四闥霞敞，坐窺井邑，俯拍雲烟，亦吳楚形勝之最也。」對此樓景觀，描繪甚詳。另唐詩人崔顥有詩詠其事跡：「昔人已乘黃鶴去，此地空留黃鶴樓，黃鶴一去不復返，白雲千載空悠悠。」譽爲千古絕唱。

相傳黃鶴樓建於三國時代，爲天下絕景。當初樓高三層，外圓內方，後代歷有修建。原樓毀於明嘉靖末年，隆慶五年都御史劉慤重建，後又毀於張獻忠。淸順治十三年御史上官鉉修建，康熙三年又毀於火，二十年再遭雷震破壞，兩次修建均爲鄂督張長庚主其事。咸豐六年毀於兵亂，同治七年總督李鴻章重恢舊規，高達十八丈，非常壯觀。光緒十八年又遭火災，民國在原址重建一磚樓，未復舊觀，已非昔日面貌，追懷往跡，歷盡滄桑，不勝唏噓之感！

三、**鸚鵡洲**——鸚鵡洲位在龜山小河口，在南紀門外，爲漢陽名勝集中之處。相傳後漢江夏太守黃祖之長子射，大宴賓客於此，適有獻鸚鵡者，乃命彌衡賦之，後彌衡爲黃祖所殺，亦葬於鸚鵡洲上。自古以來，此處風景幽淸，過江名士，多至此吟詩作賦，遊筵無虛日，今已荒凉不堪。湖旁有梅子山，上鐫「靈鷲飛來」四字，為揚州布衣楊威鳳所書，又一石鐫「海濶天空」四大字，忘記為何人墨寶。

四、黃鶴樓長聯──此一長聯，為尹聯芳所撰，共一百一十字，上聯云：「數千年勝蹟曠世傳來，看鳳凰孤岫，鸚鵡芳洲，黃鶴漁磯，晴川傑閣，好個春花秋月，只落得剩水殘山。極目古今愁，是何時崔顥題詩，青蓮擱筆。」下聯云：「一萬里長江幾人淘盡，望漢口斜陽，洞庭遠漲，瀟湘夜雨，雲夢朝霞，許多酒興詩情，僅留下蒼煙晚照。放懷天地窄，都付與笛聲縹緲，鶴影蹁躚。」聯語氣勢雄壯，武漢三鎮的風光，俱納筆下。因黃鶴樓地理位置優勝，憑欄遠眺，長江上下流風物，盡收眼底；武漢數十萬煙戶，一片蒼茫，壯哉！

五、晴川閣與歸元寺──閣在龜山入江處，與黃鶴樓隔江相對，其取名來自唐崔顥「晴川歷歷漢陽樹」詩句。閣址斗入江中，其下奇石壁立，波濤洶湧，氣勢尤勝黃鶴樓。此閣原為明知府范之箴所建，早已毀壞，新建者遠遜於舊。有張香濤題聯云：「洪水龍蛇循軌道，青春鸚鵡起樓臺。」

歸元寺位於龜山之西麓，以寺藏所雕五百羅漢最為有名。中國寺院的五百羅漢，以浙江的淨慈、廣州的華林最著。歸元寺因雕工更細，栩栩如生，可說是絕世之作。

六、桃花夫人祠──祠在龜山，桃花夫人為春秋時息侯之妻，楚伐息，侯被俘，佔其妻。一日外出，與息侯復遇，相愧自殺而死，後人立祠祭之。山北有關馬洞，相傳蜀吳作戰時，為關公藏馬之所。

七、月湖風光——漢陽月湖爲風景最優的勝地。原有東西兩個月湖，現僅存西月湖，湖旁有著名的伯牙臺，臺在武聖廟上，渡襄河直達，傳爲春秋時魯國大夫伯牙彈琴之所。臺早已成廢墟，惟祠舍尚完好。此祠面湖依山，遠眺梅山蒼翠，俯睇月湖蕩漾，山色湖水，景象秀美。如泛舟遊湖，兩岸楊柳成行，穿馳於荷花之間，花香撲鼻，別有一種風味。

八、大冶好風光——大冶爲湖北重鎭之一，距武昌東南約一百公里，介於許多江湖水澤之間，闤闠於湖濱，蜿曲於湖中，湖上建有青龍閣，閣旁有塔，高聳雲際，夜登閣塔觀賞湖月，景緻另有妙境。附近有東方、白雉與天台三山，山景湖光，俱擅林泉之勝，古寺散布其間。東方山峯最高，南眺城郭景象，一覽無遺，西望梁子湖水光一色，風景絕佳，俯瞰長江浩蕩，風帆河鳥，氣象雄大，故稱「東方覽勝」。

九、洪山塔——洪山與蛇山遙相對望，在東門外十里處，舊稱東山，古有「東山賦」，即指此山。山上有七級浮圖，傳爲宋代所建。全塔爲石砌，內建旋登，可達塔頂，三鎭的景色，全收眼底。塔旁有洪山寺，香火旺盛，山下有白龍泉、陳有諒墓，山頂有東岩閣及黃鶴亭。

叁、三峽景象奇觀

三峽即瞿塘峽、巫峽與西陵峽，爲中國西部第一大奇景，峽谷淨長超過九十公里，峽道由數百個巉巖絕壁所構成，山水連天，江流衝激，形成三峽的險峻。峽中兩岸名勝古蹟甚多，崆嶺、洩灘、夔門三大險灘，水流最急，凶灘中有大漩流，奇石尖立，船行其中，容易發生覆舟慘劇。帆船上航，約計十日，且須多人拉縴，下航捷速如飛，「千里江陵一日還」，但驚險異常！

一、西陵峽——長共五十四公里，爲入峽第一關。因峽在宜昌縣西陵山下，爲取名之原由。南津關是峽中第一站，由此西行，險灘不少，兩岸勝地甚多。關北一里許有三遊洞，宋蘇東坡曾到此遊覽，歷代吟詠，不可勝數。

1.黃陵廟：由此上經平善壩至石碑峽，去黃陵廟約三十里。相傳諸葛武侯入川時，曾到此廟，廟後是有名的黃牛山。李太白詩云：「三朝上黃牛，三暮行太遲，三朝又三暮，不覺鬢成絲。」足見登黃牛山之艱難。

2.崆嶺灘：崆嶺灘四週，高山環立，江中礁石甚夥，險灘亦多。其中有名的是上鹿角、下鹿角、虎頭灘、獺洞灘等，均極險惡。尤以獺洞灘有大石立江心中，名大珠，長五百餘尺，亂流漩廻，舟行最險，爲長江第一險灘。

3.牛肝馬肺峽：此峽由崆嶺灘到炭船灣，共長七・四公里。因崆嶺灘是第一險灘，船行抵此，必須卸貨，空船而行，北岸所懸的石鐘乳，象形奇美。

4.九畹溪：九畹溪江流經此，因山多而彎曲，景緻極爲幽美。張船山有詩詠此山景：「山頂晴雪玉瓏玲，金翠迷離好畫屏；兩岸峰巒爭秀出，隨江九折名空舲。」

5.新灘與兵書峽：出西陵峽至新灘，長三里許，爲峽中三大險地之一。枯水期舟行困難，時有災險。兵書峽又名米倉峽，長約八華里，西陵峽至此到終點。兩岸奇巖峭立，北有奇石一方，形似一書，下有洞，俗傳諸葛亮在此藏有兵書寶劍，高不可攀。

6.王昭君與香溪：過西陵峽，有八十五里的平緩江面，第一站是香溪，兩岸遍生香草，鄉婦多樂採之，說是明妃遺澤，香及後世。又兵書峽北岸約八里，史傳爲漢昭君王嬙的故鄉，杜甫詩云：「羣山萬壑赴荊門，生長明妃尚有村。」即詠昭君的生長村莊。

7.石門灘：此處有二巨石，直立江中，故名「石門」。地屬歸州，北岸是屈原故鄉，附近有很多屈原史蹟。據《寰宇》記載：「山有石徑，深若重門，劉備爲陸遜所破，逕走北門，追者甚急，備乃燒鎧斷道，然後得免。」是否事實，尚待考正。

8.洩灘：爲三大險灘之一，水愈漲愈險，水中又多奇石尖立，水波相推，其勢甚猛，過去發生多次船難，船夫多視此爲畏途，再上二十六里，即抵巴東城。

9.巴東城：城小，商業尚繁榮，縣南臨江，有秋風白雲兩亭，景觀幽美。宋寇準曾在此作縣令，政聲甚佳，手植雙柏猶存，城內有寇公祠。由巴東城再上十九里，經青竹標灘，即至巫峽的起點官渡口。

二、巫峽——自香溪至官渡口之間，地勢相當平坦，風景清秀。至巫峽後，則情勢大異。昔毛司徒作「巫山一段雲詞」云：「雨霽巫山上，雲輕映碧天；連峯吹散又相連，十二曉峯前」。

入峽後江隨山轉，峭壁聳立。枯水期中，水流平和，洪水則水流兇險，舟人視爲畏途。兩岸山峯環巒，林木蒼翠，其景象猶勝西陵峽。

1.巫山十二峯：巫山十二峯的峯名是望霞、翠屏、朝雲（神女）、松巒、集仙、聚鶴、浮壇、上昇、起雲、飛鳳、登龍、聖泉。山高峯多，很難指出峯名。峽氣蕭森，光線暗淡，看日、看月，非過午刻不見。且入口處甚狹，水流急湍曲折。張船山詩云：「江聲幡回亂山開，天半濛濛萬古苔；千丈奇峯立如壁，蛟龍窟裏一帆來」。繪聲繪色，頗能傳眞。

2.鐵棺峽：此峽北岸絕壁中有大石突出，形似棺材，故取此名。由此而上，萬流、碚石、鯿魚溪等勝景羅列，均有可觀，位於川、鄂二省交界處。再行十里至杉木灑，北岸五峯環列，有似仙人掌，絕壁下有孔明碑等古蹟。

3.神女峯：神女峯在諸峯中是形勢最美，相傳赤帝之女瑤姬，葬於巫山之陽，楚襄王曾夢遊高唐，與神女相會，宋玉作〈高唐賦〉以記之。山上築有高唐廟，以祀諸神。張船山詩云：「青天小立玉芙蓉，秀絕巫山第一峯；我欲細書神女賦，薰香獨贈美人峯。」美人韻事，千古流傳。神女的品德並不神聖，她「朝爲行雲，暮爲行雨，朝朝暮暮，陽臺之下」，不禁令人心嚮往之。廟僧做個陽臺，故意附會其說。

4.神女廟：經十二峯，再經青石洞、金盔銀甲峽、跳石等處，即達巫山縣。枕山臥水，歷代視爲要津，屢設郡縣，是蜀東第一要隘。城內建有神女廟，規模甚隘，建築雕塑粗俗，均無可觀。唐名妓薛濤曾到廟拜神女，有詩詠其事：「滿園啼處訪華唐，路入煙霞草木香；山色未能忘宋玉，水聲猶似哭襄王；朝朝夜夜陽臺下，爲雲爲雨楚國亡；惆悵廟前多少柳，春來空自鬬眉長。」兩個神女，自當同聲相憐。

三、瞿塘峽——由巫山上溯至黛溪，即瞿塘峽的入口處；長約四十里，地勢較爲開曠，枯水灘多，洪水時舟行方便。瞿塘峽僅長八．三公里，兩岸巨巖，有如神工鬼斧，從天劏下，江流即從此石峽中宣洩，究竟億萬年前形勢如何？是否爲人工開鑿？至今猶爲一謎。

1.風箱峽：由黛溪至黑石灘十里，再上即風箱峽；峽岩壁立，狀似風箱，俗稱風箱峽。南岸有奇石，名「倒吊和尚」。黑石灘與風箱峽之間，懸鐫「開闢奇巧」與「天郁津梁」等字，以紀念大禹開山之功。再前進山巒環列，松柏蒼萃，赤甲、白鹽兩山，隔江對峙。南岸有孟良梯，傳宋大將孟良行軍經此，曾作梯架棧道，壁上有宋代中興頌石刻。

2.夔門與灩澦堆：對岸是鐵柱磯，古稱「夔門」，遠望夾江而立，狀如石門，氣象雄偉。杜甫詩云：「三峽傳何處，雙巖壯此門。」故有「夔門天下雄」之稱譽，可與劍門相比，其勢天成。在夔門下卽灩澦堆，河套狹險，水流湍激，是個很大的險灘，俗謂「灩澦大如龜，瞿塘不可窺」，舟人最怕過此險灘。上溯至夔州之雲陽，有張桓侯廟，題有「江上清風」四字，三峽至此告終。

3.白帝城：灩澦堆的山上，便是歷史有名的白帝城，爲東漢公孫述創築，沿山而建。蜀漢時劉備爲陸遜戰敗，駐守白帝城，後改永安宮，次年四月薨難，臨江處建有漢王祠，規模偉麗，爲三峽中最具壯觀的寺廟。

4.杜甫故里：杜甫曾住白帝城北小溪旁，築有草堂，後改溪名爲「草堂河」，杜詩成於此者，達三百六十一首。山後有諸葛亮所佈的八陣圖及武侯祠。少陵詩云：「猶有西郊諸葛廟，臥龍無首對江濱。」三峽爲蜀漢時防吳的重鎮，古蹟最多。灧澦堆江狹而險，波濤洶湧，即昔諸葛「鐵索纜江」的軍事要地，爲封鎖東吳進攻四川的江上堡壘，現兩岸仍有大鐵柱二根，此地漢代遺物甚夥，漢磚亦很名貴。

5.四川門戶：萬縣是四川江防的門戶，又爲沿江物資集散地的大都市，形勢之美，自古有名，北負都歷山，左臨帽子山，右倚天生城，地勢崎嶇不平，環城繞山而建，風景異常奇麗。長江經縣城東流，自此東西橫行，沿江有很多大峽谷，險峽亦多，過此即入三峽之地。

6.太白巖與西山公園：萬縣的古蹟名勝，最爲著名是李太白讀書處的太白巖，位在南津街後，巖石巍峩，非常壯觀。又城內惟一公園是城西的西山公園，面臨長江，山青水秀，形勢天然，花木茂盛。園內鐵鳳山寺有高大之鐘樓，凡八層，高達十丈，其鐘聲洪亮，可傳達萬、雲、開三縣之遙。

肆、重慶勝景

重慶古稱渝州，當時是抗戰時期的陪都，中央黨、政、軍各級機關均遷設於此，係政府發號施令的重鎮，冠蓋雲集，車馬水龍，盛極一時。惟地勢崎嶇，爲一個半島形的山城，三面臨江，僅一面通陸，據兩江（長江與嘉陵江）的滙合點，當康滇黔三省的要衝，爲控制大西南的樞紐。又因人口繁密，生產豐富，各種物資集散於此，成爲沿江的最大都市。其城沿山而建，高出江面約百公尺，民宅建於城內山樑及夾岸內坡，遠望之似萬層高樓。地勢高峻，四週有五大渡口，造成犄角之勢。夏季炎熱，多季又霪雨連緜，平時雲霧籠罩，氣候變化太快，適應相當困難。

停留重慶期中，曾到與我在上海共患難的嘉玉妹家中（體心堂街），拜訪其繼母與弟弟，其宅房舍廣大，有大廳、小院、堂屋、客室、魚池、花圃，裝設麗雅，庭院森森，環境幽靜，是一座高水準的豪華住宅。玉妹父親受伯伯父曾任縣長等職，後轉企業界，在漢口經營出口貿易，很少回重慶，無緣識荆。另晉訪其三叔介眉伯父，當時任重慶市商會會長，亦經營出口貿易，除主持崇德公司外，其他企業投資，有數家之多，是商界的風雲人物，承設宴款待，視同親人。並悉其高祖奉陞公，祖籍湖南省茶陵縣人，旅渝經商發財，由茶陵縣周陂市遷住重慶，至嘉玉輩已歷五世，與我輩分相同（二十五世），經查閱族譜證明，與我同爲茶陵周陂周氏世禮堂二房祠的子孫，如論血統，尋根源，五百年前原是一家人，血濃於水。

重慶改爲直轄市後，東至大與場，北達嘉陵江岸的堆金石，西抵歌樂山，南到川黔公路二塘之北，比舊市區大得多。因抗戰時期，慘遭日機轟炸，政府設施與人民生命財產損失慘重。爲減低空襲損害，到處依山鑿建防空洞，躲避敵機，遂得吉人天相，渡過難關，八年不屈不撓的重慶精神，至今仍爲人所樂道。余那時在此候差數月，除代潘公展先生處理交辦案件外，如有空閒時間，常獨往風景區觀賞，簡介最爲著名者如左：

一、塗山——塗山又名眞武山，位城南大江對岸，離城七里，周圍二十里，東臨石洞峽，岩壁上鐫「塗山」二字，橫長數丈，爲全國石壁鐫字之最大者。相傳是大禹娶塗后之地，岩上建禹王廟，門懸「塗山古刹」橫額，爲重慶山水最佳的勝地。雲岩泉潤，峯巒蒼翠，雄峙於兩江之間。再上有「眞武宮」，殿宇巍峩，眺望甚佳。

二、大足石刻——大足縣距重慶壁山西北不到六十公里，有一龐大的石刻，廣達七區，其技藝水準及規模宏偉，可與雲崗、龍門鼎足而三。此石刻區創於唐代苦行僧柳本尊，殘己療人，感動後世。宋有大足人趙鳳智，發揚本尊的精神，在寶鼎山上建一聖壽院的偉大道場，此院有寶閣的石刻區，另有龍岡、廣華、舒城、石門、石篆與高妙等六區，合共七區。單是寶閣區其石刻長約二里，主殿石屋高丈餘，後壁鐫放小佛像盈萬，萬相千顏，維妙維肖，可說是宋朝的石刻大觀。其中如來半身像，法相尊嚴，高達九丈，非常壯觀！所刻趙鳳智立像及所作偈語與語錄，技藝水準甚高，千載以後，仍清晰可讀。學者楊家駱先生對此石刻的發掘與研究，付出心力最多，貢獻亦最大。

三、溫泉寺——溫泉寺創建於南朝宋景平元年，接引殿爲明代建築，棟宇爲二進，清代歷加修葺。後進至鐵瓦殿，殿中存放宋、明、清諸朝石刻，大殿有清學士張鵬鶥所題「天外恩波」橫額。此處花園林竹，遠勝南溫，內有戲魚池、數帆樓、聽泉亭、白鳥亭，遙望江山光影，風景佳勝。另建有室內的溫泉二所，內稱「日湧泉」，外稱「千頃波」，爲良好的小型游泳池，收費低廉。其博物館內陳列三代的銅器及歷朝器皿、原始時代的恐龍化石，相當完整，均甚珍貴。最爲人稱賞的「漢洗雙魚」盆，爲漢朝遺物，曾在倫敦展覽，獲英國人士好評。

四、浮圖關——原名「佛圖關」，距城十五里，爲重慶軍事要地。關內有夜雨寺，因寺壁遍爲吸水石，終年滴雨，故誌稱「佛圖夜雨」。抗戰時期在此設訓練機構，改稱復興關，爲中央政府黨政軍重要幹部集訓中心。山岩下卽嘉陵江，再上溯到沙坪壩，原爲重慶大學校址，抗戰期中成爲文化中心，文風盛極一時。

五、縉雲寺——初名相思寺，創建於宋景平元年，位入山半里處，松杉蔽天，儼然化境。宋之馮縉雲、明之王春元，均在此寄讀。抗戰時名僧太虛法師設漢藏教理院，傳授經典，極一時之盛。山中所產甜茶，頗有名氣，其大雄寶殿之橫額爲于右任先生所題。

六、溫塘峽風光——嘉陵江溫塘峽，其北端爲牛鼻峽，南端爲觀音峽，風光壯麗，實爲長江三峽之縮影。江中到處都是暗石險灘，山洪暴發時，水流突高數丈，至峽口如風雷電擊之勢，非常兇猛，舟人視爲畏途。畫家黃君璧曾繪小三峽一圖，頗能傳眞。古時畫家多喜畫嘉陵江峽圖，唐玄宗嘗命李思訓、吳道子各寫嘉陵江圖，尤爲名貴。杜子美詩云：「嘉陵江色何所似，石黛碧玉相因依」。如論全國江水奇秀，惟嘉陵、富春及灕江為上選，在縉雲山上，可鳥瞰小三峽全景，極為壯麗。

七、仙女洞——仙女洞在南溫泉的古蹟中，最為人傳誦。俗傳洞中有仙女的石身，洞旁有一亭，刻詩紀其本末，另刻有王氏絕命詩十章，據傳王氏為清道光年間人，是一才女，雅好詩文，因其夫夭逝，乃殉情於花灘溪上，石壁上刻有「王白氏殉節處」。

八、南溫泉——由重慶至南溫泉，要渡海棠溪與清水溪，並經塗山、汪山等地卽達，全程約二十里許。民初士紳周文欽先生開始創建，以「花溪泛舟」及「南泉飛瀑」，名聞遐邇。從地坎到南泉之間，約三公里左右，兩岸狹石、楓竹拂影，是泛舟遊溪的佳處，溪流繞回，清新有趣。溪北有建文峯，相傳明建文帝卓錫而得名。至南泉瀑帶，高僅十餘公尺，水滿時，瀑勢甚猛，浪花汹湧，甚為壯觀。

九、黃山與小三峽——黃山是有名的避暑勝地，位於清水溪與仰天窩之間，茂林叢篁，涼爽宜人，由海棠溪可盤山而上。小三峽江中，險灘林立，最險處是觀音峽，水流急險，航行艱危，風景奇佳，堪稱為渝郊最大名勝。

第三節　出任同濟大學訓育主任

國立同濟大學由江西贛州遷往雲南昆明，我負責轉運學校機器與儀器，途經衡陽，適逢長沙大火，一度風聲鶴唳，再經桂林到越南，轉還至昆明後，曾赴重慶參加中央訓練團黨政班受訓，沿途多艱，並關涉下列問題：㈠主持同濟大學訓導工作三年，㈡贛縣三月煙酒茶，㈢烽火漫天羈衡陽，㈣張治中火燒長沙，㈤桂林山水甲天下，㈥由柳州經越南到昆明。

壹、主持同濟大學訓導工作三年

民國二十六年五月，承教育部陳部長立夫介任遷設贛州的同濟大學訓育主任。六月間由漢口返湖南茶陵周陂水頭村，爲父親升元公慶祝六十晉一大壽，蒙中宣部副部長潘公展先生撰贈壽序，原序列於本章附錄一，兼爲介弟文湘完婚，雙喜臨門，賀客盈庭，席設二十多桌，極一時之盛。喜事後，始赴贛州就任新職，工作尙稱順利，學會吸煙、喝茶、飲酒，過着輕鬆愉快的生活三個月。

嗣見部分學生浮動，乃建議校長報部再遷校址，奉部令核遷廣西八步，繼因廣州失守，再遷昆明，余奉派先赴長沙招生，同濟設工、醫、理三院，貴重機器與儀器甚多，部令妥爲保存，再奉令負責到衡陽轉運機器，適値長沙大火，人心惶恐，眞相獲悉後，乃始安定。當時衡陽被炸甚慘，將湘江東岸機器搬到西岸上火車運桂林後，再由水運轉龍州搭車，經越南至昆明。進入越南時，因恐軍警檢查，將自衞手槍拆藏，留河內多日，同伴無知者，及經老街安抵昆明，裝好出示，同伴為之一驚！突聞小學校長陳達璋先生去世，悲不自勝，特撰下聯以輓之：

石床❹受業，上海陪遊，撰杖憶追隨，恩似春風榮小草；

巒嶺千重，楚天萬里，靈堂未歸奠，淚和瘴雨哭先生。

昆明氣候溫和，四季如春，名山古蹟，大飽眼福。客歲夢遊滇池，以詩記之云：「曩在昆明幾度春，碧鷄金馬自怡情，夢中滇池風光好，何日重遊慶返京。」記得我九歲時，姨父彭公告知有一對聯，即「六木森森，松柏梧桐楊柳」，至今無人對好，有人以「四火炎炎，燈燭燦爛輝煌」屬對，欠工，汝長大後可試對，記憶猶新。住昆明時，一日與友人遊滇池，登大觀樓、望渤海、憶湘江，思潮上湧，試以渤海、滇池、湘江對之，自認尚工，其聯如下：

六木森森，松柏梧桐楊柳；

三水淼淼，湘江渤海滇池。

此聯久未示人，六十九年政大教授陳宏振先生談及此絕對，出而示之，陳教授稱善，乃公諸《雲南文獻》及《老人世紀》，請教於高明。

昆明是抗日後方的重鎮，目標顯著，時有被敵機轟炸的危險。當時防空設備甚差，無法與敵機對抗，乃建議同濟大學校長，將學校一部分遷至宜良狗街，我亦隨往，在滇主持同濟訓導工作

❹ 石床是茶陵一個村莊，為國民政府故主席譚祖安先生家鄉，小學校址即設在譚公官邸。

三年，由於教學與訓導配合良好，學生能安心求學，未發生任何學生鬧事及學潮案件，生活非常安定，殊出意料之外。又因課餘有暇，勤於寫作，常工作至深夜，於二十九年撰編《三民主義哲學思想之基礎》一書，請陳部長立夫先生作序，交由正中書局出版，銷售網甚廣，發行量亦甚大，這也是意想不到的事情。

二十八年三月，承同濟大學校長向教育部推薦，派我前往重慶，參加中央訓練團黨政訓練班受訓，受訓學員爲各省市教育廳長及各大學訓導長，團址設在小溫泉中央政治學校內，受訓時間爲一個月，很奇怪的是日本飛機一次亦未來過，等到受訓完畢，才放過一次警報。該處有一個神仙洞，可容納避警報者數百人，訓練班與中央政校全部師生進入，毫無問題，非常安全。受訓畢仍返學校服務，一切情況正常，沒有任何的重大變化。

民國二十九年七月二十五日，爲母親譚太夫人六旬大壽，事前向校長請事假一個月，由昆明返湖南茶陵原籍祝壽，在離開學校之前，曾請教育部長陳立夫、同濟大學翁校長等要人徵賜詩文，製錦稱觴，屆時設立壽堂，兒孫及晚輩按古禮拜壽，並宴請親友二十餘席，雙親甚爲喜悅！祝壽後，適同濟大學又奉令遷四川，本欲赴川銷假上班，忽承福建省政府委員兼省銀行總經理丘漢平學長電邀赴閩，任經濟建設計畫委員會專門委員，經考慮後接受此項邀請，乃電請同濟大學校長辭訓育主任職務，計實際任職時間爲三年兩個月。

貳、贛縣三月煙酒茶

民國二十七年五月間，奉教育部介派，由漢口經湖南茶陵家鄉，赴江西贛縣（原爲贛州府治），就任同濟大學訓育主任職務。贛縣屬贛南，與廣東韶關接壤；吉安屬贛西，與湘東各縣爲鄰。我們茶陵人早知「鐵打贛州，紙包吉安」的兩句名言，因爲吉安四面受敵，易攻難守；贛州三面環水，易守難攻。所謂三面環水，是被章、貢二水三面包圍，不易攻入，故有「鐵打贛州」之稱。

贛州古名「虎頭城」，建築雄偉，裏外均用巨石築成，城高十丈以上，寬約六線公路面積，週圍數十里，鋼城鐵壁，固若堡壘，不愧爲「鐵打贛州」的有名古城。又朱毛共軍建僞都於瑞金時，贛省東南西部邊境縣市，均先後失守，淪陷爲蘇區，惟贛縣賴有此「虎頭城」防守，獨安然無恙。民國二十一年春，共軍傾巢圍城，守軍急電政府求援，羅卓英將軍奉令率師馳援，大破圍城共軍，得以轉危爲安。劉太希教授贈詩云：「裘帶逼眞羊妹子，流風餘映虎頭城。」又云：「月照虎頭詩思健，夜巡龍塞酒卮香。」羅將軍亦工詩，其解圍詩云：「報導圍城急，星馳不敢停，貔貅方奮武，魑魅已潛形，章貢何曾赤，崆峒依舊青，王師揮若定，殲彼小朝廷。」

另外有個故事，民國二十五、六年間，廣東省陳主席欲攻南京，當時贛州駐軍是廣東的部隊，蔣總司令電令駐防吉安的陳誠將軍，速向贛州進攻，並說打到了贛州，戰事便會結束，因爲有人奔走和平。陳將軍心中以爲：一方面是贛州三面環水不易攻入；二方面是打入贛州，戰爭便要延下去，不能和平解決。不料進兵到贛江邊，贛州的駐軍為了響應和平，便宣布回廣東，戰爭便如此結束，陳將軍引以為奇❷！

因為贛州常被粵軍駐防，大有廣東風氣，市面流行兩句話：「贛州三長：吃、賭、娼。」賭、娼與我無緣，吃的方面，可包括廣東菜、北平菜、江浙菜以及茶、煙、酒。又因當年一人在贛，容易失眠，友人說：「酒後易入夢」，便睡前喝酒，稍醉即寢。白天開始常抽煙。聞市面有廣東茶、杭州茶、福建茶、徽州茶，乃遍買各種茶葉來品茗，別有風味。在贛州住了三個月，適值暑假，半天辦公，半天沉浸於茶、煙、酒中，於是手撰了一聯：

上海八年忙苦窮，窮無酸氣，

贛縣三月茶煙酒，酒有餘芬。

上海八年雖天天在忙、苦、窮中過活，但我是很濶的窮人，好請人餐敍、好請人看電影、好

---

❷廣東事件，大家引為談助者，除陳誠將軍方面外，尚有二則異聞：㈠民國二十五年十月卅一日，蔣總司令在洛陽過五十大慶，廣東省當局派善相之堂兄陳某去祝壽，順便觀察氣色。適召見時，蔣總司令未帶假牙，口陷如老太太，聞中國相書稱：五十以後走唇運，雙唇下陷，即壽命將告終，他回粵後即勸當局速起兵。聞事敗後，他被捕殺，相學之害人也甚矣。㈡起事前，有人勸扶乩，結果是「機不可拾」！便馬上起兵，不料次日空軍皆飛降南京，乃「機不可失」之另一解釋，大家引為笑料。不過廣東當局於抗戰軍起，輸誠中央，出鎮海南島，忠貞到底，不可以一事論也。

付跳舞者茶資、好貼補打麻將的賭本、好開旅館請客與開會，所以沒有窮酸氣味。如此大方的結果，我在上海共欠債光洋壹仟捌佰元，全部要還；人家亦欠我同樣數字，一文收不回，他們說：「這是青運的工資！」

我雖做過三年教授，但是兼任的，不過離開上海時，授課的學校寫了三年教書證書，算是專任的。我憑此證書，登記為教育部的流亡教授，領編審津貼，亦憑此資格當了同濟大學的訓育主任。可是到了贛縣同濟大學查閱一下，教授都是德國留學生，還有幾位猶太德國人，不免相形見絀，祇好謹慎從事。

到同濟大學來有兩件棘手的案件，必須處理：

第一件碰到的事，就是醫學院曾經罷課反對某名醫的院長，現在要查出首腦予以處分，可是誰也不肯說誰是為首的，無法議處肇事學生。最後兩班數十人，各記大過一次，不免引起麻煩。

第二件是學生要發動遷校的風潮，我到差以前，全體學生要求此事，學校當局未允，鬧了一個不大不小的風波。我到差不到兩週，我的青年組織的學生前來報告：「學生又醞釀第二次遷校，其方式是打圓圈簽名，找不到首腦。」我運用老子所謂「順其自然」與「治之於亂」的辦法，請翁校長之龍先打電報給教育部陳部長，說明贛縣不可久留，請准予遷廣西或雲南。此電報發出後，我再具函向陳部長報告，補充說明非遷不可理由。一週後學生果打圓圈簽名要求再遷，我告翁校長：「你可理直氣壯，我想遷校計畫在你們之先，正報請教育部核辦中，你們不可亂動！」學生認爲校長前後變爲兩個人，莫測高深，風潮頓息。不久，教育部覆電，准予再遷廣西八步，那時廣州有點緊張，師生聞訊，皆大歡喜！

叁、烽火漫天覊衡陽

衡陽舊縣名，三國時代吳置，晉改爲衡山，隋置衡州府，轄管衡陽、清泉、衡山、耒陽、常寧、安仁、酃縣等七縣。元爲衡州路，明又改衡州府，清沿明制，民國廢衡州府，改爲衡陽縣，嗣改稱衡陽市。市區濱臨湘江，位於湖南省的南部，湘江的中下流，亦以此爲分界地。向爲湘南水陸交通和物資集散的中心，湘桂與京廣鐵路，交滙於此。公路更是四通八達，北至長沙，南至廣州、桂林，西至邵陽，東至醴陵，攸縣，均建有公路線通往。爲發展旅遊事業需要，闢有直達南嶽的班車，以解決遊山拜神人群的交通問題。水運以湘江、耒水、蒸水爲主要航運，船舟穿梭各江，四季通航。空運亦有多條航線，飛往廣州、桂林、武漢、長沙等地，可說是水、陸、空交通都非常發達。市內有石鼓嘴、回雁峯等名勝古蹟，風景優美。

二十六年六月在贛州住了三個月，時逢暑假，本亦空閒。後來因爲我是湖南人，有三件事落在身上：第一件事，指導學生話劇團在湖南、廣西一帶公演；第二件事，負責同濟大學在湖南招生，第三件事，同濟大學由贛縣遷廣西八步（後改遷雲南昆明），要我主持衡陽設轉運站。結果第一件事是有名無實，第二件事按計畫辦好，第三件事在漫天烽火中進行，艱苦備嘗。

二十七年七月間，我帶了一批人馬，在長沙的旅社住下來，借到湘雅醫學院爲同濟大學招生，招了中學部及德文先修班學生約三百餘人，叫他們自己赴昆明入學，當時青年樂於去大後方讀書。招生事了，便赴衡陽設辦事處，辦理轉運學校機器、儀器及家具。

同濟大學本爲德國人所辦，校址設於上海，原來祇設醫、工兩個學院，我國接辦後，規定大學應以三個學院爲主，遂增設理學院。抗戰軍興，遷往江西，醫學院留在吉安，餘在贛縣。此次奉令再遷，凡吉安醫學院及贛縣兩學院所有機器及家具，應先運至韶關，搭上粵漢鐵路至衡陽東站下貨，因衡陽鐵橋尚未修好，要用人工運過湘江送至衡陽西站，搭上湘桂鐵路，至桂林下貨，再運龍州入越南，經河內出老街，上滇越路到昆明。路程之遙遠，水陸交通及人工之麻煩，簡直不可想像。

我雖是湖南人，但衡陽從未住過。二十七年八月間，率同仁四、五人，設轉運辦事處於衡陽市三眼井某旅社（怕日機轟炸，設於非鬧區）。雖然天天有警報，三天或五天日機必光臨一次，但炸彈多落在車站及重要地區，我們的辦事處安然無恙，惟仍需逃警報，或走避於防空洞。不過警報一解除，街上行人來往如故，商店開門營業，學生照常上課，公務員照常辦公，軍警照常執勤，此之謂「抗戰精神」，或稱「重慶精神」。

講到衡陽轉運工作，實在相當費力。一方面要與警備司令部及市政府有關機關交涉，一方面要與粵漢、湘桂兩鐵路主管要求義務掛車。各機關爲避日機轟炸，多在鄉下辦公，而且中隔湘江，要趁無警報的早晚時間，乘民船渡河，東西兩岸奔走，一天辦不了多少事情。

鐵路界前輩淩鴻勛先生當時在衡陽擔任重要工作，他的機構在湘江東面鄉下辦公，有一次我們同事四人步行數里往訪，門房先說淩先生不在，後經好言拜托，勉強傳片子，當告以來意，淩答：「你們要撥車，其他機關亦要撥車，實在窮於應付，可否請敎育部來一公文，我便好辦。」我答應他毫無問題，算是結果圓滿。同行者謂「閻王易見，小鬼難纏」，意指傳片子者而言，我說：「下次來，保你順利！」同行者問：「法寶何在？」我當時笑而未答。

不久同濟大學校長的座車經過衡陽時，我把它截留，並函校長，謂東西兩岸奔走交涉，有車較便。第二次往訪淩鴻勛先生時，四人同乘校長小轎車（那時衡陽轎車不多），直衝至淩先生辦公室門口，傳達親來開汽車門，衞士舉手見軍禮，同行者說：「果然，此次順利！」也可付之一笑。當晤談時，淩先生說：「敎育部長公文已到，我已照辦，你們撥車沒有問題，不過車輛有限，能不運的私人家具之類，最好留在衡陽。」

我於是向衡陽市政府交涉，借了二十間小房子，把私人家具留在那裏，並說明「我們同事不拿一件，縱令日機炸光！」幸獲大家同意，乃將所有機器、儀器及公家重要物資全部搬上湘桂鐵路火車，由本人押運，浩浩蕩蕩向桂林進發。回憶轉運工作，經過兩個月左右，由衡陽東站用人工搬運渡河，再搬至西站，幾次大轟炸，一次亦未「中獎」，回到旅社，大家舉杯慶祝。

事後檢討，我們也犯了一點小毛病。在衡陽轉運站辦公的人，都是來自上海，多少有點「海派」。凡往來經過衡陽的同濟大學主管與教授，我們都招待客飯加湖南五加皮酒一次，還要宴請軍、政、警及交通主管，因此，招待費化了不少，會計室雖如數照付，但自知不免又做了一次「很濶的窮人」。述完同濟大學轉運工作後，再話衡陽有關的山川人物。

一、譚延闓、吳佩孚與回雁峯——回雁峯在衡陽湘江渡口不遠，為一森林茂盛的長形小山，聽說晚上有雁羣飛回，故名「回雁峯」，尤其是北雁南歸的季節，經過衆多，非常壯觀！本來「雁足傳書」，早已在中國成為成語，再加「衡陽歸雁」，又成詩人筆下的佳句。

民國七、八年間，北洋政府派張敬堯任湖南省政府省長，吳佩孚駐衡陽，馮玉祥駐常德，北軍佔了湖南的半邊天下，那時兩次督湘的譚延闓去了上海，趙恒惕帶了殘兵駐在郴縣一帶，當然湘西還有湘軍。民國八年底至九年初，譚延闓由上海繞道香港、廣州、桂林至郴縣，趙恒惕至表歡迎，還帶了一位為吳佩孚所尊敬的廣西進士張子武，當時偵知吳有意返北京與曹錕奪取政權，無心向廣東進兵，乃以重款贈吳做為軍餉，吳即向岳陽退兵，張敬堯頓失所倚，向北逃亡，譚率趙軍返回長沙，任第三次都督，這算是譚、吳化敵為友與湘局轉變的重要一幕。

政局似白雲蒼狗，變化無常，吳佩孚後由洛陽返回北京，實行「曹吳賄選」，興兵出關，討伐張作霖，不料馮玉祥倒戈，曹被捉，吳失敗，後雖復起，又被北伐軍打垮，吳素主張不出國不住租界，乃承楊森雪中送炭，迎寓四川白帝城，或稱「老驥伏櫪」，或稱「英雄末路」，均無不可，其生活寂寞，則可想而知。至民國二十年，譚延闓在行政院院長任內，病逝南京，吳佩孚當時住在三峽入口處的白帝城，撰了一副有名的輓聯：

蜀道艱難，巫峽猿啼數行淚；

長沙痛哭，衡陽歸雁幾封書。

此聯有淚有血，英雄哭英雄，悲人悲己，文情並茂，京滬湘川，報紙傳誦，引起文人學士同情。

二、王湘綺與船山——衡陽的湘江兩岸，灘頭稍有不同，東岸靠車站多沙灘；西岸靠市區多石崖。在市區附近江中，忽湧出一個小石山，故名船山，衡陽的船山書院卽設於此，頗負盛名。

回雁峯我算去過。有一次一人過渡，適逢警報大鳴，日本飛機臨頭，匆忙中便和候渡人逃至回雁峯下村民家躲藏，在恐惶中領略了回雁峯的風景。至於船山望到在江中，因怕敵機降臨，故未敢乘小船去欣賞。

清末國學大師王湘綺先生，任船山書院山長很多年，重要著書均在此完成。而且有與周媽的浪漫史，故爲人所樂道。周媽爲王家女傭，當時風氣保守，他公然與周媽同進同出，那有不引人注意與指摘之理？

傳說袁世凱請他任國史館館長時，周媽同行，邀宴時周媽同席，因此，與袁之妻妾頗有來往。另聞袁世凱將稱帝，希望名人「勸進」，派人請王湘綺上書，許以大洋貳萬元報酬，先付半數。迨「勸進書」去後，其餘一半如石沉大海，沒有消息，周媽自告奮勇進京討債，袁氏妻妾招待備至，就是不給錢。周媽告別時說：「要見大總統一面，以便歸告王先生銷差。否則，決不返湘！」不料袁氏一接見，她就大哭大鬧，在地下打滾，要當場碰死。袁見無法應付，吩咐給錢了事，可見周媽相當機智，不是省油的燈，無怪乎王湘綺要拜倒其石榴裙下。如果王湘綺晚生一百年，今天與女傭談戀愛或正式結婚，也許不算一回事了。

三、方先覺死守衡陽四十八天——民國三十三年四月間，日軍指揮官橫山勇統領十個師團、五個旅團、五個野戰隊、一個航空隊，兵力空前強大，分五路會攻長沙，我軍不敵後撤，敵軍乘勝向衡陽進攻。我防守衡陽國軍是第十軍軍長方先覺將軍，他是抗日英雄，率領三個師嚴陣以待，與圍城敵軍激戰四十八天，將士慷慨赴義，浴血殺敵，寸土必爭，我方傷亡九萬零五百多人，敵方也死傷六萬六千餘人，是一場雖敗猶榮的戰役，使敵人認識侵華戰爭付出慘重犧牲後，仍無法獲得勝利的戰果。雖勉強疲兵再戰，攻下桂林與貴陽，無奈後繼無力，終遭致獨山戰役的慘敗。衡陽會戰對整個戰局的影響，何等重大。

四、明末三先生之一王夫之——明末清初大文學家與大思想家王夫之，字雨農，號船山，衡陽城西曲蘭地區人，明思宗崇禎年間舉人，張獻忠陷衡州，招夫之，走匿南嶽。後來桂王立於肇慶，出任「行人」職務，共圖抗清，及桂王敗走緬甸，清室底定天下，隱居衡陽山中，杜門著書。吳三桂稱王於衡州時，欲招之任以重職，逃入深山，不復再出。他與顧炎武、黃宗羲被人譽稱爲「明末三先生」，皆忠於明朝，對滿清之入主中華，抱無限痛恨，在學說與行動上，未忘反清復明之心志，留給後人不少的革命思想。對於儒學以漢儒爲門戶，以宋五子爲堂奧，尤神契於張橫渠的正蒙之說。惟反對明末學風，攻擊陽明學派及宋儒天理人欲之說。主張人欲是天理的淵源，強調天理卽在人欲之中，無人欲，則天理亦無從發現。認爲人欲是正道，一切學問都爲人生。他又長於史論，著有讀通鑑論、宋論，好攄史實，主張抑君主專制，崇人民自由平等之論，對後世民主自由與平等思想有極大影響。其著作後人彙編爲《船山全集》二十四卷，但遺佚者尚多。

肆、張治中火燒長沙

「七七」事變前，聽說汪精衞反對抗日，「七七」事變後，蔣委員長宣布全面抗戰，汪精衞便進一步提倡「焦土政策」。也許湖南省政當局受了這種影響，主張日軍一到，便把長沙全部燒掉，使日軍得到一個空城，毫無用處。因爲有此心理準備，故有大規模的放火計畫。

二十七年八月間，我在衡陽，計畫轉運同濟大學物資時，先向警備司令部辦交涉，一位負責人問我：「你準備在衡陽住好久？」我說：「等學校機器、儀器由湘江東岸火車站，全部運到西站上了火車才離開。」他似不耐煩地說：「要住這麼久嗎？」我推想他認爲衡陽守不了這麼久，誰知他已經得到長沙要放火的消息。

過了數週之後，有一天衡陽市好像有點說不出道理的緊張，一朝起床，隔壁的旅客告我：「長沙昨晚被大火燒掉了！」我問：「日軍到長沙沒有呢？」他幽默地說：「可惜日軍沒有趕到！」我說：「那是自己放火太早了？」他先點頭，隨即搖頭嘆息。

原來長沙放火是預定的計畫，不料二十七年十一月十二日深夜一時左右情報弄錯了，傳言日軍馬上趕到，早已準備妥當的放火隊，便奉令按戶潑汽油，一聲大喊：「放火了！」一時火光冲天，千門萬戶，火力相接，如果沒有後門和側門者，逃生不易，遑論財產。八角亭的大商店，中正路、南正街的繁華地區，均在刼難逃。住戶大門隔離火區稍遠者，還有少數倖免於難。片瓦無存、房屋全燬者五萬餘棟；火車站、碼頭邊擠滿了難民，大家盲目外跑，亦不知逃往何處？有的看見日軍未來，又連夜逃回，在餘燼中尋找殘存物件，這種傷心慘目的情景，非任何巧筆所能形容！

第二天，汪精衞搶先發言：「長沙不應放火，漫說日軍未來，就是來了，我們亦不應放火，因爲我們還要回來。」這話出諸他人之口，倒也不錯，可是他忘記了自己曾提倡過「焦土政策」呀！

過了幾天，蔣委員長自己飛到長沙，查究大火責任，張治中推得一乾二淨，說他沒有下過手諭，有人說他打過電話，亦有人說「電話無憑」。最後責無旁貸把三個人槍斃，以明責任，以洩民憤。

第一位是警備司令酆悌，

第二位是保安處長徐琨，

第三位是警察局長文重孚。

張治中受命任湖南省主席之初，敦聘了省內外學者數十人，訂了兩個省政方案，寫在省政府圍牆上，以為革新的號召。長沙大火，他推卸了責任，輿論不滿其作為。湘人好聯，就張治中三字撰了一副名聯罵他：

治績云何？兩大方案一把火；

中心愧否？三個人頭萬古寃。

橫額是：「張皇失措」！

長沙大火，我在衡陽，聽到有人談到悽慘情形，不勝感憤！口占一絕憑弔其事：

長沙大火滿天紅，萬戶千門片刻窮；

盤古以來無此刼，傷心慘目泣哀鴻。

伍、桂林山水甲天下

民國二十七年八月間，我由衡陽搭湘桂鐵路到了「山水甲天下」的桂林，有一個特別發現，就是桂林城裏的人都講官話，不講廣西話。民國三十年五月間，初到南平，又發現南平城裏的人亦講官話，不講閩北話或福州話。這是什麼原因呢？據說南平城裏的所以講官話，是因為左宗棠任閩浙總督時，駐節南平，聽不懂閩語，動輒打人，因此城內人都向長沙人學北京話，學成現代式的國語。桂林城裏人之所以會講國語，是因為明末桂王部下都講北京話，大家崇敬桂王，故去學官話，未知此種說法，是否正確？

同濟原奉命由江西贛縣遷廣西八步，後因廣州告急，八步亦不穩，又奉令遷昆明，校長翁之龍走在前面，曾去八步實地勘察，我走在後面，滯留桂林較久，因此有時間去遊山玩水。我認為桂林山水有四大特色：㈠山峯秀，㈡江水清，㈢岩洞奇，㈣石頭美。如果把王勃在〈滕王閣序〉中的「四美具」來形容，最妥當也沒有了。

像我們這樣遠來客，要遊山當然要從城內的獨秀峯開始。獨秀峯位於桂林城東北隅的灕江畔，孤標直聳，山石秀麗，山高不過五十餘丈，沿途闢建石蹬，繞以鐵欄，登臨峯頂，桂林景象，盡收眼底。山中有顏延年讀書巖、太平巖諸勝。袁枚有詩咏其景：「來龍去脈絕無有，突然一峯挿南斗。」此峯據桂林城中心，廣西省政府設於峯麓，卽昔之「舊皇城」，其石城原蹟仍在。元朝是「靖江王府邸」，元順帝建「萬壽殿」，明改爲「藩邸」，清易爲「貢院」。

聲名遠播的七星巖，是由七個山連起來的岩洞，整個遊程八百多米，洞內最寬處有四十三米，最高有二十七米，有些地方好像比美國的神仙洞還要寬大與奇特。洞中石鐘乳，構成各種山川人物，美不勝收，那時未裝電燈，導遊者舉火把前進，說過這類趣話：「火把打到東，看見老子道君坐神宮；火把打到西，看見印度來的釋迦牟尼。」有些地方似舖着金沙，有些像點綴珍珠，有的石頭像關公拖大刀，有的石頭像羅漢陪觀音，由導遊者說來，總是頭頭是道。那時不知美國的神仙洞和風洞，總以爲「桂林山水甲天下」，七星巖亦甲天下。

灕江旁邊，秀峯林立，我最欣賞是象鼻山，一塊巨石入江，好像象鼻下垂，深入江中，構成弧形，小船可以穿來穿去，風光獨絕，梁鼎銘先生繪了一座象鼻山全景，看上去活像一隻巨象蹲在江上，非常可愛。明孔鏞有詩咏其景：「象鼻分明飲玉河，西風一吸水應波；青山自是饒奇景，白日相看不厭多。」

位於瑤光峰下的龍隱洞，有一壁深入小東江中，洞頂有一槽，形似飛龍留跡，大有神龍破壁而出之槪。洞內可以步行，拾級而登；洞外可以遊船，穿壁而過，悠遊其間，可得山水之樂。又伏波山底部的還珠洞，四通八達，與灕江相連，洞內有唐代摩崖造像百餘尊，非常寶貴。另迭彩山腰的風洞，南北相通，四季清風徐來，永遠不息，此爲天然風扇，較之美國的風洞，僅在入洞處見風，迥然不同。又迭彩山頂的仙鶴洞，亦是東西相通，形成第二個風洞。

由灘江下行，便到陽朔，桂林山水甲天下，陽朔山水甲桂林，何以陽朔山水更優呢？因爲灘江經桂林到陽朔這一段航程，大小險灘甚多，船行甚艱，但是天然風景最勝之區，灘旁多深潭，水潭間錯，山嶺起伏其中。又江岸的層層石灰岩，水流侵蝕後，形成石林的地形，散布於山間與河谷，或突起於平地之上，不相聯踪，奇峯突出，萬態畢陳，成爲廣西省獨有的丹崖翠壁，其與淺流碧水相映，風景奇特。

據我看來，廣西的山峯，影響了廣西人物的才能與個性。因爲山多孤立，平地而起，中立不倚，像桂林的獨秀峯，便很有名，其影響可能有兩方面：一方面是能自由獨立，自立門面，獨掌全局，不倚不靠，有領導才能與統御能力；另方面是自恃太高，瞧不起人，獨行其是，不易與人合作。前者如廣西在抗戰前若干年，能窮幹、苦幹，沒有中央援助，也建設得有聲有色；後者如人稱桂系，卽自成體系，不易與人打成一片。國父孫中山先生護法時期被逼離開廣州，卽與桂系不支持有關。

「湘灘同源」，是指湖南的湘江、廣西的灘水，同發源於廣西與安縣的海陽山，但二水相離，改名灘江。到了桂林，親臨灘水，更有湘、桂如兄似弟之感；希望我們湖南將來的教育家，能從「柔道設教」出發，以化剛爲柔的手段，教育三湘子弟；同理，亦希望廣西將來的教育家，能從「協和萬邦」的精神，互助合作的手段，教育廣西子弟。這是由衷之言，也是善意的建議，不知兩省高明學者以爲然否?

陸、由柳州經越南到昆明

柳州到昆明，要經過南寧、龍州、鎭南關、越南，轉搭滇越鐵路進入雲南河口，再到昆明，沿途多山路，驚險異常，全程在三千公里以上。

一、柳州與柳宗元——民國二十九年九月間，我和同濟大學同仁一行到了柳州，便想起唐代大文豪柳宗元先生。先生字子厚，其先祖爲河東人，後徙於吳，貞元間受知於王叔文，擢禮部員外郎。叔文敗，被貶邵州刺史，在半途中，再貶爲永州司馬，撰有永州八景，可說是遊記文學家。後移柳州，文思更爲雄健。他對永、柳二州，頗多建樹，後人仰慕他，建有柳侯祠，有聯云:「文能壽世，惠以養民。」其墓爲衣冠塚，墓碑上書「唐柳州刺史文忠侯柳公宗元墓」，墓前建思柳亭，有聯云:「此地有名山作主，令人想刺史當年」，另建一柑樹亭，以紀念他種柑二百株，曾自寫詩云:「手種黃柑二百株，春來新葉滿城隅。」

柳州與蘇、杭、廣州各有特點，即所謂「生在蘇州，食在廣州，看在杭州，死在柳州。」柳州上游所產的柳木，爲歷來製棺之上材，年久不朽，故遠近商人多來採購。其市區爲柳江三面環繞，交通甚便，因設有大浮橋，係由六十隻大木船構成，以利來往。我們經過時，鐵路尚未暢通，後來湘桂鐵路延長至此，更爲便利。如果說桂林爲廣西的文化中心，南寧爲政治中心，梧州爲商業中心，則柳州爲交通中心。不過柳州亦有木材加工、食品加工、造紙、紡織、機械、冶金等工業，故又可說是廣西的工業中心。

二、夜過南寧——南寧在元爲「南寧路」，明、清爲南寧府，轄三縣兩州，府治原爲宣化縣，民國改宣化爲南寧，亦名邕寧。其市區瀕鬱江北岸，江面寬大，水深可航汽船，自此溯右江可達百色，以通雲南；溯左江可直達龍州，是對越南水陸交通的要衝，故爲廣西西南的邊防重鎭。市郊有南湖、大王灘湖、邕江大橋等風景區，本可供人遊覽，但我們一行，夜過南寧，未能觀賞，我個人抽空前去訪問老友李支於省訓練團，談談「楚材晉用」，湖南人爲廣西服務的實際情形。

三、小遊龍州——龍州有二：一在四川，一在廣西，這裏是就後者而言。廣西龍州爲唐代置，在崇善縣西，元、明仍之。清雍正時罷龍州，析其地爲上龍、下龍兩土司，乾隆時復置龍州廳，民國改爲龍州縣。地處左江上游，下通南寧，外控越南，內屏省會，爲廣西的西南重鎭。光緒十三年依中法續議商務專條闢爲商阜，置有龍州關，處理出入境事宜。

我們一行留此三日，除辦出境手續外，第一、參觀鐵吊橋，該橋用鐵索吊起，爲中國第一座鐵吊橋，高懸於龍江之上，蔚爲奇觀。第二、拜謁班夫人廟，聞馬援征交趾以前有位班夫人積年儲存稻穀，人不知其用意？迨馬援率大軍前來，盡獻給軍餉，支援漢軍遠征作戰，州人懷其功德，遂立班夫人廟以祀之，香火甚旺，膜拜者道路不絕。我對班夫人非常敬佩，當行禮三鞠躬，同行者亦行禮如儀。

四、路過鎮南關——在廣西龍州之西南有鎮南關，亦名大南關、鷄陵關及界首關。峻崖夾峙，中達關城，關外十里，即爲越南之諒山，有火車直達河內。又關外有坡壘驛，相傳馬援征交趾時，在此樹立銅柱。清光緒三十三年十月， 國父孫中山先生率黃興、胡漢民等由越南攻佔鎮南關三要塞，力戰七晝夜，是謂第六次革命。此役 國父親冒槍炮，並醫救傷患。

語云：「入境而問俗，入門而問諱。」我們在龍州三日，即向人打聽入諒山應注意事項，結果是：㈠磁器不能帶，一把磁壺要算古董，除沒收外，還要罰款；㈡一盒洋火亦不能帶，如果帶了，說你有意在越南放火，亦要受處分，㈢警察檢查甚嚴，可以當面行賄，但要特別注意，不要讓他人看到。

五、亦算遠走異國——越南又名交趾、安南，本爲我屬地，並非異國。一八八〇年法國派兵進駐順化，一八八二年再進駐河內，一八八三年法強迫安南訂新約，視爲他的保護國。是年我國派兵進駐安南，一八八四年與法宣戰，曾大敗法軍於諒山，法軍亦封鎖臺灣，次年又進攻福建與臺灣，尋議和，安南歸法國，自此成爲異國。

越南何以又名「交趾」呢？《禮記》王制篇疏云：「趾，足也。言蠻臥時，頭向外而足在內而相交，故云。」《通典》州羣典載：「安南府，秦屬象郡，西漢稱交趾，東漢改置交州，隋朝置交趾縣，宋俱廢，卽今越南北部地。」查所謂「頭向外而足在內而相交」，是指大圓被一家同眠，四方均可睡人，頭外足內，客人來亦加入，蒙古亦有此俗。德國青年男女旅行，參觀名勝，亦有大圓被同眠，頭向外而足向內的習慣。

越南又何以名「安南」呢？因爲唐朝時代，曾在東京（河內）設置安南都護府，是爲安南得名之由，清光緒時爲法國所併後，劃分爲兩部：東京與交趾支那。爲法之殖民地；安南、老撾（寮國）與柬埔寨（高棉）爲法之保護地。以上簡單說明越南、交趾與安南的輪廓，及其與我國的歷史關係，今身臨其境，不勝有「遠入異國，昔人所悲」的感嘆！

六、諒山警察與河內少女——當我與同濟大學同仁於民國二十七年經過越南時，看見法國對於殖民地管理不善，越南人可以當街賭博，警察公開受賄；又見上海的法租界有賭場，有野鷄公開拉客，便斷定如果德、法戰爭發生，法國必打敗仗無疑，後來果然，如不是英、美幫忙，法國亦將無復興的機會。

當年我們同仁一行，自鎮南關進入諒山時，當然未帶一盒洋火、一隻磁杯或磁壺，看見警察來檢查行李，卽向他握手，手中五十元越幣，被他拿去塞入褲袋內，我們都放心了，果然隨便翻翻，卽順利過關，可見入境問俗之重要。更證明法國警察的公開受賄，是鐵一般的事實，「小可喻大」，足見該殖民地政治的腐化、軍紀的敗壞，已到了不可收拾的嚴重局面！

我們在河內住旅社，本無悲喜可言，不過看見華僑，便覺得可敬。看見河內少女，便覺得可愛。為甚麼要說華僑可敬呢？他們看見大陸來的中國人，都當作同胞，非常照顧，如發生困難，便想辦法幫忙。聽見你問路，必定詳細與誠懇地指點。看見你鋼筆揷在西裝口袋裏（以前上海習慣是如此），必定向你耳語：「謹防扒手，揷到裏面衣袋去。」

為甚麼說河內少女可愛呢？昔曹聚仁教授說：「福州鼓山的女轎伕，十人中必有一位美女。」我於民國三十四年到福州，鼓山女轎伕沒有了，但十個挑小菜的必定有一位美人！而河內呢？可以說五位女店員中，必定有一位美人。從前越南女人好吃檳榔，牙齒被染得黑黑的，後來少女不吃檳榔，牙齒雪白，「巧笑倩兮，美目盼兮」，益顯南國佳人的風姿。歡迎顧客，眉目傳情，言語雖不通，心心自相印。故到過河內的旅客，沒有不說此地的少女可愛！

七、滇越路與美女橋——河內住了三天，便與同仁搭火車由越南老街經雲南河口往昆明。鐵路係倚山修築，彎彎曲曲，車尾常見車頭，山洞便有一百多個。聽說當年法國人要求築滇越鐵路，雲南督軍不答應，恐有利於法軍侵略，後經多次交涉，乃允倚山築路，無損失農田，故多彎多洞。火車經過美人橋後，大家下車，參觀險境。看見兩山之間，懸一鐵橋，高不可測，亦險不可言。有人說：「修此橋時，失敗多次，亦死人多名，後請荷蘭一女工程師來設計，她架人字橋，一層一層架上來，最後一層鋪上鐵軌，試車之日，由左山經過此橋，安全到達右山，大家鼓掌，她仰天大笑，一時未站穩，向後跌一跤，便昏迷不醒！因名此橋為「美人橋」，以資紀念。

八、抵昆明後手槍還原——車抵昆明後，大家互慶旅途平安，同投宿旅社，我在貼身衣褲內取出零件，製就手槍，向同仁眼前一晃，大家嚇了一跳！都說：「你好大膽子，人家洋火不敢帶，你帶手槍過越南，如果早知道，就不與你同行。」良以在衡陽時，同行者多知我有手槍，並有執照，過柳州時，我對他們說：「不便帶手槍過越南，已交友人代帶，由貴州赴昆明矣。」他們信以爲眞。後來打聽，諒山警察雖檢查行李甚嚴，但不搜身，便將隨身所帶手槍，拆成零件，捆在雙足足彎，在人不知鬼不覺的情況下，遠走異國，安回祖邦。又記得在家鄉讀私塾時，塾堂內貼有格言：「膽若大而心欲小，智欲圓而行若方。」我常常以外圓內方及膽大心細訓練自己，此番攜手槍遠走異國，亦爲訓練自己之一試而已。

第四節　旅遊滇黔憶往事

我回同濟大學後不久，奉令赴重慶受訓，途經貴州。因在昆明長住兩年多，分次暢遊名勝古蹟，二十九年返湘，又經過貴陽，其間所見所聞甚多，簡述如下：㈠從交往德國猶太教授講起，㈡滇川道上行路難，㈢受訓回憶與報告，㈣雲南稱滇與滇池，㈤昆明的氣候，㈥漫遊名勝古蹟，㈦途經貴陽憶陽明，㈧雲南白藥的故事。

壹、從交往德國猶太教授講起

我到昆明的次日，即赴同濟大學報到，留德醫學博士校長翁之龍先生，見我完成了三項任務回校，備加慰勞。同濟遷昆明後，因校舍關係，分設五處，醫學院在一處，理、工學院在一處，校本部在一處，附中與高工各設一處，學生宿舍租了一部分，其餘由學生自租民房寄宿。每逢紀念週，要跑多處參加，不勝其煩。此時昆明亦常有日本飛機來投彈，我建議高中部應該設在鄉下，次年乃遷於宜良的狗街，以減少轟炸威脅。

同濟大學原為德國人所辦，現在純德國人已走，剩下幾位德國猶太人教授，他們倒忠於職守、勤於教學，不過生性小氣，中國人不願和他們來往。我想試試猶太人脾氣與作風，故意與他們接近。結果發現如果三次同吃早點，你付了兩次，他祇付一次，他便千謝萬謝！反之，如果三次買戲票或車票，他付了兩次錢，你祇付一次，他可以想多種方法，讓你補完這差額。我在上海住了八年，從事抗日學生運動甚久，常常請人看電影、吃便飯、住旅館、乘車，讓人家佔小便宜，不算一回事，所以猶太教授愛跟我交往。

聽說猶太人在歐洲，尤其是德國，常常遭人家打擊，希特勒愛殺猶太人，是德意志優秀民族主義在作祟，做出如此慘無人道的霸道主張。但是猶太人到了中國，便不會受到這些打擊，因為中國提倡王道文化，不排斥外來民族；在河南開封有一個猶太人區，他們被中國人同化了，沒有甚麼區分。

另外有個德國人的故事，我常講給學生聽。民國二十七年底，中日戰爭已經打了一年多，第二次世界大戰尚未發生，德國的昆明領事館尚未撤銷，記得那位領事年少英俊，滿口京片子，那時，日本打到了南京，打通了津浦路，想暫時停戰，以占據東北及華北爲要求，託德國駐華大使陶德曼調停議和，蔣委員長堅決拒絕。於是這位領事對我說：「你們中國人有點莫名其妙。」我說：「請舉事實證明。」

他說：「任何兩國交戰以前，估計打得贏便打，打不贏便不打。你們誰都知道，與日本作戰是打不贏的，可是全國上下都喊打，這是第一個莫名其妙。別國打仗，打敗了的先求和或投降，你們打敗了，不投降亦不求和，這是第二個莫名其妙。別國打敗了，必定接受人家的調和，你們打敗了，有我們德國大使來調解，你們還不接受，打敗仗還要打到底，這是第三個莫名其妙。」

我說：「你們德國現在科學發達，你是完全站在科學方面着眼的，沒有顧到哲學方面；完全自物質方面着眼，沒有顧到精神方面，你們的老祖宗菲希特發表〈告德意志國民書〉，卻是從哲學與精神方面着眼的。你讀過中國歷史，便知武王伐紂、光武與王莽昆陽之戰、周瑜與曹操赤壁之戰，謝玄與苻堅淝水之戰，都是以弱勝強，都是以精神力量戰勝物質力量。我們敢於與日本作戰到底，以求最後勝利，就是倚賴精神力量，就是歷史上有例可援，你們與法國作戰也大概如此。」他聽了之後，向我握手，並祝我們勝利。如果三十四年日本向我們無條件投降，他看到了，一定要向中華民國致最崇高敬禮。

貳、滇川道上行路難

我在重慶受訓畢，本可乘飛機回昆明，爲體驗川、滇公路奇險，決定坐汽車返滇。西南公路要穿山過嶺，奇特萬狀，亦驚險萬狀，非專乘飛機的人所能領悟。經過貴州，其所見所聞，留待由貴州返湖南再說，此處僅報導二十四彎與黃菓樹大瀑布。

西南公路本有七十二彎，但不如二十四彎之險。我們同車人下二十四彎之前，在一廟中休息，和尚敬茶說：「這是苦茶，惟我們廟中獨有，喝了苦茶不怕苦。」我學過一點心理學，想到飲食可以影響脾氣與性格，故在上海多吃魚蝦，改改湖南人言行中的蠻氣；又好吃苦筍、苦瓜、苦茶，以練習吃苦。今天遇到苦茶，便大喝特喝，同行者引以爲奇，我則我行我素。

喝過苦茶後，司機說：「膽小的下山時不要向前望！」我則不信邪，偏偏向前望，望到之字形的彎道，一波接一波，確實有點提心吊膽，但司機走慣了，毫無懼色，下完了二十四彎，司機說：「平安了！」大家才鬆一口氣。這次是下山，大家卽有驚恐，不如上山時危險。等到第二次由滇赴黔，爬二十四彎時，乘的是木炭汽車，我是走熟路，不足爲奇，同行有幾位小姐，嚇得花容失色，魂不附體，一聲都不敢哼。

黃菓樹瀑布號稱世界第三瀑布，當時聽說讓美加間的尼加拉瀑布考第一，南美還有一個瀑布考第二。但在中國則無與比倫，故號稱第一瀑布。此瀑布位於貴州鎮寧縣布依族西南的打邦河源流白水河上，直瀉犀牛潭，如雷聲轟轟，坐在車上未見其地，即聞其聲。行至實地觀察，則見數百白練懸於河中，打入潭內，白雲湧起，向兩面山頭亂飛，坐入餐廳，猶見小小水珠，落在桌上，密密如麻，非常美觀。

此潭有多深呢？沒有人測驗過，亦無正確的答案。本地人相傳一個神話，當年吳三桂的軍隊與滿清軍隊作戰，大敗而歸，回師經過此地，有人說此潭可容納十餘萬人馬，吳三桂一氣之下，便將所剩十萬軍隊，作孤注一擲，果然未見一人浮上。則雖屬神話，亦可見此潭深不可測。

在西南公路上，祇見一山又一山，重重疊疊，似無止境。上山時，望見前面有一高峯，以為走完了就會下山，可是到了此峯，又見更有一高峯擋在前面，好像三峽上水，轉了一峯又一峯。下山時則遙望羣山若波濤，奔走似朝東。

如果車子水乾了，便是一個大問題，司機下車，提了水桶，不知要跑多遠，才能找到水源。最麻煩的大事，就是車子在山頂拋錨，如果缺少零件，要等司機攔住他人過路車，至山下買好零件，再搭便車回來修理，故在山頂過夜之車，不時出現，客車還好，有人同件，未免有「長夜漫漫何時旦」之感！如果是女客搭貨車，與司機同困山頂，又多了一個問題，故常有浪漫故事在山頂發生，這不是喜事，多由悲劇收場。

叁、受訓回憶與報告

我參加中央訓練團黨政訓練班第一期受訓，訓期祇有一個月，但結識教育界有名的學者甚多，對中央抗日決策，益增一層瞭解，滿載而歸，不虛此行。值得回憶的有下列三項：

一、訓詞疑義請示——蔣委員長蒞班講「行的道理」後，將原稿交付各小組討論，我們這一小組計有教育廳長十人，訓導長十人，對於原稿中「行無不善，動有善惡。」各訓導長認為不大瞭解，應轉報請示；各廳長認為不必請示，照原稿說明可也。事後請教這些廳長，他們說：「你眞不懂幕僚長的辛苦，現在前方戰事緊張，每天向蔣委員長請示的事情，不知有多少，還有工夫為這些小事去請示嗎？」後來團當局照我們意見去請示，眞的沒有答覆。

二、講授方法建議——當時戴季陶先生講授課程時，有點前段未講完，便講後段，我正欲建議，適他不恥下問，請各小組批評他的講授法，我乃乘機直言；第二次上課，他便改正他的講授法，令我且敬且佩。當時王東原先生任中訓團教育長，他講課時亦犯了戴先生的缺點，亦能不恥下問，改正講授的方法，同樣令人敬佩。

三、專題討論理論家——第一次小組討論時，題目是「本黨能否感化共黨與我們合作到底」，這題目的結論應是否定的；但我不在重慶做事，未知原意，便首先發言：「我們有良好的組織，卓越的領袖，兼容並包的主義，應該可以使他們合作到底。」我說了之後，大家不便發言。其實，他們大多數與我意見相反。事後有人對我說：「你是理論家，照理論說，你是對的。事實上恐不易做到。」後來事實證明，他們的見解非常正確，眞是不幸而言中。

由重慶回到昆明，免不了要向學生報告受訓經過與抗日的信心。受訓時，聽到陳誠將軍講了一個故事，說是「七七」事變前，蔣委員長要下決心全面抗日，但敵強我弱，如何取勝，倒值得研究，於是想出了以持久戰去制速戰速決，以游擊戰去制飛機大砲，以控制鄉村山林去包圍大城市，並對主和者表示非戰不可，同時想出了下列一聯：

和必亂，亂必分，分必弱，弱必亡；

戰必敗，敗必退，退必攻，攻必勝。

第一聯四句，易使人相信，第二聯前兩句，也是人人料到的。惟「退必攻，攻必勝」，多未想到，而蔣委員長則認爲「退後必能反攻，反攻必能獲勝」，這在當時可以增加信心，後來果如願以償。

肆、雲南稱滇與滇池

我問好友申慶壁兄「雲南」取名的掌故，他告訴我：「漢武帝元狩間，彩雲見於南中，遣使追踪至現雲處，設雲南縣隸益州郡，這是雲南名稱的來源。」蜀漢置雲南郡，元滅大理，設雲南行中書省，明置雲南布政使司，清置雲南省，民國因之。又舊雲南縣，即今之祥雲縣，彩雲究竟出現於何處？相傳在今鳳儀縣的白涯。李中溪修的《雲南通志》，在大理府的古蹟志列有彩雲城。何謂彩雲？申兄解釋是：「彩雲卽卿雲。『卿雲爛兮，糺縵縵兮，日月光華，旦復旦兮！』卿雲爲瑞氣，卽祥瑞之氣。」

雲南簡稱「滇」，因中外有名的「滇池」，就在昆明附近，由是得名。池旁有金馬、碧鷄二山，東西對峙，風景優美。此池位於昆明縣南，呈貢縣西，晉寧縣西北，昆陽縣北，池水灌漑所及，皆肥沃土地。明代三保太監鄭和，卽生於池邊之昆陽縣。按《後漢書》西南夷傳說：「此郡有池周圍二百餘里，水源深廣，而末更淺狹，有似倒流，故謂之滇池」。

雲南在戰國時代便稱「滇」。《史記》西南夷傳云：「楚威王時，使將軍莊蹻，將兵循江上，略巴蜀黔中以西。莊蹻者，故楚莊王苗裔也。蹻至滇池，地方三百里，池旁平地肥饒數千里，以兵威定屬楚。欲歸報，會秦擊，奪楚巴黔中郡，道塞不通，因還，以其衆王滇。」秦滅六國，惟楚仍爲西南夷君長，至漢乃降，以其地爲益州郡。從以上記載，可謂滇池與滇、楚發生密切關係，亦知秦滅六國，並未及滇。

民國二十八年夏，我和同濟少數師生遊滇池，先至長沙學生家長粟顯揚先生家午飯，他住在湖中一小島上，風景宜人，有自用小船可載客往來。粟先生曾任長沙稅務主管，其眷屬避日寇飛機來滇，他本人仍在湖南工作，由乃妻出面招待，「有酒食先生饌」，菜餚甚豐，皆長沙口味。

滇池又名昆明池，海拔二千餘公尺，長六十九公里，廣二十公里左右，周圍約一百五十公里。其水源來自普渡河，北入金沙河，由昆明西南的富民縣出口。春夏水漲，有如洞庭湖，常有江水倒灌而入，池水澄清，兩岸山峰削立，有名西山、碧嶢、雲栖、大華、龍門、觀音、臥佛諸峯，環繞其間，山景壯麗。池畔名勝古蹟甚多，各具不同景觀，如大觀樓的長聯，金馬山的觀日出，圓通寺的海覺禪師肉身像，黑龍潭的一泓綠水，均有可觀。

我曾去過洞庭湖邊，穿越過無錫的太湖，總覺得滇池水光一色，煙波浩蕩，自有千秋，並不遜於洞庭湖的景色。本來說洞庭湖周圍八百里，滇池周圍五百里，洞庭大於滇池，不過我橫穿滇池，沒有橫穿洞庭，故未覺洞庭之偉大。滇池湖水清明，山巒滴翠，確是大西南的名勝。明儒楊愼撰〈昆明湖〉詩云：「昆明波濤南紀雄，金碧滉漾銀河通，平呑萬里象馬關，直下千仞蛟龍宮。天外幽巒分點綴，雲閣海樹入空濛；乘槎被浪非吾事，已斬漁竿作釣翁。」另雲南督軍唐繼堯曾作〈丙辰春夜遊昆明湖〉，詩句典雅，可稱佳構：「湖天風定水漫漫，十萬垂楊露未乾，入世偏多出世想，靜中常作夢中看。燈明雲舫黃衫醉，星摘漢河玉宇寒；放眼便知滄海淺，亦應狂笑老龍蟠。」

伍、昆明的氣候

昆明是雲南的省會，位於高原地區，海拔爲一千八百九十二公尺，北枕羣山，南臨滇池，有金馬、碧鷄二山夾峙，山青水秀，風景宜人，極盡風花雪月的美境。大板橋爲其東方的咽喉，碧鷄關是它西方的險隘，獅子山與象鼻嶺控制北方的孔道，昆明池則屏障其南疆，是大西南國防的軍事要衝，並爲對印緬的交通樞紐，地理位置非常重要。

或許是氣候溫和的原因，居民樂於園藝工作，市內花木扶疏，萬紫千紅，故有「花都」的雅號。特別是茶花，最著聲譽，有七十二種之多，眞是洋洋大觀。樹高數丈，徑大至二、三尺，初春開花時節，往往一株多至數百朵，五色繽紛，燦爛似錦繡，花香四溢，徜徉其間，有點進入世外桃源的感覺。

雲南的氣候分爲雨季與旱季，冬溫夏涼，俗有「四季無春夏，一雨便成冬」之諺，每年五月至十月，有熱而濕的西南季風，爲本區域帶來大量水分，成爲雨季。氣溫方面，各地因受高度、緯度及地形等影響，差異頗大。在中央高原地區如昆明、玉溪、祥雲、大理一帶，海拔高度約二千公尺，各城市幾無冬天。元月份平均氣溫在攝氏十度左右，七月份平均氣溫在攝氏二十度左右，所以昆明的冬季，祇有四十五天，大概自十二月十七起至一月三十一日止。

我在昆明前後住了將近三年，可以說祇見春秋兩季，未見冬天，夏季亦不太熱，故說：「昆明四季如春。」爲甚麼夏季不太熱呢？主要原由是因爲雨多，每逢旭日高照，一陣子山雨欲來風滿樓，忽然下起雨來，如果你在街上走，可在商店門口或住家屋簷下躲一回兒，馬上雨過天靑，撥雲見日，如此晴雨無常，一天數回，保你涼爽。故夏天不用電扇、冷氣，甚至不戴草帽。冬天又不太冷，不用電爐、木炭，更不必穿皮衣。

昆明及其他附近地區的雨季，好像上帝在那裏安排，每年插秧前，靠放池水種秧，一到秧長，天卽下雨，以利拔秧種田，自此以後，天雨不斷，一直到秋收，才天天放晴，冬天不下雨，亦是不冷原因之一。雖說昆明「一年無四季」，但據我的體驗，認為「一天有四季」，早起和靄如春天，中天如出了太陽，有點像夏天，傍晚像秋天，晚上九時以後有點像冬天，故家家戶戶夏天晚上都蓋薄棉被，如未去過昆明，便不會相信這種說法。

我離開昆明後，服務於福建省，抗戰勝利，隨省政府遷住福州。「福州人有福」，夏天不太熱，冬天亦不太冷，亦像昆明的四季如春，花菓多似昆明，溫泉更優於昆明，所以我主張於太平後，設西南養老院於昆明，設東南養老院於福州，設北方養老院於北平，俾老有所養，頤養天年。

陸、漫遊名勝古蹟

我遊昆明的名勝古蹟，是多次進行，不是一次完成，遊伴亦不同。茲就記憶所及，簡述於後：

一、五華山景觀——位於昆明城內的五華山，高僅六十餘尺，周圍一里許，山上建有開武亭，登臨瞭望，左為金馬山，古柏參天，林木蒼翠；右為昆明湖，汪洋浩蕩，一望無際，俯瞰全城，均歷歷在目。雙塔當前，湖亭在後，山景水光，實美不勝收。山下有九龍池，周二里許，水色澄清，赤旱不涸，是滇池的上游，天然風景甚佳。又明朝叛將吳三桂，以平滇有功，清廷封爲平西親王，建宮闕於五華山，復築蘇臺，營郿塢於城北，專寵陳圓圓，其墓誌立在商山寺後，字跡已不可辨。

二、大觀樓長聯——滇池的大觀樓，洞庭湖的岳陽樓，都是有名的勝地。大觀樓在昆明城西十里的近華浦上，樓高凡三層。碧瓦朱欄，巍峩雄壯。自闢爲大觀公園後，佔地益廣，園中廣植花木，增建館舍，曲徑廻廊，亭臺錯落，假山玲瓏，間以花圃；一年四季，均有吐艷的花卉。樓上額題「大觀樓」三字，每字大五尺許，乃呈貢孫鐵州先生所書。康熙中，僧乾印始結茅於此，王中丞繼文等增修，同治中燬，馬如龍復修之。至樓上有名的長聯，爲孫髯翁所撰。上聯講滇池風景，下聯講歷史人物，對仗嚴整，文辭麗雅，是一幅膾炙人口的聯語：

五百里滇池，奔來眼底，披襟岸幘，喜茫茫空濶無邊。看東驤神駿，西翥靈翼，北走蜿蜒，南翔縞素，高人韻士，何妨選勝登臨，趁蟹嶼螺州，梳裏就風鬟霧鬢，更蘋天葦地，點綴些翠羽丹霞，莫辜負四圍香稻，萬頃晴沙，九夏芙蓉，三春楊柳。

數千年往事，注到心頭，把酒凌虛，歎滾滾英雄何在？想漢習樓船，唐標鐵柱，宋揮玉斧，元跨革囊，偉烈豐功，費盡移山心力，儘珠簾畫棟，捲不起暮雨朝雲，便斷碣殘碑，都付與蒼烟落照，只贏得幾杵疏鐘，半江漁火，兩行秋雁，一枕清霜。

三、西山諸寺與石洞——我們遊過大觀樓後，即乘船橫過滇池，在高嶢上岸登西山，有大寺數處，後忘其寺名，乃請教中慶壁兄。他說：「西山綿亘數十里，形似西嶽華山，亦名太華，又因山形似睡佛，故名睡佛山，山中勝蹟可遊二、三天，其最著者，寺有華亭、大華，以及西山石壁與雲華洞等。」

華亭寺甚宏偉，大殿共五楹，既高且廣，佛像頗大，內有圓池，寺外修竹遍山，有竹心細如錐尖，俗稱實心竹，爲該寺特產，遊人至此，多取一、二株攜回，以作手杖；寺內外遍種茶花，樹高數丈，花大如湯碗，盛開時紅雲一片，蔚爲奇觀。他如玉蘭之大，杏花之茂，也是昆明之冠。此寺創建於元代，明僧相晟增修，淸僧巖棲卓錫之地，皆爲一代高僧。民國而後，虛雲法師住此甚久，與滇中政要頗爲投契，與唐繼堯往還尤多。

太華寺爲元僧玄鑑所建，內有碧蓮方丈與一碧萬頃閣，最爲有名；入春茶花錦簇，入秋桂子香飄，各有一番盛況。前監察院副院長名詩人張維翰先生，雲南人，曾有〈遊昆明湖上西山太華寺留題〉詩四首、〈養痾太華寺〉詩二首，均寫景逼眞，抒情貼切，述史確鑿，茲節錄其前第一首詩云：「蘇徑斜通竹萬竿，石階歷盡步虛壇；秋深桔子飄香國，春暖茶花簇錦團。佛地莊嚴存古殿，仙鄉縹緲起層巒；入門便覺淸涼甚，到此渾疑在廣寒。」

由太華寺橫山南行，步行一時許，便到西山石壁，峭壁萬仞，從池邊鑿石爲路，在山腹蛇行而上，最高處題有「龍門」二字，上爲三淸閣。再南行有三石洞，其一爲雲華洞，在此俯視滇池，一碧如鏡，山映池中，構成絕妙圖畫。猶記當年遊過上列兩寺後，卽入一長隧道的石洞，約走一里許，道尾見天，有一石像，可拜可焚香。人家說這隧道是吳三桂爲陳圓圓開鑿的，陳圓圓中年以後，虔誠信佛，讓其他妃子侍奉丈夫。她看破紅塵，嚮往淨土，或許已料到吳三桂前途黯淡，也未可知。

四、龍門景物奇絕——從西山千丈崖再上，卽達玉皇殿，殿後爲聖父殿，左爲三青閣石洞，穿石洞長廊右走，便達雲華洞。此洞工程最大，淸道光年間，曾費時九年始成。再穿崖廊，抵西山風景佳絕的龍門，位於千丈巖的前端，懸空獨峙於滇池之上，巖石奇特，山色水光爭輝，壯美聚於一地。又登龍門，望滇池，好似一面銀鏡，風雨之際，烟波浩蕩，池外峯巒連綿，古樹蔭森。趙士麟〈滇池懷古〉詩云：「漢武鑿池塵水戰，雄圖卻事西南夷；吾生幸近昆池畔，一日煙波十二時。」所謂「一日煙波十二時」，是指昆明湖上的風雲幻變，湖光山色，時刻不同，是一首極其幻變能事的寫實佳詩。

五、銅瓦寺與黑龍潭——民國二十八年秋，約了幾位好友，去遊銅瓦寺與黑龍潭。銅瓦寺正名爲太和殿，有金殿居其中，像座匾聯，牆柱欄杆，皆用紫銅鑄成；中國古代往往稱銅爲金，故又名「金殿」。殿內遍植紫薇花，飛紅吐香，非常美觀；殿外圍以城牆，前門有額曰「太和殿」，由麓至山，有三層天門，每門相距均有數十石級。又此殿爲明萬曆年間滇撫陳用賓創建，其制依武當山的英武殿，崇祀道教，淸康熙十年，曾加重鑄，咸、同亂作，燬於兵火。光緒十六年重鑄，凡十五年竣工。殿基欄杆，多用點蒼大理石造成，石上均有天然之山水花卉，極爲可愛。有趙越老所書建金殿巔末，以紀其事。

黑龍潭水色深綠，望之似黑色，故名。潭畔建有黑水祠，又名龍泉觀，創建於漢代，今觀建於明洪武年間，淸康熙二十九年重修。山間額曰「紫極玄都」，門內有太丹墀，中有大銅鼎，旁有古柏四株，分植左右，均千年以上的老樹，古色蒼然。殿前有古銅鼎，前後三殿，最後一進曰三淸殿，有唐時古梅已枯，今生者爲再生芽。左廊額曰「逍遙樓」，內有唐張度觀梅圖，石刻嵌壁。另有阮元詩，其首二句云：「千樹梅花千尺潭，春風先到彩雲間。」

六、翠湖觀魚與金碧輝煌——翠湖在城內，養有五色魚，遊人爭看，好像西湖的「玉泉觀魚」。我於二十八年暑假，陪學生在鄉下露營，喝多了酒，臥營篷內吹了風，忽患重感冒。同濟大學的醫務室病房。設於翠湖邊，等我的重感冒快要好了，便常到湖邊依欄觀魚，欄杆設於一亭中，尚刻有莊子與惠施觀魚故事，以助雅興。一天觀魚躍爭食，看得出神，專心致意，不料褲後口袋中被扒去法幣數百元。

我在昆明時，先住在金碧路金碧旅社，朝晚散步，看見兩座牌坊，左爲「金馬坊」，右爲「碧鷄坊」，都高數十丈，非常壯觀。相傳每年某夜，兩座牌坊的月影會在街頭相交，便叫「金碧輝煌」。這種神秘的中國建築術，既不便肯定，亦不便否定。

七、圓通寺海覺禪師肉身——圓通寺位於昆明城北，創建於唐，宋、明均曾重修，爲兼具公園功能的勝地。寺共三大進，中進前八角亭內，供海覺禪師肉身。海覺法名正禪，生有慧根，弱冠剃度，受戒於杭州昭慶寺，中年感溪流大悟，因作偈云：「堪笑頻年究死心，轉看萬象盡平沉；驀聞無住溪聲靜，空朗天空見太清。」後為大板橋明應寺主持，乾隆十三年趺坐含笑而逝，享壽九十，乃就寺旁建塔供奉。咸、同邊亂，寺燼塔存，肉身如生，乃移供於此。民國以後改建為公園，風景更為絢麗，近人張繼先生有〈登圓通山贈滇中諸友〉詩云：「圓通寺上艷陽天，布穀聲中雜杜鵑；青史卅年翻血淚，滇池五百住雲烟。同盟舊友多為鬼，護國英豪半坐禪；四海橫流賴君子，何年慷慨祖生鞭。」

柒、途經貴陽憶陽明

民國二十九年暑假，我為慶祝母親六十大壽，由滇返湘，那時交通困難，承好友陳保泰先生關照，始獲搭一運貨便車，目的地是貴州貴陽。未料所乘的那輛木炭車，一走二、三里，拋錨四、五回。如上山走不動，客人還要下來推車，在這種辛苦的情況下，行馳於滇黔路，再上二十四彎和七十二彎，穿山越嶺，非常驚險，經過五天的艱苦行程，算是平安達到了貴陽。

一、王陽明與貴州——到了貴陽，便想到貴陽書院，便想到王陽明。他字守仁，明代浙江餘姚人，孝宗十二年考取二甲進士第七名，曾任廬陵知縣，歷官至右石僉都御史，巡府南贛，平漳南大帽山諸賊，定宸豪之亂，旋遷南京兵部尚書，封新建伯，卒謚文成。惟任兵部武選清吏司主事時，武宗初接位，宦官劉瑾竊權，南京設有陪都，其科道戴銑、薄彥徽等以諫忤旨，逮繫詔獄。陽明激於義憤，提出抗疏救之，亦下詔獄，並廷杖四十板，打得昏倒後復醒，尋謫貶為貴州龍場驛丞，類似抗戰時期驛運管理處各縣的鄉鎮驛站站長。

陽明廷杖那年是三十五歲，於次年回浙江，本欲至餘姚家中一轉，即啓程赴龍場驛就職，會劉瑾派特務人員跟踪，甚難逃出其毒手，至杭州托言投江而死，幸得脫離其追殺。因搭商船遊舟山，適遇颶風大作，一日夜至閩界，比登岸，奔山徑數十里，夜宿虎穴，安然無恙，寺僧驚為「非常人也」。並晤二十年前相識南昌鐵柱宮的異人，與論出處，應速赴龍場驛，遂取道返越省親後，由浙起程走江西萍鄉，經湖南醴陵、長沙、沅江、辰州而前往貴州，於武宗正德三年春安抵龍場。

彼時的龍場驛在貴州西北的萬山叢棘中，非常荒涼，夷人鴃舌難語，可通語者，皆中土亡命之徒，舊無居，始教之範土架木以居。自計得失榮辱皆能超脫，惟生死一念，尚覺未化，乃為石槨自誓曰：「吾惟俟命而已。」日夜端居澄默，以求靜一，久之胸中灑灑，而從者皆死，自折薪取水，作糜飼之，又恐其懷抑鬱，則與歌，又不悅，復調越曲，雜以詼笑，始能忘其為疾病夷狄患難也，因念聖人處此，更有何道？

二、龍場悟道與陽明學說——他在京師官署中，想效朱子之窮理於物，在花園中亭前格竹子（在物上求理）致病，本不想再做格物致知的工夫，不料在龍場時，忽中夜大悟格物致知之旨，寤寐中若有人語之者，不覺呼躍，從者皆驚！始知聖人之道，吾性自足（卽物理在吾心中，求理於心足矣，不必求理於物），向之求理於事物者誤也。乃以默記五經之言證之，莫不脗合，因著五經憶說。這種求理於心的發明，學者稱之爲「龍場悟道」。

究竟理在心中，或是理在物上，值得加以研究。我在政治大學著《中國哲學史》時，與亡友賈宗復先生認定：「理旣在吾心之中，亦在本物之上，更在宇宙之間。」須知陽明在花園中格竹子，格出病來，是方法錯了，不是理不在物上。因爲格竹子應用科學方法，他誤用直覺法，那能在竹子上求理於物呢？「求理於心」這樣的話，在當時是不容易解說的，等到他五十歲在南昌發明了致良知學說，才說得清楚一點。五十四歲〈答顧東橋書〉中發揚求理於心的道理：「若鄙人所謂致知格物者，致吾心良知於事事物物也。吾心之良知卽所謂天理也。致吾心之天理於事事物物，則事事物物皆得其理矣。故曰：致吾心之良知者致知也，事事物物皆得其理者格物也，是合心與理而爲一者也。」

講到「陽明學派」，因他是餘姚人，故又稱「姚江學派」，其學說以「致良知」及「知行合一」爲主，謂致吾心良知於事事物物，則事事物物自皆得其理。蓋良知卽天理，致卽行也，知此理卽行此理，故曰「知行合一」。夫良知爲本心之明，以良知爲天理，卽所謂心卽理，此說與陸象山的心同理同說無異，而陽明獨具之手眼，不在良知，只在一「致」字。

捌、雲南白藥的故事

在大陸一提到雲南白藥，大家都知道是跌打損傷的良藥，窮鄉僻壤且不易買到。我到了雲南，便問白藥是怎樣發現的？有人告訴我：一天某樵夫砍好柴後在樹下休息，忽見一條蛇，被山上滾下來的石頭擊成兩截！只看見有頭這一截單獨蠕動，這樵夫暗中跟隨，以觀究竟。又見這蛇頭找到一種樹葉咬了很多，邊走邊用嘴細嚼，走回原處，把嚼碎的東西，塗在另一截傷口處，然後把有頭這截傷口湊上去，不久，兩截接好了，慢慢地蜿蜒走了。樵夫乃再去把蛇咬的樹葉連根拔起來，加以製造，便成了白藥。

我家早已用過白藥，知其對於內傷（沖酒喝）及外傷（敷），皆有奇效，故買了多瓶寄回茶陵家鄉，以備不時之需。不料次年我家領頭與建拱形石橋，工友不慎，於一礅封口時，石塊全部崩下來，打傷石匠七、八人，擡至家中大廳，全體呻吟，大家驚惶萬狀！父親將家中所存白藥，全數取出，敷的敷，吃的吃，到了晚上，全部坐起來吃飯，左鄰右舍引爲奇蹟。大家說：「四爺（吾父雁行第四）修了陰德，獲得神助！」

我自己在昆明，一次被人誤傷，胸部奇痛，經護士一面用白藥外擦，一面沖酒喝，當日便癒。來臺後，有天在浴室跌傷，盧學長元駿家有白藥，馬上送來，邊擦邊喝，頓時痊癒。

第五節　福建省服務公職七年

民國二十九年夏，由湘經贛赴福建，初任經濟建設計畫委員會委員，嗣長福建省圖書審查處，曾北遊武夷，南旅漳州，抗戰勝利後，隨省政府遷回福州，在閩服務七年，現講下列問題：㈠由湘經贛赴福建，㈡出長圖書審查處前後，㈢水仙澹雅憶龍溪，㈣武夷九曲與大紅袍，㈤福州風光。

壹、由湘經贛赴福建

民國二十九年夏，由昆明經貴州返湖南省茶陵縣家鄉，爲母親譚太夫人慶祝六旬壽誕，承福建省政府委員兼省銀行總經理丘漢平先生惠撰壽序，原文列入本章附錄二。雙親爲體時艱，兼顧親友負擔，設宴二十餘席，未收分文禮金，甚獲鄉黨好評。祝壽後，本欲赴同濟大學銷假，嗣因福建省政府邀任行政職務，乃攜堂侄周祖康去茶陵縣城訪友，故舊輪流召宴，飲酒過量後着涼，遂發生惡性瘧疾，經治療多日始癒。勉強起程去江西，乘商人貨車駛至蒲江（離吾家周陂水頭僅十華里），忽然一個前車輪飛走，車身傾斜，幸及時煞車，有驚無險，雇轎至高隴堂姐夫譚智吾先生家，休息三天，乘轎到湘贛交界處的界化隴，好友譚玉麟追來送行，住同鄉譚超二先生開設之旅社，餐宿均免費招待，次晨搭江西客車離開湖南，經吉安晚宿瑞金。

據王教授健民兄撰中共黨史載，中國共產黨於一九三一年十一月設置「中華蘇維埃共和國」中央政權於江西瑞金，先後召開兩次全國性的蘇維埃大會。第一次爲「中華工農兵蘇維埃第一次全國代表大會」，第二次爲「中華工農兵蘇維埃第二次全國代表大會」。又毛澤東原據江西寧岡的井崗山，一九二九年四月，國軍克井崗山，守山紅軍之一部五百餘人竄贛南，五月自雩都入瑞金，焚天主堂、福音堂、萬公祠及衙署，朱德亦自寧都率部至，勒捐七千餘元，旋棄城竄長汀，國軍入駐瑞金。

一九三〇年三月，國軍他調。紅十二軍復至，瑞金再度陷落。三月中共於瑞金東郊葉坪設立僞中央機關。「九一八」事變發生，中央爲情勢所迫，暫停進剿，共黨遂利用時機，力圖發展。十一月駐守寧都的國軍孫連仲所部二十六路軍參謀長趙博生，煽惑七十三旅董振堂部，七十四旅季振同時叛變，投入共軍，成立僞第五軍團，增加人槍萬餘，彈藥充實，紅軍勢振。攻贛州，占領漳州，此時贛南閩西二十餘縣盡被赤化，予中共成立蘇維埃政權以有利機會。

一九三三年，適值剿共國軍蔡廷鍇等鼓吹擁護陳銘樞運動，掀起「閩變」，背叛中央，予中共以喘息機會。一九三四年二月二十二日，中共召開第二次全蘇大會於瑞金，由毛澤東作政治報告，朱德作軍事報告，其時國軍實行第三次剿共，節節進迫，大會提前閉幕，選出毛澤東爲中央執行委員會主席，項英、張國燾爲副主席，同時另選出張聞天爲人民委員會主席，在人委會下設外交部、軍事部與內政部等。因此，毛澤東有點失意，到次年遵義會議才扳回頹勢。中共在瑞金時期，曾頒布憲法、土地法、勞動法、經濟政策等，改瑞金為「瑞京」。後經國軍五次圍剿，卒致二萬五千里逃竄，逃至陝北的延安，瑞金才恢復常態，但已千孔百瘡，孤兒寡婦，到處皆是，我於一九四〇年在此經過，猶覺滿目淒涼。

由瑞金走長汀，其下坡路之險，並不亞於滇黔的西南公路。當離長汀不遠時，有一軍官帶眷同車，其夫人望前看，看到路陡彎急，不免手足發抖，我勸她向後看，或向左右看，她如法照辦，方告平靜。抵長汀後，同車多同住一旅社，我們三人同遊長汀公園，至霹靂巖時，軍官夫人又手足發抖。問何故？她說：「生平怕雷，見『霹靂』二字，即心寒矣。」我告訴她走在先生前面，便不怕了，果如我言。那軍官問：「這是甚麼道理？」我說：「見『霹靂』即怕，與美國心理學家所說交替反應有關；在你前面是不怕，是有將軍保障作後援的關係。」他說：「我也唸過心理學，聽過交替反應，可惜不如你那樣會應用。」我說：「你以後也會應用了。」

長汀公園雖不大，但有「霹靂洞」一景，為他省縣所無。聞此洞為雷神轟成，巖石嶙峋，有如鬼斧神功，既美且壯，值得駐足一觀。相傳長汀婦女有八大，即女人頭上的結子大、耳環大、手鐲大、衣裳袖子大、褲管大、腳大、揷釵大，特別值得一提是火籠大。如果冬天過長汀，看見女人都騎在火籠上談天，不僅談笑有溫情，而且一身溫暖如春，冷風寒氣皆為之驅走，他縣婦女恐怕求之不可得也。美國雖富裕，昔時火爐裝在室牆上，今日暖氣散在空中，難得有火爐似馬，任意騎坐，如果美國婦女睹此中國古代文明，恐亦羨慕不已。

福建有八閩或七閩之稱，按元朝分福建爲建寧、延平、邵武、汀州、福州、興化、漳州、泉州爲八路。明代改爲八府，清代照舊，故有八閩之稱。內建寧、延平、邵武、汀州爲上四府；福州、興化、漳州、泉州爲下四府。又《周禮》夏官職方志：「掌四夷、八蠻、七閩、五戎、六狄之人民。」閩爲蠻之別種，所謂七閩者，指《周禮》所管轄之國數而言，後人稱福建爲七閩本此。長汀原爲汀州府治，汀州府原轄八縣，每縣有一乾味食品，號稱汀州八乾，如膽邊乾、地瓜乾、老鼠乾、猪肉乾等。

由長汀到福建戰時省會的永安縣，路尚平坦。永安是一個歷史上默默無聞的山城，在龍巖縣東北，位沙溪東南岸，明始設縣，屬延平府，有水名燕溪，在兩山之間蜒轉，上流有座木橋名第一橋，可通汽車，橋之彼岸及上手茅坪，本來未建任何房子。省政府遷來後，茅坪建了省銀行總行及行員宿舍，佔地甚廣，儼然一大新村。橋之對面爲燕山，其上下建有省府官邸與職員宿舍；其正中山頭，即經濟建設計畫委員會辦公大樓，雖僅一樓，在永安爲引人注目之大廈，高高在上，目標顯著，說也奇怪，抗戰八年期間，日機朝此大目標，投彈十餘次，沒有一次炸中，老百姓以爲有神護佑。

貳、出長圖書審查處前後

我於民國二十九年七月六日抵永安，先拜訪母校暨南大學學長丘漢平於福建省銀行，數年未見，握手甚歡。承告：「已與經濟建設計畫委員會秘書長徐顧問學禹商定，先請你擔任該會專門委員，原有委員揚振先等，皆係大學教授。」我聞之，亦欣然承諾。過了三天，就去經建會大樓第二層辦公，那時省府主席陳儀兼任經建會主任委員，財政廳長嚴家淦兼經建會處長，我則以專門委員名義兼宣傳科長，其餘不兼職委員亦參加辦公。當日陳主席規定，為了抗戰工作，每日辦公十小時，我住在會前企業訓練班一小寢室內，每晚自動加班兩小時，共計十二小時，因為那時我的年齡不過三十五歲，身強力壯，從不知甚麼叫疲勞，故亦生活愉快。不過計口授糧，每日祇配一斤米，稍嫌不夠，我所住的斗室，放置學員小床，因此想出一首打油詩：「福建原是有福地，一天工作十時忙；日間僅食一斤米，晚上祇睡半邊床！」

當時財政廳長嚴家淦先生因兼經建會處長，隸管本科業務，承不恥下問，優禮有加。我與楊博士振先等常至嚴公館寒暄，並談及未來志願，以嚴廳長學識才能，道德文章，均稱上乘，將來必能為國家決大疑、定大針，行大政。嚴先生謙虛為懷，連稱過譽。

三十年五月間，承徐顧問學禹建議、丘漢平學長接洽，由中央圖書雜誌審查委員會主委潘公展派任福建省圖書審查處處長，次年兼任福建省研究院研究員（與教授同級），亦常至省訓團及各種夏令營授課。關於主持全省書刊審查工作，前後六年，備嘗艱辛。當年洋紙不易進口，福建產紙優於重慶，有許多作者將圖書送至福建出版；加以地較偏僻，左傾文藝作品視閩省為溫床，左派文人亦多交往，頗感應付費力。我除在消極方面加以審查外，在積極方面成立福建出版協會，被推爲會長，又設勝利出版社福建分社，擔任社長。並與文化新聞界人士經常召開座談會，分析時事，對於抗日宣傳，多少獲得正人心息邪說的功效。

二十九年冬，胞弟文湘未獲父母同意，偕其同學蕭宗堯君來永安求事，蕭君介紹在經建會服務，鑒於文湘年齡尚輕，爲增加其工作經驗，介往省訓練團糧政班受訓，畢業後分發至永安縣任公估局業務員，後因言語不通辭職，改任圖審處組員，分勞甚多。不料事出意外，堂侄周祖康不幸因病去世，葬於永安城外山上，異鄉招魂，悲悼不已！次年其父堂兄淸和又不幸與人衝突被害，棄屍於郊外，噩耗傳來，特撰輓聯弔唁：

「周門誠不幸，燦軒因病而死，世偉被害而亡，寃魂繞鄉關，臺瓜那堪三度折；

吾哥亦何辜，康兒暴卒於外，長媳產亡於家，慘案羅斜嶺，鵂鶹啼斷九廻腸。」

胞弟在閩服務三年，學習精神尙佳，因父母函催返湘，親命難違，在不得已的情況下，囑於三十二年夏離閩，回家後不久，父母均不幸先後病逝，有子隨侍在側，親奉湯藥，並籌辦喪葬事宜。否則父母在而遠遊，我兄弟俱爲不孝之人，抱恨終天！

抗戰勝利後，結束圖書雜誌審查處業務，當將剩餘款法幣四萬餘元，送繳中央銀行福建分行，該行經理稱，服務中行四十餘年，第一次見到結束機構繳回餘款，換他人不會送繳，亦無人追究。又任處長期間，常至省訓團與夏令營，講授三民主義、總裁言論，以哲學思想爲中心，幸受學生歡迎。圖書雜誌審查工作結束，承劉主席建緒聘爲省政府顧問，派在省訓團專門教學，在福州八月，較有空閒時間埋頭著作，將《總理總裁的哲學體系》一書趕寫完成，交書店出版。另承省主席劉建緒保薦，任福建省新聞處處長，適接湖南省黨部電告，知已發表爲省黨部委員，乃攜眷返湘，而與服務七年的福建省各界人士離別，實不勝依依難捨之情！

叁、水仙澹雅憶龍溪

龍溪即清代漳州府治，因秀麗的九龍溪經過其境南而得名，鄭延平王成功征服荷蘭人時，帶到臺灣來的軍民，大多數爲閩南同胞，即漳、泉二州的老百姓。當然閩東、閩西、閩北、廣東以及其他各省不是沒有，但爲數甚少，不及漳、泉二州。

民國三十年，承安溪三民主義青年團夏令營邀往講學。事畢，經南安、泉州、同安至龍溪，因食熱性的龍眼（桂圓）過多，忽患中耳炎，經陳達元先生（後任監察委員）介赴青年醫院免費治療，月餘未痊，故留龍溪甚久，瀏覽名勝亦甚多。一日過圓山之麓，友人指稱：「此圓山於夕陽下山時，山影所及之處，皆可種水仙花。」相傳有一孝子，家貧如洗，仰事俯蓄，困難萬分，因孝行感天，某夜夢神仙指點：謂某種蒜形球根，就圓山夕陽山影所到之處種下，可以開花售錢。孝子醒後如法炮製，果然發芽開花，清香撲鼻，人人爭購，供放祖堂或花廳，可增典雅氣氛，消息傳出，由近而遠，內及京滬一帶，外售南洋歐美，年盛一年，致成鉅富。當然亦有他人做行，龍溪成爲名花產地，銷售國外，爭取爲數可觀的外滙。

是年秋，病癒返永安，購水仙球甚多，除贈友人外，自種數盆，置於勝利出版社樓上，尾牙請福建省政府各廳處長午宴，嚴前總統家淦時任財政廳長，見之指稱：「此雖花葉茂盛，但未挖球，尚欠精美。」次年卽請蔡局長夢仙（湘人）夫人（住龍溪甚久）先挖球根，置諸雅石清水盆中，花更精美，滿室生香，衆佩嚴先生之常識豐富、多才多藝（嚴先生且精於攝影）。近年臺北出售的水仙茂盛者多，挖球而精美者少，似欠雅緻，不及龍溪原產。我周家遠宗濂溪先生愛蓮，謂蓮「出汚泥而不染，濯清漣而不妖。」、「香遠益清」，似可移來形容水仙。他說：「蓮爲花中君子」；我說：水仙是花中神仙，亦可稱凌雲仙子，或御風洛神，不知愛花者以爲然否？

我在龍溪聽友人比較過：泉州華僑多，外滙亦多，漳州外滙雖不及泉州，但有名的農產品不少，像厦門文旦（麻豆文旦的來源）、天寶芝蔴香蕉、棕色梨、印子柑（亦傳至臺灣，尾部有一圓圈），品高味佳，眞是高級水菓。現期他日先登厦門，重遊龍溪，剝厦門文旦，食天寶香蕉，棕色梨及印子柑，晨沐九龍溪朝暾，晚觀圓山夕陽，溫孝子故事，賞水仙名花。

走筆至此，詩興突發，爰成一絕，不計工拙：

水仙澹雅憶龍溪，人傑地靈景物奇；
孝行感天遺異卉，圓山種遍夕陽西。

肆、武夷九曲與大紅袍

民國三十一年，氣象局預告「日食」，省政府發起赴武夷山觀看，省府委員與各廳處局長有志一同，浩浩蕩蕩，由永安縣出發，經南平到崇安，先一日同住招待所，次日分批登遊。按武夷在崇安縣南三十里，爲仙霞山脈的起點，相傳先有神仙武夷君居此，因以得名，計有三十六峯、七十二巖，清溪纏繞其間，分爲九曲，故稱「清溪九曲」，俗有「三三六六」之謂。所謂「三三」者，卽指此清溪曲折九轉，三三等九之意，繞廻於萬峯環抱之中，寬僅二丈，長達十餘里，每一曲折，皆隨山轉移，各有不同的峯巒山水，巧雅壯麗，挺秀異常。所謂「六六」者，是說武夷之峯，有三十六個之多，其中以大王、幔亭、虎峯、一天星等峯最爲壯麗，山中又有石罅石隙、枯楂獨木舟插於其間，並發現散失的古陶器，可證是先民所居之地。

宋朝朱熹曾主管武夷宮多年，在「清溪九曲」右邊絕巖，尚有其讀書處，其所作「九曲歌」，有流傳於後世。人因地傑，地因人靈，相得益彰，武夷更爲有名。明朝王陽明曾到武夷山遊覽，有詩詠其景秀麗：「肩輿飛渡萬雲峯，回首滄波月下聞；海上貞爲滄水使，山中又逢武夷君。溪流九曲初諳路，精舍千年始及門。稍有還家慰垂白，細探更擬在春分。」又因南宋偏安江左，儒者往來講學其間，從者甚衆，朱熹是其中代表，洙泗宗風，士林景仰，騷人墨客，接踵而至，徐霞客三度往遊，廣爲宣揚，更使名傳遐邇，爲文士所偏愛。

我們同行共十二人，分乘兩隻竹排，溯溪水九曲而上，兩岸風景極佳，山巖均爲紅粉石，風吹雨打，容易崩裂。當經過大王峯與玉女峯之間時候，划水手指着一塊長斷石說：「從前大王峯好色，半夜三更想渡河調戲玉女峯，不料事機不密，被玉皇大帝知道，令雷公雷母轟然一聲，把大王峯的大腿打斷了一隻。」引得大家哈哈大笑！竹排繼續前進，右邊望見朱子讀書屋，以前有路可通，如今則懸在斷巖，可望而不可即，左邊見一山洞，洞高數千丈，有廢木船一艘擱在上面，傳說千年不朽，不知是何木造成，如此堅硬？又聞原河床在此數千丈高之洞邊，所以有廢木船停在其上，其可靠性也有問題。

遊完了九曲，卽至武夷山之大廟，和尚分批迎客，把我一行迎至客房，大呼泡好茶。同行友人講了一個故事：「自古廟中侍客和尚最勢利，亦有精銳眼光，他們把客人分爲三等：上等請上坐、泡好茶，次等泡茶、請坐；又次等茶、坐。」曾國藩（一說他人）有次到一所廟裏去，未受到禮遇，後來和尚知其爲大官，請他書一聯，他當衆揮毫寫道：「坐、請坐、請上坐；茶、泡茶、泡好茶。」我們聽到泡好茶，非常高興，自命爲上等客，要他泡「大紅袍」，知客合掌說：「實在對不起，沒有大紅袍，請以大紅梅代之。」我們不知道甚麼是「大紅梅」？只覺得香味俱佳，便多賞他幾個錢，並問他要尋「大紅袍」茶樹應怎麼走？他說：「你們自己走，多半走錯路，我派一位徒弟帶路好了。」他說：「大紅袍每年產量不過一斤或十二兩，在滿淸時代，製好半數進貢，給皇帝飲用。另半數由大和尚保存，分送或出售達官貴人，每兩要賞三百兩銀子呢！」

行至「大紅袍」茶樹附近，見一巖洞可容十餘人，內有馬鞭及舊馬鞍，問何以有此遺物？他說：「巖上的大紅袍，到了春季採茶季節，常有人半夜三更來偷採，以往派和尚輪流守夜，仍是防不勝防。自三戰區司令長官來看過後，派一排兵前來駐防，偸兒便不敢再來，洞中馬鞭等物是他們留下的。」由此可見「大紅袍」的身價，是何等的尊貴！至抵「大紅袍」巖下，帶路和尚說：「此巖以前不能攀登而上，傳說最早是請神箭手射箭，把巖上的茶葉反彈下來，效果不好。後來訓練猴子登巖採茶，靈猴起初不肯去，聰明人替他做了一件大紅袍，示意他如願登巖採茶，卽可穿大紅袍。這種構想，果然靈驗，猴兒穿上大紅袍，便高興上去採茶，年年如是，所以這種寶貴的名茶，叫做大紅袍。」我們聽了這個故事，好像上了學校聽不到的課。

我們問：「現在爲甚麼不用猴子呢？」他又說：「這隻靈猴死了之後，別的猴笨，訓練不起來，於是聰明人便在削壁上鑿了幾十個小洞，你們現在可以爬洞吧。」爬洞好像爬舊式水泥電竿一樣，左右手與左右足循序插進去又抽出來，約有數十丈高爬完了，見一三角形平地，土壤甚佳，可站六、七人，在兩座高大石巖夾縫中有一株大紅袍（母茶樹），旁邊種了三株大小有次的子茶樹，如母茶樹枯萎了，卽依次移入，照缺補種。又此巖似叫天星巖，聽說好茶需要雲霧籠罩，又因長在山巖夾縫中，有暗泉分泌，所以成爲名茶。

伍、福州風光

福州城中榕樹多，故又名榕城，福建省政府設於此。是集八閩之水，到福州與南平之間，經萬福橋便成廣大的閩江；又全城各處都分布許多小山，成爲國內著名的海河都市，富有浪漫情調，山明水秀，形勢之美，得自天成。山多且有三種不同的情況，民諺中有云：「三山藏，三山現，三山看不見。」「三山藏」是玉泉山、羅山、玉尺山。玉泉山卽貢院埕「泉山古蹟」，羅山則有法海寺名刹，玉尺山在光祿坊鹽務局內。「看不見三山」爲玉山、芒山及鍾山，因高度及面積均小，像個土堆而已。至「三山現」係于山、烏石山及屏山。于山又稱九仙山，附近有九仙觀、大士殿、定遠臺、白雲寺、丹井、戚公祠、呂祖宮及天君殿等名勝，山麓築有白塔與烏石山的石塔，遙相輝映。烏石山突起於城內，有道山亭、蟠桃塢、凌霄臺、浴鴉池、雷劈巖、介景亭、雙驂園、石天、雙峯夢、桃李峯、鵲舌橋、無垢爭光塔等風景區，景緻均甚幽美。屏山亦在城內，有鎭海樓、七星虹等古蹟，鎭海樓樓額爲朱熹所書。城外名勝古蹟甚多，其中最爲著名的如下：

一、**鼓山湧泉寺**——鼓山位於馬江附近，距福州城東約五公里，實爲八閩首屈一指的名山；拾級而上，卽國內著名的湧泉寺，其規模之大，不下於靈隱寺。相傳唐建中四年，有龍在山之靈源洞，高僧靈嶠，用茅築屋，誦華嚴經，以除龍害，因號華嚴臺，以名其寺。五代梁武帝時，閩王王復知擴建該寺，至乾化五年，改稱白雲峯湧泉院。清朝順治初，主持僧元賢，重加修建，改稱「湧泉寺」。康熙五十三年御賜藏經四椆，乾隆七年又加賜藏經七千二百四十卷。十五年名僧興隆又修建華岩堂、白雲堂、姚峯閣等堂閣，規模益見恢宏。由山麓至湧泉寺，築有廣濶石板道，沿途種植麟甲古老巨柏，綠蔭參天，環境幽美。惟須登石階約三千級，半山築有亭，旁立「欲罷不能」大石碑，寺門置石碑一座，刻有「淨地何須掃，空門不用關」對聯，不無一片空空之感。寺內彌金大佛像，寶相壯嚴，最足稱道。殿前楹聯云：「面對香爐，不用隔江招手；背臨岁崱，請看頑石點頭。」

二、鼓山觀日出——「岁崱」係峯名，是鼓山最高峯，登巔遠望，城廓參差，閩江浩蕩，水光一色。此處又爲觀日的勝地，每逢朝陽東昇，日光與海水交輝，晃若閃鏡，變幻無窮，晴天麗日之際，欣賞「滄海浴日，金輪滉漾」的奇觀，可以大飽眼福。鼓山除湧泉寺外，還有喝水巖、水雲亭、更衣亭、蹴鰲橋、國師巖、聽雨樓、萬松灣、十八岩洞等風景處，傳有一百零八景，林泉寺洞，無一不備。每屆農曆四月八日浴佛節，諸寺香湯浴佛，香煙繞樑，暮鼓晨鐘，善男信女，人潮湧擠，極一時之盛。

三、螺江寺廟多——螺江在閩江下流南港中，距福州城二里許，是一長三里餘沙洲，四面環水，舖石爲堤，住有高級士民數百家，屋宇均甚豪華，是一個富人社區。相傳古代有名螺仙女在此修練得道，今尚存有名碑，記其淵源。村莊雖小，但建有文昌閣、孔子廟、朱禧祠、媽祖宮、讀書齋、藏書樓等名勝，有數百年老榕樹垂蔭其間，冬暖夏涼，媽祖廟前楹聯云：「潮汐接眉洲，風雨送迎江峽月；帆檣彌建水，神燈下上廟門松。」螺江與五虎山相對，旗、鼓兩山爲其左右翼，村下閩江浩蕩，東流入海，其風景之佳，不愧爲江城本色。

四、羅星塔與馬尾船塢——閩安鎮位閩江下流八十里，爲福州之門戶，有似大沽之與天津。對海有五虎山，經五虎門可望長門口的長門砲臺。象徵福州之美的羅星塔，即建於長門口的山坡上。雖較安慶之迎江塔略小，但全爲石塊及石板纍積而成，別有風格，四週無欄杆，可由內攀登塔頂，閩江水流洶濤，沙鳥飛翔，風景佳麗，冠絕東南。

馬尾與羅星塔相比鄰，因馬尾船塢設於此而著名中外，爲中國海軍的發祥地。創設大船塢於馬尾，係清代中興名將左宗棠所奏設，由閩人沈葆楨負責籌辦，爲中國接受西洋文化初期建設的開始。

五、福州小西湖——福州市內小西湖，仿照杭州西湖創建，限於地形與景物，僅是具體而微的局面。雖經歷代經營，由於規模甚小，未能大展鴻圖。湖中築有「宛在堂」，歷代爲詩酒遊讌的勝地，素有「詩龕」之譽。湖內綠楊煙雨，碧水清漪，風景秀麗。此外有開化寺及李忠定公（李綱）的祀祠，清末名臣林則徐曾在此讀書，相得益彰，名垂青史。

六、海濱鄒魯——福州文風鼎盛，素有「海濱鄒魯」的美譽。南宋後國士名儒，先後輩出，如南宋主戰派的宰相李綱、反清復明的延平王鄭成功，抗英禁煙的林則徐，宋朝理學的大儒朱熹，其出生地都在閩江地區，在中國歷史上值得大書特書的人物。民國初年的林琴南與嚴幾道，亦是一代學人。尤其是原籍閩侯的國民政府主席林子超先生，幼入教會學校讀書，年少服務臺灣，回國後加入同盟會，先後出任議長、部長、委員、省主席等要職，二十七年被推選爲國民政府主席，連任十二年，人傑則地靈，榕城於有榮焉！

附錄一——周公升元先生六秩晉一壽序

弦調湘瑟，本鈞天張樂之區，茗話炎陵，是邃古壽人之寓。覽珍符之旅萃，干霄森萬仭之桐，陟赫戲以監觀，薇野茁九華之菌。所以烟霞坐嘯，指肩皆白石洪厓，鈸珮偕綏，撰杖胥龐眉紺髻。何況芬詒東澥，澤肇西京，應黍律以鑰鳴，對梅檐而索笑，含醇貞淑，美意延年，如我文熙同志之尊翁湘南茶陵升元周先生者。洵哉維紆報德，福自天申，景駐恒春，祥孚曆甲者也。

先生豐岐席蔭，衡嶽鍾靈，寅紹子珪，幸承父觶，岐嶷問字，樂天徑辨夫之無，蒻髫胜衣，茂叔便探乎大極，英年譽著，豹鼮熟爾雅之編，家訓心儀，蛟虎有殲除之志。允應遠希洪道，陳平園老叟之書，高揖長源，上衣白山人之計。不意時丁叔季、遇值艱屯，赤伏雖騫，黃靈未曜，緬老萊之屺岵，皓髮顛盈，頫陶侃之駒陰，春華坐逝，橫流莫障，空灰媧后之蘆，誼士無徵，誰啓所南之匣。親承色笑，只追踪綿上行藏，不染汚泥，願篤守濂溪風範。於是自勤卑服，日卽康功，叱犢田塍，聞鷄午夜，歗歌壠畔，倪寬常帶經而鋤，倚徙塾邊，顏歡每循墻以聽，雖暑寒之進襲，仍金石之忘疲。胼胝偶閒，誦尋弗輟。補三餘之佚羨，一燈分匡壁之光，搜六籍之名言，兩載盡保障之敎。然而歲逢沴厲，石田之獲利難期，時際阽危，生齒較承平愈甚，療貧乏術，爰繙輕重之篇，億中堪師，兼效廢居之業，懋遷遠涉，雖千里必豐洗腆之儀，事畜有資，積一鋌便致賓客之敬，奉元公之誥命，課子維嚴，紀理學之宗傳，制行必謹，利叩門之車轍，居湫徑隘，屢弘干木之廬，闢通道之橋樑，八達九逵，廣置當時之驛。高風雲邵，一鄉之善士羣推，陰德雷鳴，萬戶之烝黎共感。所以黃巾匝地，不侵通德之閭，赤燄薰天，特避春陵之邑，井里既安耕鑿，楩楠更拂雲霞，元禮行高，訓俗實殷乎衆志，大邱道廣，型仁益偏夫鄰封，樹此風槼，允爲世則。

公展久欽福燿，幸附羣交，既詹胡考之休，宜進壽人之曲，在我翁惓懷家國，晤言不寐，引年雖戒夫稱觴，唯羣倫仰企風儀，江海量籌，介祜倍慇乎衆志。茲幸月纏大簇，歲紀困敦，西陸氛清，東維斗轉，筵開上甲，覩翠柏之凝禧，悅麗星庚，際丹椒之頌孅。澧蘭沅芷，貫正則之羣芳，水沼山樽，播美成之片玉，林泉通志，讓老人風月盤璎，黨政宣勤，看驥子雲霄跌蕩，堂紉綉葆，文洽九九呈圖，琴譜璇閨，萊舜更雙雙並纚，總人天之嘉鹿，熙福德之麗鴻，頌溢景陽，輝增玉燭，酌洞庭之醽淥，春酒千鍾，拜南極之壽昌，並舠一蒻，三湘氣爽，請朝朝倍喬偓偕來，大地陽回，願歲歲祝蘁椿不老。

中央宣傳部副部長潘公展拜撰

附錄二——周老伯母譚太夫人六秩晉一壽序

蓋聞儉恭均一，高堂之啓廸維勤，居處遷三，齔齒之嬉遊始正。試數嗜書仲郢，聰藉丸熊，運甓陶侃，懍基封鮓。文章口授，虞學士所以成名，訓導躬加，顏淸臣乃能博學，恒彥范後家先國，謀出慈闈，呂原明蹈矩循規，化由哲母。是以高明之婦，舉世咸欽，慈淑之姿，羣流共仰。如我周老伯母譚太夫人之劬勞教子，其庶幾乎。

太夫人系出名門，少嫻姆教，荼王城畔，進士有不櫛之稱，象背邨中，嬌女播辨絃之慧。洎乎宜家占鳳，房中歌靜好之詩，戒旦鷄鳴，閫內著肅雍之度，眉齊樑案，中饋能虔，志切陶鋤，同耕弗替，紡衣田食，助夫婿兮成家，讓逸競勞，爲閭閻所矜式，上謹尊章之奉，善博親娛，旁聯娣姒之情，無慙女誡。至於婆心及物，一鄉徧推解之仁，善氣迎人，比里慕慈祥之色，坐褥惘東鄰之婦，助產任勞，採薪憐西舍之嫗，臨存加慰，給饑貸粟，廣施不擇親疏，振乏分財，洪惠恒傳遐邇，恕脇從之奸宄，具徵鄉邑多恩，歷騷擾之兵戈，甚慮江河日下。因是發笥傾積，頻爲稚子求書，斷機引刀，深警冲年廢學。蓋勞惟及愛，豈效尋常舐犢之私，教必從嚴，實師稱欲叱羮之法，此我文熙同志旣淵源於家學，復秉受茲義方，胠衣就傅，育德果行，負笈出門，凌霄聳壑，卒成吾黨之英俊，而爲今日之佳器也。

當文熙同志離鄉遊學之秋，正阿里有伏莽負嵎之亂，太夫人適時制變，擇地而遷，料事多才，覆巢是慮，兼程星夜，不辭跋涉之勞，趣駕風塵，幾歷瘏痡之困。果也承祧家督，罹難於前，同產賢昆，被戕於後。太夫人再丁禍患，彌切悲哀，涕雪漣灑，愴故鄉之糜爛，訓垂懇至，期子舍之翺翔，十年發憤，董仲舒誓不窺田，兩地縈思，曾參母肯輕搤臂。漢平與文熙同志申江晤聚，甚重其端凝，客館論文，每推爲高雅。況乎黨義同研，各深物與民胞之志，寇氛共覩，益興先憂後樂之懷，雖途阻山川，未獲登堂拜母，而交訂杵臼，早聞倚閭有親。茲値太夫人齡周花甲，慈萱處堂北而春長，彩絢媊星，游子循陔南而色喜，乃以方隅多難，力戒稱觴，時運正艱，弗容嘏祝，馳書諄囑，石梁期畢前功，樂善賑荒，金母宜臻後福。漢平辱在世交，忻逢華筵，遙瞻南岳，借吹緱嶺之笙，下拜西崑，敬貢豳風之頌。看哲嗣扶搖直上，為大廈之棟樑，仰德門昌熾無疆，著坤儀於華夏，是為序。

福建省政府委員兼省銀行總經理丘漢平拜撰

第三章　戰後時期

自民國三十五年至三十八年（公元一九四六——一九四九），年齡四十一歲至四十四歲，共計四年。

本章包括：一、當選省委兼任教授校長，二、洞庭湖壯麗風光，三、教授生活憶南嶽，四、南嶽衡山遊，五、瓊州風土文物。

第一節　當選省委兼任教授校長

民國三十三年四月間，日軍已攻佔故鄉茶陵縣，由茶陵進入江西的湘贛公路，日軍調動頻繁，敵兵到處，廬舍爲墟。我家距公路僅十華里，亦受波及，損失慘重，幸無傷亡，惟父親不幸適於戰亂中病逝！抗戰勝利後，我由閩返湘奔喪，安葬父親事畢，再赴長沙就任湖南省黨部委員，嗣應聘任湖南大學教授、民國大學教授兼訓導長。三十六年接長湖南省立第一中學校長，三十七年辭湖大教授與一中校長，應國立師範學院聘，赴南嶽教書。下面標題有五：㈠故鄉茶陵縣淪陷，㈡返籍奔喪，㈢當選省黨部委員，㈣應聘任湖大、民大教授，㈤出任湖南省立第一中學校長。

壹、故鄉茶陵縣淪陷

民國三十三年三月間，國軍自長沙撤退，日軍向衡陽侵犯，與守軍第十軍方先覺部隊展開激烈戰鬪。日軍另一突擊隊，約三千人，自醴陵經攸縣山區小路，進攻茶陵，與國軍在火田、腰陂、東山等地發生遭遇戰，未能阻止其前進，縣城遂告失守。不久，與日軍其他部隊會合，北犯安仁，佔耒陽，截斷粵漢鐵路，使衡陽陷於兩面包圍；東攻江西，在湘贛交界處的界化隴，與守軍五十八軍的兩個團發生激烈戰爭，連續三晝夜，終以寡不敵衆，被其突破防線，侵入贛北各縣，並向贛州進攻。

此後湘贛公路的日本大軍，調動頻繁，常有大批軍隊通過，沿公路二十華里村莊，均爲其侵擾地區，搶糧、強姦、抓伕，牛猪鷄鴨宰殺殆盡；敵騎到處十室九空，人民遭受空前的災難！我家距公路僅十華里，常有敵人前來侵擾，財產損失慘重。家人早已逃難山區，無人傷亡，亦云幸矣，惟父親不幸病逝！表弟譚冬生擄去作民伕，下落不明。國仇、家難、親喪等悲傷事故，噩耗頻傳，其情境的悽慘，非筆墨所能形容。

日軍於三十三年四月間侵佔茶陵，至三十四年八月十四日日皇宣布無條件投降止，計淪陷時間約為一年四個月，但僅在點、線駐兵，其他廣大地區，仍由國軍或地方團隊防守，游擊性的戰鬥經常發生；時聞槍聲，草木皆兵，生活在恐懼與危岌之中，生命及財產均失保障。及抗戰勝利後，人民紛紛返家，重整田園，修補破敗，一片荒涼景氣，未聞鷄鳴犬吠之聲。又農田荒蕪，糧食缺乏，發生嚴重的饑荒，幸政府實行救災措施，送來不少美援物資；又減免田賦，稍舒民困。不過農村受災慘重，元氣大傷，要恢復往日繁榮的舊觀，必須經過生聚休養的漫長歲月。

茶陵在淪陷期中，有一個買鹽賣蒜的故事，值得提出來介紹：大蒜頭是茶陵特產，外銷贛北永新、蓮花、安福、吉安等縣，平時略高鹽價，相差甚少。淪陷後與江西交通斷絕，鹽價高漲，每斤光洋四元（光洋壹元可買猪肉五斤），蒜頭因無法外銷，特別便宜，每斤鹽可買一百斤蒜頭。據說有位在江西永新工作的農民，他思鄉情切，帶鹽數斤，準備贈送親友，翻山越嶺走小路，經過三天的艱苦行程，終於安抵家鄉，發現每斤鹽可買一百斤蒜頭，是百倍利益的生意，於是他以四斤鹽換賣四百斤蒜頭，雇人運到江西去；買鹽四百斤，再運到茶陵去，又換賣蒜頭四萬斤，分存親友家中，待價而沽，發了一筆國難財。

貳、返籍奔喪

父親升元公生平喜喝酒，晚年滿臉紅潤，親友稱頌爲「有福氣」的相貌，其實是血壓高的徵狀，那時不知有這種病症，故未採用任何預防措施。民國三十三年二月間，突患半身不遂的偏風病，行動需人扶持，臥病床上數月，時逢日軍犯境，醫藥兩缺，病況日益惡化；幸好胞弟文湘在家，親侍湯藥，但父親仍於五月二十二日病逝於離家一里許的西邊村，享壽六十七歲，在戰亂中遵禮成服後，家人爲安全着想，移靈柩於祖山樹林中安藏。當時日軍正由贛西進犯茶陵，欲攻打衡陽，時有敵兵來到故鄉水頭搶掫，烽火連天，湖南與福建的交通已斷絕，無法通訊，我亦不知父親已逝的消息。三十四年抗戰勝利後，突接父親噩耗，望天哭拜，痛不欲生，「子欲養而親不在」，抱恨終天！

三十五年八月間，由閩返籍奔喪，哭拜父親靈位後，胞弟文湘詳告父親患病及逝世經過，超度法會已辦，其他喪葬事項，都有妥善準備。惟墓地尚未決定，其原因有二：一是與母親合葬，我同意即可辦理。二是購新墓地，該墓地位於「臺冲」往「大市陂」的山坡上，是仙巖寨的支脈，距我家約四華里，山主是同大祠四房祠的公產，墓地後山高峻，結穴處平坦，整個山形似水牛，葬於牛頭之上，前山視線廣濶，左右山嶺重疊，風水甚佳。次日前往實地觀察，果然理想，因距安葬日期甚短，爲爭取時效，並準備酒席，卽行帖請四房父老三十餘人，前來家中議購。四房來賓推長者一人代表發言：謂我榮任省黨部委員，爲周家爭取莫大光榮，同意出售墓地，惟請以耕地數畝交換，以作祭祀之用。後經再三商議，以良田三畝爲酬價，墓地面積以父墳爲中心，上下各三丈，左右各二丈，相當寬大。

墓地購妥後，馬上雇請親友十餘人，從事整建墓園工作，並積極籌辦喪事，如發訃聞、請禮生、雇厨子，以及其他事項，均分有關人員負責辦理。惟請禮生要顧及地位與血統關係，與家人研商結果，分請周紀勳、周雲龍、周祖德、周俊德、周落雲、周世音六位先生，共同主持祭典，家祭與公祭儀式，均遵古禮進行。出殯之日，席開四十多桌，靈柩繞道「周陂」市區（周氏大祠建於此地），進入山地安葬。父親生前修橋建路，好善樂施，在鄉黨中聲望甚高，沿途親友住宅及商店，均鳴炮致最高敬禮，中央黨部頒贈「移孝作忠」題字，素車白馬，送葬人羣甚多，備極哀榮！

我返籍辦理父親喪葬事宜，爲時月餘，因急於趕赴長沙湖南省黨部報到，乃於安葬父親後第三天，即告別親友去省城，從此未再返回家鄉，光陰荏苒，忽忽又是四十餘年矣，白雲親舍，不勝陟岵陟屺之感！數年前胞弟透過海外關係，滙款回家，囑其留在大陸的兩個兒子恩光、國光兄弟，共同負責修建父親母親墳墓，規模與設計尚佳，事後得閱照片，並分攤修墓費用，聊盡人子之職，於心稍安。

叁、當選省黨部委員

民國三十五年八月間，我蒙中央黨部派任湖南省黨部委員，乃由閩返湘安葬父親後，再赴長沙就職，爲時僅一週，突起變化，適值中央黨部決策新規定，各省黨部委員改由選舉產生，湖南省黨部奉令辦理改選，承主任委員張烱先生提名，莫書記長萱元兄全力支持，以及湖南省黨校各期同學的愛護，決心參加競選。但初回湖南，毫無羣衆基礎，全賴黨部安排，前途未可樂觀。嗣應好友建議，爲發揮拉票效果，可將在閩出版的《總理總裁的哲學體系》一書，分贈各縣出席黨代表，以學者身分與形象參選，是一突出招數，有利爭取選票，乃同意照辦，展開七日競選活動。據云黨校各期同學均熱烈支持，有許多代表閱書後，願意投我一票。未料事出意外，竟獲高票當選，消息傳出，長輩、親戚、同學與朋友，都來函電祝賀，疲於應付，忙得不亦樂乎。那時省黨部委員是榮譽職，沒有薪水，每月只發爲數甚少的會議出席費，各委員除兼任黨務行政職務者外，均依賴兼職待遇收入來維持生計，我亦未能例外，遂應聘任湖南大學與民國大學教授。

另一位省黨部委員彭紹香先生，與我同爲茶陵縣茶鄉人，民國十六年相識於長沙，論齒長我九歲，故我以晚輩自居。他少懷壯志，追隨譚故院長延闓赴廣州，服務軍政界二十餘年，參加東征北伐戰役，屢建功勛，曾任江西、浙江、湖南省政府主任秘書，浙江黃岩與德清縣長及湖南省參議會秘書長等要職，此次以資深委員參加選舉，以年高德劭，衆望所歸，亦獲高票當選，因此一縣同時有兩位省黨部委員。

未兼黨務行政的委員，除參加會議、討論政綱政策及重要人事任命案外，平時分配工作甚少，惟每年要擔任視察若干縣市黨務工作一次。我任黨委期中，曾多次視察湘北岳陽、常德及濱湖各縣黨務，得與縣市各界人士晤談，召開工作座談會，聽取羣衆革新意見，歸後編寫視察報告，提交委員會研辦。同時乘此機會，觀賞洞庭湖壯麗風光，山明水秀，雲濤烟樹，誠如范仲淹所說：「浩浩湯湯，橫無際涯，朝暉夕陰，氣象萬千。」將洞庭湖的大觀，描繪得非常生動與壯麗。

肆、應聘任湖大、民大教授

國立湖南大學設於長沙湘江西岸岳麓山下的岳麓書院，宋朝大儒朱熹曾講學於此，其所書「忠孝廉節」四個大字，筆力蒼勁，猶懸存於「近樓廳」。湖大設有文、商、法、工四個學院，師資、設備、校舍與學生水準均是一流，是國內有名的高等學府。校長胡庶華先生獲得德國博士學位，爲教育界泰斗。彼聞我研究三民主義，有很多著作發表，聘爲湖大兼任教授。我講授三民主義，以哲學爲主題，深入淺出，闡釋　國父思想的理論與精神。

私立民國大學設於北平，抗日戰爭發生後，遷設於湖南寧鄉縣，該校法學院頗有盛名。校長魯蕩平先生，係前湖南、江西、浙江三省主席魯滌平先生之介弟，曾任河南省教育廳長、中央委員、立法委員等要職，爲我當選省黨部委員就職時的上級監誓人，承其特別禮遇，聘爲民大教授兼訓導長，學生以我講授三民主義與王深講授刑法課程相提並論。至於訓導工作方面：在魯校長聲望感召下，老師安心教書，學生努力求學，校園非常平靜，未發生任何學潮案件，各種訓導工作，均能順利推行，甚感身心愉快。三十六年奉令接長湖南省立第一中學，校務繁忙，無法再兼任民大訓導工作，經洽請魯校長同意辭職，與民大師生告別，離情依依，追懷往事，是生平中最值得的甜蜜回憶。

伍、出任湖南省立第一中學校長

三十六年夏，湖南省立第一中學校長出缺，承教育廳廳長王鳳喈先生轉請莫書記長萱元徵求我同意後，報請省政府任命爲該校校長。一中原名長沙高中，後改今名，是湖南的明星中學，與私立明德高中齊名。教員多武漢大學畢業生，在一中教書達十年以上者甚多，有所謂「武漢系統」，如應付不好，可能引發校園風波。又因東北各省失守，平津風雲緊張，前線戰爭失利，潛伏在湖南的共產黨徒，想在學校發動反政府行動，一中學生中亦有此類，雖不敢公開活動，但不能不作防範，事先化解與佈置，煞費心力！

一中校長發表後，時值小學同學譚華玖先生候差長沙，聘爲職員，辦理事務工作；另聘劉炳信先生任校長室秘書，內弟謝宣德負責文書業務，文湘接任出納，彼四人能分工合作，做好分內工作，對我幫助甚大。未料任職一年未畢，不幸小兒榕光染腦炎重症夭折，乃於悲痛中辭職，劉炳信先生仍回協均中學教書，譚華玖先生志願投筆從軍，謝宣德介紹在衡山縣田糧處服務，文湘弟到湖南省會計處主辦之會計班受訓，我應聘任湖南大學教授，遷住於岳麓山下的湖大教授宿舍。

我於三十年在閩與闕淑卿女士結婚，次年生榕光。三十六年任一中校長，在長沙生中英。榕光夭折時僅六歲，妻身懷六甲，思念亡兒，時常啼哭，觸景生情，益增悲痛！爲轉換環境，沖淡悲哀情緒，乃辭湖大教授，應南嶽國立師範學院聘；生男孩南山，以體弱多病，醫藥兩缺，照料異常困難。時值長沙棄守，人心惶惶，於三十八年六月離開南嶽，經衡陽赴廣州逃難。又國立長白師範學院遷校南嶽時，我曾兼課，抵廣州晤教育部次長吳俊升先生，勸就長白師院教授聘，協助籌辦遷海南島計畫，方院長永蒸亦來面邀，乃於三十八年隨長白師生由粵抵瓊，假瓊山中學授課，師生融洽，滿堂春風，先被推爲教授會主席，後被任師生聯誼會主席，與劉訓導長述先等團結合作，共維危局。當時兒女多病，生活又困難，至學校如何他遷，更是問題衆多，無法解決。當與師生商定不計任何艱危，可用任何名義，一律去臺灣，始能打破重重難關，分三批全部來臺，亦云幸矣。長白師院的師生，前後七次播遷，反共到底，其精神實堪敬佩！

第二節　洞庭湖壯麗風光

洞庭湖位於湖南的北部，在地理上爲一盆地，四面環山，河川與湖泊相聯，爲古雲夢大澤的遺蹟，省內湘、沅、資、澧四大河流，均順山勢滙入湖中。其東北是遠近馳名的岳陽樓。又湖中的君山，風景秀麗，古蹟甚多。下面標題是：㈠秋水連天洞庭湖，㈡岳陽樓勝景，㈢君山名勝古蹟。

壹、秋水連天洞庭湖

洞庭湖曾經是我國僅次於青海的第二大湖，如按淡水言，過去便是第一大湖，面積爲三千七百五十平方公里，四環皆山，江北爲大別山，江南爲幕阜山，夾江對峙。又南爲衡山，北爲大洪山，西北爲荆山，西南爲武陵山，形成天然的盆地。省境大小河川三千二百多條，總長四萬三千多公里，縱橫交織，分別流入湘、沅、資、澧四水，其中以湘水最大，先後會瀟水、春水、耒水、永樂江等大小河流九水，順着山勢流轉，滙歸洞庭湖。有許多水道與長江相通，對長江水量發生調節的作用。又濱湖各地稻田鋪金，畦苑吐綠，桑麻茂密，渠道縱橫，湖上白帆點點，漁歌聲聲，古往今來，留下許多詩人墨客讚美洞庭湖的不朽詩文。

每當夏秋之際水漲，長江洪水，倒灌湖中，煙波萬頃，浩蕩無涯，水天一色，景象非常壯偉！唐代詩人劉長卿有詩云：「汀州無浪復無煙，楚客相思益渺然。漢口夕陽斜度鳥，洞庭秋水水連天。孤城背嶺寒吹角，獨戍臨江夜泊船。賈誼上書憂漢室，長沙謫去古今憐。」（自夏口至鸚鵡洲夕望岳陽寄元中丞）；張說和尹從事懋泛洞庭之詩云：「平湖一望水連天，秋景千尋下洞泉，忽驚水上江華滿，疑是乘舟到月邊。」李白詩亦云：「南湖秋水夜無煙，耐可乘流直上天，且就洞庭賒月色，將船買酒白雲邊。」（陪族叔刑部侍郞曄及中書賈舍人至遊洞庭）；以上三首詩，都是描寫洞庭月色的美景。

至多春水落，湖底又大半露出，洲灘迭起，湖洲之間，既見赤沙茫漠，又是青草相連，顯然分成東西二湖，一名赤沙湖，一名青草湖，加上原來的洞庭湖，稱爲「三湖」；因此洞庭湖有「三湖」、「五渚」、「九江」的別名。唐詩人錢起詩云：「月明湖水白，霜落洞庭乾。」就是言指秋夏湖水起落的情形。據歷史記載，洞庭湖在戰國時期，已開始墾殖，經過幾千年的漫長歲月，由於江河挾帶大量泥沙和人力圍墾，使湖面縮小，其實被分割成「東洞庭」、「南洞庭」、「西洞庭」和「大通湖」四處湖羣，除東、南、西洞庭湖還有較大的水面外，其他各處已被堤垸分割得支離破碎，成爲相互分裂的小湖，甚至變成孤立的湖沼地，如不設法治理，聯成一氣的

「八百里洞庭」，將來可能成為歷史的陳迹。

湖南素有「魚米之鄉」的美譽，是指洞庭湖地區生產富裕而言。李商隱洞庭魚詩有云：「洞庭魚可拾，不假更垂罾，鬧若雨前蟻，多於秋後蠅。」讚美洞庭的物產富饒。不但富饒美麗，且富有傳奇色彩，如「二妃殉節」、「柳毅傳書」、「劉海戲蟾」、「呂洞賓三醉岳陽樓」、「東方朔盜飲仙酒」、「秦始皇怒伐君山赭」、「孟姜女萬里尋夫」，都是引人入勝的有聲有色傳奇故事。至名勝方面甚多，如柳毅井、郎吟亭、杜甫墓、楊么寨等古蹟，點綴在湖濱土地上，供人憑弔。談到岳陽樓、慈氏塔、鐵經鐘、躍龍塔、屈子廟、文廟、龍州書院等歷代建築，各具一格，均有可觀，引人思古。所以遊覽洞庭湖後，既為壯麗的湖光山色所陶醉，又為動人的神話傳說所傾倒。唐代詩人元稹的洞庭湖詩云：「人生除泛海，便到洞庭波。駕浪沉西日，吞空接曙河。虞巡竟安在，軒樂詎曾過。唯有君山下，狂風萬古多。」對情景的描繪，非常生動，回味無窮。

此外，宋朝大詞人張孝祥，號于湖，是位詠湖的名人，嘗泛舟夜遊洞庭湖，見月照龍堆，金沙盪射，景觀特美，與羣吏共酌，樂極作念奴嬌調「過洞庭」一詞，有聲有色，境界甚高，其原詞云：「洞庭青草，近中秋、更無一點風色。玉鑑瓊田三萬頃，著我扁舟一葉。素月分輝，明河共影，表裏俱澄澈。悠然心會，妙處難與君說。　應念嶺表經年，孤光自照，肝膽皆冰雪。短髮蕭騷襟袖冷，穩泛滄浪空闊，盡吸西江，細斟北斗，萬象為賓客。扣舷獨嘯，不知今夕何夕。」

貳、岳陽樓勝景

岳陽樓建於岳陽市古城的西門，高踞垣上，西面洞庭湖與長江，扼江控湖，山嶺環繞其項背，波濤浩蕩，舟揖奔馳，水天一色，一望無際，素有「洞庭天下水，岳陽天下樓，襟帶三千里，盡在岳陽樓」的美譽，與武昌的「黃鶴樓」，南昌的「滕王閣」，並稱爲長江流域的三大名樓。誠如范仲淹所說：「予觀夫巴陵勝狀，在洞庭一湖，銜遠山，呑長江，浩浩湯湯，橫無際涯；朝暉夕陰，氣象萬千，此則岳陽樓之大觀也。」岳陽樓兼江湖之勝，較黃鶴樓與滕王閣以江水爲景色，更爲壯觀。

岳陽樓歷史甚古，創建於何代，說法不一。據《巴陵縣誌》云：「岳陽肇始自漢晉，重修於滕子京。」又說：「岳陽樓卽魯肅之閱軍樓也。」《三國志》載，魯肅受孫權之命，率萬人屯巴丘（今岳陽），在進出洞庭湖咽喉之地巴丘山下，臨湖的西門城牆上建立訓練和檢閱水軍的閱軍樓，此一閱軍樓，卽岳陽樓之前身。另說唐開元中書令張說守岳州時，將西門城樓擴建爲樓閣，因位於天岳山之南，遂名岳陽樓。由於詩人李白、杜甫、白居易及文豪韓愈，都曾登樓作詩，讚美此樓景觀壯麗，從此岳陽樓的大名便無人不知。宋仁宗慶歷五年，滕子京謫守巴陵郡，重修岳陽樓，請范仲淹作記，蘇舜欽執筆，邵竦書匾額，當時稱此爲「四絕」。其後歷代重視此歷史古蹟，均加修葺，如清朝先後修繕五次，曾國荃在樓右別建「三醉亭」，紀念呂洞賓三醉於此的感懷。

現存的岳陽樓，是淸同治六年重修，規模雄偉，風格獨具，佔地二百四十平方米，深寬各三間，三層三檐，高十九點七十二米，飛檐高翹，樓頂形似古代將軍的頭盔，舖蓋黃色琉璃瓦，屋脊飾各種動物，每角各立一彩釉飛鳳，與藍天碧水相映，益顯雄偉而精巧，穩重而古樸，表現出我國古代建築技巧的高超，嘆爲觀止。該樓一層正廳懸掛淸代書法家張照所書木刻屛「岳陽樓記」。二樓存有歷代名家詩篇聯語。三樓正廳神龕內置呂洞賓塑像，全身飾金，神態瀟洒飄逸。樓前立有宋代鑄三足獅環鐵鑊兩座，各重千餘斤，樓兩側有仙梅亭和三醉亭，與主樓成品字形，相互襯托，組成一個壯麗建築的畫面。傳說仙梅亭建於明崇禎十二年，施工中得枯梅花紋青石一方，視爲仙迹，亭成，石竪於中，因名「仙梅亭」。講到岳陽樓附近古蹟，計有魯肅墓、小喬墓、慈氏塔及岳陽文廟等勝迹，均有可觀。

一、魯肅墓——魯肅字子敬，三國時東吳大將，主張孫權與劉備聯盟，抵抗曹操統兵南下，曾參加大破曹軍於赤壁的戰役。漢獻帝建安十九年奉令屯兵於岳陽，以禦關羽，建安二十二年卒，邑人懷念其功業，爲建此墓。

二、小喬墓——墓地在岳陽市第一中學校園內，原有古廟，內供小喬像。據史籍記載孫策攻皖，得喬公二女，爲江南有名美人，自納大喬，而以小喬歸周瑜，後來到岳陽督戰，小喬同行，薄命葬此。

三、岳陽文廟——廟在小喬墓側，建於宋慶曆六年，規模甚大，雄偉壯觀，重檐歇山頂，梁架斗拱等建材多係宋代遺物，爲湖南境內罕見的古代建築。

四、慈氏塔——位於岳陽樓西南，屹立於湖濱，是宋代古塔。塔身是用高級青磚砌成，計共七級，聳高三十九米，每層均有佛像，塔頂上裝有鐵剎及八條粗大鐵鏈，從塔頂直貫塔基，全塔各部比例設計，相當勻稱，好像一把青鋼劍直刺藍天。

關於歷代文士墨客歌頌岳陽樓景象雄勝詩、詞、對聯甚多，其重要佳作如下：

一、杜甫〈登岳陽樓〉詩云——「昔聞洞庭水，今上岳陽樓；吳楚東南坼，乾坤日月浮。親朋無一字，老病有孤舟；戎馬關山北，憑軒涕泗流。」

二、孟浩然〈臨洞庭上張丞相〉詩云——「八月湖水平，涵虛混太清；氣蒸雲夢澤，波撼岳陽城。欲濟無舟楫，端居恥聖明；坐觀垂釣者，徒有羨魚情。」

三、呂洞賓題詩云——「朝游百粵暮蒼梧，袖裏青蛇膽氣粗，三醉岳陽人不識，朗吟飛過洞庭湖。」八仙之一呂洞賓，據誌傳唐懿宗時，常來岳陽樓遊覽，人皆不識，其題詩頗含玄機，流傳後人歌誦。

四、徐君寶妻〈滿庭芳〉詞云——「漢上繁華，江南人物，尚遺宣政風流。綠窗朱戶，十里爛銀鉤，一旦刀兵齊舉。旌旗擁，百萬貔貅。長驅入，歌樓舞榭，風捲落花愁。清平三百載，典章文物，掃地都休。幸此身未北，猶客南州。破鑑徐郎何在?空惆悵，相見無由。從今後，魂斷千里，夜夜岳陽樓。」按徐君寶妻，原籍岳州人，被掠至杭州，其主屢欲犯之，輒用計脫困，後知不可免，乃祭拜先夫，題詞壁上，投池而死，詞中「從今後，魂斷千里」一句，最爲感人。

五、名士竇君垿所撰包涵詩文史話的長聯云——

「一樓何奇，杜少陵五言絕唱，范希文兩字關心，滕子京百廢俱興，呂純陽三過必醉。詩耶？儒耶？吏耶？仙耶？前不見古人，使我愴然淚下。」

「諸君試看，洞庭湖南極瀟湘，揚子江北通巫峽，巴陵山西來爽氣，岳州城東道巖疆。瀦者、流者、崎者、鎭者，此中有眞意，問誰領會得來。」

六、李東陽聯云——「吳楚乾坤天下句，江湖廊廟古人心。」

七、周元鼎聯云——「後樂先憂，范希文庶幾知道；昔聞今上，杜少陵可與言詩。」

叁、君山名勝古蹟

君山又名湘山，像是嵌在洞庭湖碧波中的一顆閃閃發光的寶石，與岳陽樓僅一水之隔，狀若螺髻，登樓眺望，宛如白銀盤中的一隻青螺，山上有七十二峯，巒嶺重疊，林木蔭翠。傳說君山是由崑崙山頂吹落到洞庭湖。方干有詩詠其事：「曾於方外見麻姑，言說君山自古無，原是崑崙山頂石，海風吹落洞庭湖。」不僅風景優美，而且物產豐富，其中斑竹、金龜、金桂和茶葉，尤爲著名。君山的銀針茶，早已譽滿中外，曾得世界博覽會「金鑲玉」的金質奬章。至於名勝古蹟的神話故事，俯拾卽是，美不勝收。

一、蒼梧臺——虞帝舜南巡狩，崩於蒼梧之野。舜妃娥皇與女英知道後，從北方匆忙趕來，到了洞庭湖的北岸，在華容境內東洞庭湖的西岸，築臺以望蒼梧，現仍留下了一個哀絕意味的「蒼梧臺」地名。

二、湘妃竹——舜妃娥皇與女英從蒼梧臺又渡湖到了君山，遙望水雲迷漫的湖水，路斷波橫，招魂無術，又怎能不肝腸斷絕，灑了許多悽涼之淚，點點斑斑，染了漫山遍野的竹子，變成了現在瑩瑩如淚的「湘妃竹」。古人有詩詠其事云：「帝舜南巡去不還，二妃幽怨水雲間；當時涕淚知多少，直到如今竹上斑。」

三、湘君與二妃墓——湘君是湘水之神，劉向《列女傳》有虞二妃：「舜爲天子，娥皇爲后，女英爲妃，舜南巡死於蒼梧，二妃死於江湘之間，俗謂之『湘君』。」屈原〈離騷〉〈九歌〉旣有湘君，又有湘夫人。王逸之解：「以爲湘君者，自有其水神，而謂湘夫人乃二妃也。」但《山海經》卻說：「洞庭之山，帝之二女居之，是帝遊於沅澧之交，瀟湘之淵，是在九江之間，出入必以飄風暴雨。」湘君是水神，並非堯女舜妻也。李白憑弔湘君詩云：「洞庭西望楚江分，水盡南天不見雲；日落長沙秋色遠，不知何處弔湘君。」

二妃墓在君山東麓，墓側遍植斑竹，相傳二妃自投湘水而死，合葬於此。

四、封山印——秦始皇二十八年，「始皇浮江至湘山，遇大風，問湘君何神？博士曰：臣聞之，堯女、舜之妻葬於此。始皇大怒，使刑徒三千人，伐湘山樹，赭其山。」（《史記》載），所謂「赭其山」，就是命人在石壁刻封山令，今臨湖石壁上仍可見一石印，長一米，寬八十米，字跡依稀可辨，或釋爲「永封」，或說是「封山」二字，俗稱「封山印」。

五、龍女下嫁柳毅——柳毅是位懷才不遇的秀才，長安落第後南歸，在涇陽遇一可憐牧羊少婦，容顏憔悴，經探詢其家庭情況，原是洞庭君的少女，嫁於涇陽君次子爲妻，因夫爲婢女所惑，慘遭虐待，被迫外出牧羊，託帶信回娘家求救，柳卽應允，抵洞庭湖北岸，按指定的信號辦理，果有水怪傳信，洞庭君之弟錢塘君怒化赤龍飛去，將牧羊女救回，是一位「披霧綃之女，垂明璫之珮」的麗人。柳秀才成爲龍宮的上賓，席間雖婉辭龍女爲妻，再娶於盧氏，仍是龍女化身，夫婦雙雙歸於洞庭。以後柳秀才亦是洞庭君，究竟是否世襲岳父之職？史無明文，未敢臆說。

六、蚌殼姑娘與鯉魚老人——據說數百年前，有一少年漁夫在半夜中，看見湖上怪船，有艙無篷，風帆懸於一邊，每當月明風淸之夜，常出來浮飄；湖風稍大，如閃電般飛行，隱見船上小姑娘，擡頭向天，呼吸明珠做遊戲，甚感怪異。一天，他網撈一個大蚌殼，養在水缸，外出回家，窺見屋內有一小姑娘，聞聲跳入缸中，不見踪影。第二天，漁夫乘小姑娘出來的機會，暗中把缸中蚌殼撈出來藏好，小姑娘再無法隱身，他們結成了夫婦。後因漁夫想取其明珠，問明珠何在？答以放在水晶宮，可坐原船去取回，漁夫還其蚌殼，小姑娘拋在湖中，跳入殼內，便浮現怪船，風馳電掣般飛走，從此再也見不到怪船。

相傳安鄉縣政府「大爺堂上」的地下，便是鯉魚老人之家，他滿臉白鬚，坐在宮內看書，卻甚關心人間的民瘼，兩眼在瞧書，兩耳傾聽「大爺堂上」如何斷獄，斷得好，點頭微笑，斷得不好，往往發怒，安鄉便會發生地震。若干年前安鄉發生過一次大地震，人民的生命財產損失很慘重，據說是縣太爺判決了一個寃屈的案子，激起鯉魚老人發怒的關係。

七、水寇楊么立寨於君山——南宋初年，水寇鍾相與楊么在洞庭湖地區傳布宗教，宣揚「法分貴賤貧富，非善法也，我爲法，當等貴賤，均貧富」的教義，信徒甚衆，佔領沿湖一帶鼎、澧、潭、峽、岳、辰等州所轄的十九縣，勢力相當強大。鍾相建立政權，國號楚，年號天載，嗣被游寇孔彥舟襲破鍾相營寨，全家被殺，以悲劇落幕。

鍾相死後，其門徒楊么續領其衆，侵擾城鄉，以君山爲根據地，效法梁山泊的做法，立寨爲王，實行陸耕水戰的長期叛亂，平時從事農業生產，敵人進攻時，便登舟作戰，寓兵於農。又製造許多大軍船，最大的是三十二輪的「望三洲」、「和州載」，每船能載千人，在洞庭湖往來如飛，朝廷曾派曾昌寓、王瓊、析質彥等將領率軍征剿，均失敗。最後調派抗金名將岳飛部隊前往討伐，才於紹興五年六月十一日將楊么擒斬，湖亂始平，君山楊么寨遺跡，至今猶存。

第三節　教授生活憶南嶽

我到南嶽國立師範學院教書，未兼任何教育行政職務，是過純教授的生活，辦理大小事情，再無人幫忙，都要親自動手，值得回憶的往事有八：㈠南嶽不耕田，三個月當一年，㈡朝聖人潮，乞丐當道，㈢南嶽居民性善，人人是佛教徒，㈣遷離嶽麓山，入住南嶽市，㈤蟑螂治疾，妙不可言，㈥上街提籃買菜，下山攜鈔搶兌。㈦效法畏公，不念舊惡，㈧一隻小手鐲，救了六條命。

壹、南嶽不耕田，三個月當一年

我幼時體弱多病，母親常爲我求神問卦，許願朝仙。不記得是那一年，母親爲我許下一願，要朝南嶽聖帝。聖帝是何方神聖？就是封神榜上五嶽中赤帝的崇黑虎，他是助桀爲虐崇侯虎的弟弟，卻參加武王伐紂的仁戰，因有怪異武功，身騎異獸，能噴射火焰，燒死人畜，仍不是張魁的敵手而被殺，死後英魂飛入凌霄殿，便是封神榜上有名人。後來姜子牙代元始天尊封爲南嶽赤帝之神。我們茶陵鄉下人，許這種願的不止一家。某年八月間，我已十餘歲，同鄉民七、八人結伴朝南嶽，大約跑了三天路程，在大廟拜了聖帝，即返回茶陵，未去祝融峯。當時看了大廟香火之盛，爲之一驚！同伴年長者告我：「南嶽不耕田，三個月當一年。」意思是說南嶽人靠七、

八、九三個月朝拜的收入，便可維持一年的生活。後來到南嶽教書，始知這僅僅是就各廟寺中的和尚與道士而言，因爲各廟寺在朝聖期間，有爲數可觀的香油錢收入，足可維持一年開支。其次是經營敬神有關的客棧、餐飲、神具等商人，亦可在朝聖期間將價格提高，生意又好，自然獲利甚厚。至於眞正的農民，早出晚歸，從事耕種工作，與其他縣市農民的勤勞情況，沒有甚麼區別。

貳、朝聖人潮，乞丐當道

南嶽每年農曆七至九月期間，是信徒還願進香的季節，湖南、湖北、江西、廣東、廣西五省的善男信女，都趕來衡山朝聖，每天從早到晚，人山人海，絡繹於途，都有數萬人之多，包括乘車、坐轎的老弱婦孺，以及一步一叩，頂禮朝拜的信徒，人潮洶湧，熱鬧異常，古人所謂「山陰道上，應接不暇」，不足以形容其盛況。各廟寺香火旺盛，燭光輝煌，香烟瀰漫，紙灰飛舞，到處顯示出濃厚的宗教氣氛。「神靈廟祝肥」，由於朝聖人潮湧到，對廟寺多少有所捐獻，寺僧笑臉迎人，殷勤接待，又構成一幅歡樂的畫面。

另一特殊情況是：衡山、衡陽、湘潭、攸縣等的乞丐，相約在朝聖期間，趕到南嶽，參加乞食的行列，希望乘此良好機會大發利市。因此進入南嶽市後，道路兩邊，都是蓬頭垢面、衣服襤褸的乞丐，其中老弱婦孺殘廢最多，行乞的方式不一，有跪、臥、坐、立、唱、叫的不同花樣，伸手向香客要錢，據說每人每日「不勞而獲」的收入相當不錯。在專制時代，有錢的香客往往雇人背負錢袋，沿途散發，人人中獎。認爲多做好事，可積陰德，來世會富貴榮華。此種積德風俗，相沿至民國，仍有人效法，說明迷信的力量甚大。又聞附近游手好閑之徒，假裝乞丐的人居多，尤其是殘廢乞丐，十之八九是僞裝。乞丐亦有眞僞，誰去追究？豈非宗教活動中的趣聞？

叁、南嶽居民性善，人人是佛教徒

五嶽中廟寺最多的是南嶽，自古爲道教與佛教的勝地。道教「清靜寡欲」與佛教「普渡衆生」的宗教思想，深植人心。其影響所及，可以移風易俗，激勵志節，變化人的氣質，促進教化的功能，使人洗面革心，樂於助人，志願去做救苦救難的慈善事業。

南嶽的居民，生長於此宗教信仰中心的勝地，目睹敬神、拜佛、許願、進香、朝聖、祈福、禳災等宗教活動，都是強調明心見性、善惡報應、慈悲爲懷，以及我不入地獄誰入地獄、放下屠刀立地成佛等教義，把人生性善的修養導入最高的境界。所以土生土長的南嶽居民，不管男女老幼與智識程度，從襁褓至成人，直接或間接受到宗教思想的薰陶，每人心懷有神論的觀念，「舉頭三尺有神明」，言行舉動，各自約束，不敢有違神佛的規戒，更不會去做喪天害理的壞事。

佛教是泰國的國教，每個男子都有義務到佛寺當和尚二年，接受宗教薰陶，因此泰國人民非常善良，愛好和平。南嶽的居民雖未做和尚，吃齋拜佛；但信仰佛教，不亞於泰國。尤其難能可貴的是，民心善良，待人誠實、不說謊、不欺詐、不盜竊、不兇暴，社會呈現一片和樂的氣象，幾乎再造「道不拾遺，夜不閉戶」的政績。誠如南嶽管理局長所說：「南嶽治安好，不靠人，祇靠神。」說明了宗教信仰可補法律之不足，神力非常偉大！

肆、遷離嶽麓山，入住南嶽市

我們湖南各中等學校校長，尤其是公立中學，多爲北師大所操縱，惟有省立第一中學校長，歷任爲武漢大學畢業生所擔任，「肥水不出外人田」，聘任教員多爲武大同學，教務、訓導與總務亦爲武大系統所把持，數十年如一日；可是到了民國三十六年夏，找不到武大畢業的適當人選，教育廳廳長王鳳喈先生面請吾友莫萱元先生介紹，當以我告，王廳長卽允致聘，彼時我已回茶陵，正在國師畢業生劉炳信同學家午餐，彼聞信甚喜，代我拍電「原則同意」。八月間到長沙就職，聘請劉同學任校長室秘書，他爲人忠誠，處事愼謀能斷，校務大小，悉就商之，鄉人稱爲「言聽計從」。凡人有求於我者，必先透過劉君，再作決定，很少出差錯，其長處可圈可點。

三十七年夏初，辭一中校長職，改就湖大教授聘，遷居於嶽麓山下。經友人劉脩如兄之介，承國師訓導主任周邦道先生親來長沙邀聘，允以先至南嶽參觀而後決定。八月初旬至國師一宿，邦道先生請數位教授上山陪宴，暢談甚歡，遂同意應聘，於八月底由嶽麓山遷居南嶽，先居旅社，後居南嶽車站後面的新租宿舍，分得房屋三間，周圍是花圃，環境幽靜，同仁羨之。

伍、蟑螂治疾，妙不可言

民國三十七年次兒誕生於南嶽，因名南山。誕生之日，接生的護士小姐將赴男友約會，不能久等，用兩顆「奎寧」催生，又不及洗浴，即離我家而去，次日始來洗兒。第三天，南山發四十二度高燒，在母懷抽筋，那時南嶽無醫院，校醫亦所知有限，正驚惶失措中，在同乘下山校車途中，談及南山發高燒及抽筋病症，幸有一位女老師告我，用瓦片烤蟑螂，先除四肢，研灰泡開水，用紗布過濾，服之可以退燒。當時將信將疑，懷着姑妄試之的心理，在宿舍灶下捕捉七、八隻蟑螂，如法炮製服用，夜半果然退燒，全家歡喜！以後每遇高燒，即捕螂蟑烤服，其效如神，得知中藥丹方之效用，妙不可言。

六十七年南山三十初度，贈詩數首留念，第一首云：

衡山南嶽誕吾兒，醫藥正逢兩缺時；
四二高溫驚父母，蟑螂治疾有誰知？

南山誕生後，雖常患病，但幸內子不再爲榕兒哭泣。彌月之日，備酒席一桌，同室王教授夫婦送禮光洋貳元，本欲退還，因急需用去，至今引以爲歉！

陸、上街提籃買菜，下山携鈔搶兌

我離開學校服務社會，去過武漢、上海、南京、江西、福建、廣西與雲南等省市，做過黨政教各種工作，亦備嘗種種艱苦，但從未提籃上街買過菜。抵南嶽後，國立師範學院各老師，大家提籃至聖帝廟前大街買菜，爭斤論兩，講價還價，選肥揀瘦，我亦追隨諸君子之後，樂而爲之。各教授街上相逢，站談家常，不以爲怪。

另有一事永難忘懷，即下山搶兌銀元。彼時金元券跌價，早晚時價不同，人民對法幣失去信心，搶買銀元保值。因國立師範學校設在山上，離山下街上約二華里許，各老師一聞發餉，多快步上山，排隊領薪；薪金領到後，又快步下山，搶至南嶽街上向光洋販子兌換銀幣，街頭與街尾有時差距很大。如第一人以十元金元券兌換一元光洋，第十人可能要十二元或十三元。所以每月國師發餉之日，光洋販子必在大街上叫賣，各老師爭先恐後搶兌銀幣，不以爲奇。

柒、效法畏公，不念舊惡

初至國師，似爲生客，調皮學生，不免欺生。有某生故意對我爲難，出言無狀，但和者不多，聽之而已。及山東震華學院來到南嶽，就地招生復校，好友彭國棟兄曾任山東省民政廳長，該院院長請他代覓教授，彭兄轉託，我則代爲物色。國師優良教授，一一奉請，亦有自動求聘者，一時身價百倍，被人戲呼爲「組閣」總理。提議退課的某生爲女友謀事，亦腆顏前來拜求，我仍竭力介紹，友人謂何不乘機報復？我以效法鄉賢譚畏公的不念舊惡作答。

按茶陵茶鄉譚延闓先生，字祖安，號无畏，人稱畏公，與黃克強、蔡松坡、宋教仁同被稱爲湖南的民國開國四大元勛。他自民元至民九年，曾三次督湘，後任國民政府主席及行政院長，叛他者甚多，侮他者亦不少，從不計較，更不報復。鄉中父老往往以畏公事蹟，勉勵晚輩效法，去做希聖希賢的大業。

又我住南嶽車站後面的國師宿舍，可以留客餐宿。一日第一中學同事數人來遊，下榻之夜，棉被不夠，乃向原住的旅館老闆借用，商人重利，彼竟拒絕，甚爲遺憾！不料一週後，彼長兒爲入震華學院證件不足，要求設法通融，我亦力促其成，該老闆見面時臉有愧色，鞠躬道謝不已。事雖過去四十多年，內子至今常引此事，以教兒孫。

捌、一隻小手鐲，救了六條命

抗戰時期，法幣與金元券皆因通貨膨脹，步步下跌，以致物價高漲，教授生活非常困難。我初至南嶽，曾帶節存光洋一百元，乃標會得來。後因一面還會，一面補貼家用，半年之後全部用光，日常生活至感拮据。三十八年春，徐州會戰失利，長江天險預料很難固守，南嶽離戰地雖遠，亦人心惶惶，不可終日。友人以我曾兼湖南省黨部委員，力勸早走。因爲旅費無着，未免躊躕，內子乃以金手鐲出示，謂售此可以成行。一時又苦無顧主，一日，內子與某米店老闆談及，彼欣然購買，因有一情婦住鄉下，亟需此類貴重首飾獻殷勤，當言明光洋三十八元，連家中存款，約有五十元左右，卽決定起程，並計畫六月初去廣州，設法赴臺灣，蓋此時課程可告一段落，免招學生怨言。

彼時車子稀少，不易覓獲；幸住車站後面，尙有機會可尋。三十八年六月二日上午捆好行李，我與內子攜小女中英，抱嬰兒南山，連同女傭秀英，輪流立車站前後門覓車，適有聯勤總部長沙兵站總監劉柔遠兄的部下押軍車經過，停車索水，操家鄉口音，我向彼表明身分，要求搭便車去衡陽，彼答：「久聞周委員大名，有此服務機會，甚感榮幸，歡迎六人共上。」當晚車抵衡陽，暫居旅館。次日有鄉親李持正先生請吃晚飯，適途遇震華學院流亡學生數人，謂已掛好免費火車數輛，不日可以開廣州，遂於匆忙中攜眷提行李上車，並電話婉辭李先生晚宴，次日卽離衡陽赴廣東，踏上逃難的旅途。

在廣州住流亡學生宿舍二月有餘，甚感前途茫茫，何處是避秦的世外桃源？後應長白師範聘，於八月十二日赴海南島，教書四個月，三十九年一月來臺，光陰似箭，屈指又是四十多年，遙望湘雲，家鄉何在？不禁黯然神傷！惟希早日還鄉，重遊五嶽名山之一——南嶽衡山。回憶往事，百感交集，聊撰俚句，以抒所懷：

一別衡山四十年，

湘雲遙望淚潸然；

收京他日還梓里，

南嶽重遊看月圓。

第四節　南嶽衡山遊

我應聘任國立師範學院教授，住南嶽一年餘，曾遊山多次，有關衡山風景與南嶽掌故，所知不少，就記憶所及，特作下列介紹：㈠明太祖親臨册封——南嶽之神，㈡南嶽道上——由大廟上祝融峯，㈢南嶽之雲——韓愈誠開南嶽雲，㈣南嶽之風——風伯駕臨鐵瓦飄，㈤南嶽之火——冬天野火四起，㈥南嶽之水——湘水九背九向，㈦歷代名賢——生於或來過南嶽，㈧南嶽瑣聞——挖斷龍脈。

壹、明太祖親臨册封——南嶽之神

南嶽衡山位於湖南省衡山縣，為五嶺山脈的支脈，遠自廣西都龐、越城各嶺迤邐而來，蜿蜒於湘、資兩水之間，止於長沙的嶽麓山。五嶽中的泰山、華山、恒山與嵩山，均位於黃河流域，惟南嶽獨位於長江以南。漢武帝時曾一度將南嶽遷到安徽的霍山，至隋文帝時又遷回衡山。又歷代帝王均有册封及祭奠之事，多派大臣代祭與册封。惟明太祖曾親臨主持册封典禮，祝文稱頌南嶽之神的崇高。山下有南嶽大廟，規模巨大，計闢建九座大門，各有重疊屋宇多棟，大殿重簷七間，高七十二尺，石柱七十二座，象徵衡山七十二峯，「廊腰縵廻，簷牙高啄」，形同巍峩的皇宮，為湖南第一大廟，原為道教的勝地，佛教徒想佔此廟，後經纒訟多年，官司打到告御狀。因皇帝崇信佛教，除廟中正殿兩教共管外，其餘各殿均判歸佛教所有。後世僧道並行，道、佛教徒同殿分左右位置，供奉與參拜同一聖帝。在中國道、佛分設廟、寺的情況下，祇有南嶽例外，可說是僅此一家。

衡山是五嶽中最低的一座山，海拔僅一、二九六尺，全山有七十二峯羅列，形勢雄偉，氣象萬千。以祝融為首峯，與紫蓋、雲密、石廩、天柱合稱五大峯，最為著名。故杜甫詩有「衡嶽五峯尊」之句。韓愈亦有詩詠其景：「須臾靜掃衆峯出，仰見突兀撐青空，紫蓋連延接天柱，石廩騰擲堆祝融。」其他各峯，起伏於衡山、衡陽、湘潭、長沙之間，均甚壯觀。普通說遊南嶽有三絕，其一是不登祝融，不知南嶽之高；其二是不赴方廣寺，不知南嶽之幽（深）；其三是不看水簾洞，不知南嶽之奇。

貳、南嶽道上——由大廟上祝融峯

我幼時曾隨鄉人到過南嶽還願，但祇見大廟的崇偉，其他景觀則印象模糊。民國三十七年農曆八月十六日，我與內人攜三歲小女中英，抱嬰兒南山由大廟起程，上遊祝融峯，內人與小女乘輿，我與工友周秋先步行，沿途經竹林寺等勝地，必入內參觀，行程緩慢。

至「半山亭」，山勢高峻，步行甚艱，此地到祝融峯與山麓大廟距離，剛好在中心點，故名半山亭。再雇一小輿自乘，另有數友人同行，途經紫竹林、李泌藏書處、忠烈祠、南天門，傍晚達祝融峯。

前一日爲中秋節，遊客甚衆，超過祝融寺容量，部分客人無床可睡，無被可蓋，乃圍爐座談通夜，內有國立師院教授。我們抵寺後，床位不成問題，麪食甚佳，招待亦好，床頭棉被重達八斤以上，非如此不足以禦寒。本欲次晨觀日出，次朝適逢暴雨，山風亦甚大，內子與小女留寺休息，我與秋先及其他朝聖者十餘人，冒大雨斜風，上祝融峯頂。朱熹登峯時作詩詠其景：「我來萬里駕長風，絕壑層雲許盪胸，濁酒三杯豪氣發，朗咏飛下祝融峯。」峯上有廟，供奉赤帝神像，廟後巖高數百丈，原名「捨身巖」，凡遊山者自感渺小或早有厭世觀念前來尋短見者，皆在此縱身一躍，以求解脫，遊人俯視，亦不免惶恐！何鍵主湘時，圍以石欄，防人下跳，並刻「守身巖」三個大字石碑於牆壁。其序文有云：「事孰爲大，事親爲大；守孰爲大，守身爲大。」用心良苦，收效甚宏，聞此後卽無人跳巖了。

巖上有廟，見一中年婦人跪唸祈禱詞，非常虔誠。廟前有十字架，似記得爲先總統　蔣公所立，又有一古碑刻有：

慢道祝融高萬丈，

我比祝融高三尺！

讀此，則覺人生之偉大，不必自視爲九牛一毛，滄海一粟。民國五十五年，我應邀在基隆海洋學院講「滄海與人生」，以此二句作結論，說明人大於一切，人高於一切，勸大家要樂觀進取，不可悲觀頹唐。

叁、南嶽之雲——韓愈誠開南嶽雲

南嶽在五嶽中雖不算高，但湘、資二水，環繞於七十二峯之間，山水相映，氣象多變，峯嶺常爲白雲所籠罩，飛銀濺雪，遊蕩縹緲，變化無窮。如在山下大廟前仰望，則山頂一片雲海，景觀甚美。聽說唐代大文豪韓愈當年遊南嶽，白雲未開，不便上山觀賞「廬山眞面貌」。他便燒了一張禱文，請求上帝特准開雲，果然靈驗，一時撥雲霧而見青天，得遂暢遊願望，而大飽眼福。

到了宋朝，蘇東坡撰〈潮州韓文公廟碑〉，還談到「誠能開雲」的往事，「故公之精誠，能開衡山之雲，而不能回憲宗之惑（諫迎佛骨，被貶爲潮州刺史）；能馴鱷魚之暴，而不能弭皇甫鎛、李逢吉之謗。」古人相信「誠能格天」之說，總以爲精誠所至，金石爲開，強調誠能開衡山之雲，誠能馴鱷魚之暴，如以今日的科學眼來觀察，所謂「衡山雲開」，所謂「鱷魚遠颺」，祇是適逢其時的巧合而已。

肆、南嶽之風——風伯駕臨鐵瓦飄

自然界發生的風、雨、雲、霧、雷、電、雪、霜等氣象，古籍均載有主管的天神。風的天神是箕星，《周禮》云：「風師者，箕星也，箕主簸揚，能致風氣，養成萬物，有功於人，王者祀以報功也。」惟根據科學的研究，風的發生，是由於空氣流通，因氣溫上升，氣壓下降的關係，便會產生大小有別的風速，變成強弱不同的風力，普通把風力分爲六級（詳見下頁「風力區分表」）。

南嶽是個特殊的地方，前山有狂風，後山多暴雨，素有「前山風和後山雨」的外號，我祇住過前山一年，祇知前山之風，確實強大，其威力可以「動枝揚塵」、「折枝走石」，應是四級至

風力六級區分表

等級	名稱	符號	速度（秒／公尺）	摘要	備註
一	輭風		一・五—三・四	木葉微動	
二	和風		三・五—五・九	小枝振動	
三	強風		六・〇—九・九	大枝振動	
四	大風		一〇・〇—一四・九	動枝揚塵	
五	烈風		一五・〇—二八・九	折枝走石	
六	颶風		二九・〇以上	拔樹傾屋	

五級之間。我任國立師範學院教授時，住在南嶽中國旅行社舊址，雖屬平房，實爲磚造，亦不算太壞，有一次大風來臨，風力強勁，呼呼作響，吹破玻璃，牆上的窗子亦被吹掉下來，相當臺灣的中型颱風。另外趙恒惕在南嶽建了中學，一次大風吹來，把兩座樓房吹倒，最奇怪的是兩牆倒

在同一條線上，其風力之強大，屬於「拔樹傾屋」的六級颶風。

南嶽前山的風很大，爲求房舍安全，山道上各寺廟的屋頂均蓋鐵瓦，以禦風災。所以大風來時要緊閉門窗，不讓小孩外出，以免發生意外。我旅昆明時，聽說大理有「風花雪月」四奇，其中風可以把人吹入田中。如果與臺灣的強烈颱風相比，強弱懸殊，不可相提並論。

伍　南嶽之火——冬天野火四起

南嶽祀炎帝，其最高峯爲祝融峯，這是就南方屬火而言，諒與火神有關。南嶽環繞於衡陽、衡山、湘鄉、湘潭與長沙等縣市，縱橫深廣，周圍約八百餘里，峯巒重疊。甚多山谷之間，草色青葱，景觀優美。每遇草黃葉枯的冬天，則見野火四起，濃煙漫天，任由燃燒。聞美國黃石公園的野火，管理局故意不救，以維自然景觀。南嶽的野火亦沒有人去救，因爲被燒的是無用的草原。誠如白居易詩云：「離離原上草，一歲一枯榮。野火燒不盡，春風吹又生。」除山上的野火外，另外有一火，就是香火。

南嶽香火甚旺，尤其是農曆八月初一到十五日，各寺廟的香燭和錢紙，都是堆在殿內地上焚燒（惟大廟大殿除外）。有一天我在山下大廟各殿參觀，計有四十八堆焚燒香燭錢紙火場，都是堆積如山，大概自上午十時至下午四時燒個不停，不知燒掉多少法幣？如果我是基督教徒，必定要大呼浪費。不過宗教浪費的地方很多，不僅此也。如果我是一位無神論者，必定說所有敬神活動都是浪費。可是話得說回來，宗教信仰可補法律之不足；宗教活動亦有助治安的維護。我雖未信仰任何宗教，但不是無神論者，也不反對任何宗教。

陸、南嶽之水——湘水九背九向

寫南嶽遊記的人，往往注意：一、南嶽山谷中的溪泉，二、水濂洞，三、南嶽與湘水；這三處風景固然很美，但其可觀的勝地與古蹟亦各有風格。因爲南嶽山中多溪泉，各樣各色的水呈現眼前，或涓涓細流，或洪流奔騰，若隱若現，點綴於山嶺中，疊石流瀑，積水成潭，構成了衡山特殊的風貌。講到水濂洞的水，大家都說由山上倒下來的，好像珠簾一樣，其實此種說法很有問題。據我實地的觀察，水濂洞的水，是由地下噴出來的，有似一串串的珍珠，水光映輝，眞是奇觀。

湘江發源於廣西靈川，流入湖南省境後，再滙瀟水、春水、耒水及永樂江諸水，曲折流轉，環繞於衡山山麓，「九向九背」，極盡環流縈廻之妙，俗有「帆隨湘轉，望衡九面」之諺。昔人有詩云：「帆隨湘水轉，處處見衡山」，都是讚美衡山山水相映，氣象多變的勝景。與位於北方的東嶽泰山、西嶽華山，北嶽恒山及中嶽嵩山，祇有山而無水者，大異其趣。我在南天門遙望湘江「九向九背」，別有所感，湘水好像九條白練，彎曲似龍形，整整齊齊對看南嶽，有如九龍朝聖，令人嘆爲觀止，不忍離而他往。

柒、歷代名賢——生於或來過南嶽

歷代名賢，或生於南嶽，或來南嶽的人，爲數甚多，茲略述如左：

一、鄴侯多藏書——李泌唐京兆人，字長源，七歲能文，號奇童；及長，博通經史，精研易經，尤擅詩文，又信道敎，喜方士神仙之說。天寶中，學道嵩山而上書論時務，召授翰林。後楊國忠嫉之，還隱深山。安祿山叛，玄宗奔蜀，肅宗即位於靈武，晉謁行在，甚見器重，自稱山人，固辭官爵，而總掌樞務，權逾宰相，卒爲李輔國所忌，又隱深山。代宗立，召授秘書監，爲元載等所惡，出任楚州、杭州刺史。德宗時，朱泚作亂，帝幸奉天，徵赴行在，拜中書侍中，同平章事，後封鄴侯。

他歷任四朝要職，時隱時出，視富貴如浮雲，當隱於南嶽時，藏書甚富，故有「鄴侯多藏書，架揷三萬卷。」他的家建在祝融峯的路旁，彼時無汽車，馬車亦不能上山，這三萬卷書如何用人工搬運，亦是值得研究的問題。

二、杜甫飽死在南嶽——杜甫唐襄陽人，字子美，居杜陵，自稱杜陵布衣。少貧，舉進士不第；善詩，與李白齊名。玄宗時，以獻賦獲侍制集賢院。安祿山叛，肅宗立，拜右拾遺，出爲華州司功參軍，當棄官赴蜀，會嚴武鎭劍南，入其幕，被表爲節度參謀檢校、工部員外郎，故有杜工部之稱。迨嚴武逝世，他離開成都草堂，而輾轉遷夔州（四川奉節縣）；兩年後出三峽，本欲還襄陽，因逢戰亂，由長江轉洞庭，經耒陽赴南嶽衡山，抵岳廟時，爲大水所困，旬日不得食，耒陽縣令自駕舟迎回。永壽二年縣令進牛肉白酒，大醉，卒於耒陽，時年五十九歲，結束愁苦潦倒的一生。

幼時讀私塾，鄉師云：「餓後不可飽食」，未說明理由何在？昔左宗棠征新疆，遇有饑荒，因湖南習慣不食粥，以硬飯飽之卽死，嗣改食粥乃免，因曰「左公粥」。政治大學醫務所孫主任寶鎭逝後，其夫人因身體較胖，食用減肥藥物，二十多天未飲食，腸胃消化功能完全喪失，後服食物，便無法挽救其生命。回過頭來講杜甫是飽死不是醉死，其理由是：杜甫因在南嶽餓了十天，腸胃功能失去作用，耒陽縣令進以牛肉白酒，大醉而死，其實是飽死，與左宗棠士兵與孫太太的死因完全相同，符合醫學、科學的理論依據。

三、惠能獲衣鉢眞傳——唐懷讓禪師修道於南嶽觀音院，傳六祖惠能的大法。惠能原姓盧，幼孤寡，賣柴養母，一日入市，聞人讀《金剛經》，問其所得，人說得之黃梅山，遂赴蘄州黃梅山謁禪宗五祖弘忍禪師，五祖知其爲異能，使入柴房舂米。八個月後，五祖令衆徒各書得法之偈。時上座神秀書偈云：「身是菩提樹，心如明鏡臺，時時勤拂拭，勿使惹塵埃。」惠能聞之曰，非吾所得，因自己不能寫字，適江州張通判在場，乃請其於壁間代書一偈云：「菩提本無樹，明鏡亦非臺，本來無一物，何處惹塵埃。」五祖聞之，乃授以衣鉢，是謂「禪宗六祖」。

四、懷讓修道觀音院——唐代高僧懷讓禪師，俗姓甘，弱冠出家於荆南玉泉寺，尋參六祖惠能大師，而傳其法，後修道於南嶽觀音院，宏法講道，授徒甚衆，遠近聞名，自此禪宗盛行於湖南。唐天寶三年圓寂於觀音院，寶曆中謚大慧禪師。馬祖道一爲其傳法弟子，師之禪道得大興於江西者，道一之力也。

捌、南嶽瑣聞——挖斷龍脈

我在南嶽住了一年，聽見幾件瑣聞，簡述於後：

一、南嶽治安好——南嶽士民因有神的觀念，心性善良，不會去做壞事。平常治安很好，尤其是農曆八月初一至十五這段期間，各省前來朝聖燒香的善男信女絡繹於途，從未發生盜竊刼搶的案件。南嶽管理局長對我說：「爲甚麼治安好呢？不靠人，祇靠神。」聽說有一次，「男男女女在大廟跪下拜拜，一位青年看見前面一位小姐的錢袋，伸手去拿，手便縮不回來，後經再三叩頭悔過，這隻手才收回來。」

二、修宣經堂與挖祖墳——聽說當年朝廷派欽差大臣來修大廟時，老百姓對這位大臣必恭必敬，只有一位在朝爲官的大臣對他不太禮貌，乃懷恨在心。等到大廟修好，他回報皇帝說：「還需要建一座宣經堂。」皇帝問：「建在甚麼地方？」他呈上一圖說：「應建在這裏。」皇帝馬上批准，剛好是這位無禮者的祖墳，以遂其挖墳洩恨的目的。

三、南嶽要出皇帝——以前傳說南嶽大廟的風水甚佳，看來要出皇帝。有人報告皇上，乃下令挖斷龍脈。我住南嶽時，人家指着大殿後的深溝說：「這就是挖斷龍脈的遺跡。後來建了聖帝廟，一方面沒有蹧蹋風水，一方面也使歷代皇帝放了個心。」此類故事，他處亦有，但昔日重視風水的迷信時代，不免有人相信，現在是科學時代，我想祇作故事談談罷了。

第五節　瓊州風土人物

我於民國三十八年六月二日離開南嶽，途經衡陽，在旅館住一晚，次日與震華學院流亡學生搭火車南奔，於六月五日抵廣州，停留兩個多月。旋應長白師範學院聘，隨長白遷移海南島的府城，教書四個月，後因時局逆轉，大陸河山變色，以湖南省黨部委員與中宣部撰述委員名義，於三十九年一月十四日乘中央所備華聯輪來臺。以下標題是：㈠廣州勝景，㈡南疆第一大島，㈢蘇東坡謫瓊奇聞，㈣五公祠，㈤五指山與楡林港。

壹、廣州勝景

廣州因位五嶺之南，又名「嶺南」，別名「羊城」與「穗城」，均涉及神奇傳說，是南中國最美麗的江海都市。秦漢時稱南海郡，漢初趙佗據此稱越南王，三國時屬吳地，置廣州南海郡、「廣州」之名自此始。宋設廣州南路，明改廣州府，轄南海、番禺等十四縣，清沿明制。民國設廣州市。

廣州地理形勢，非常重要：「連山北峙，鉅海東環，所謂包山帶海，險阻之地。封域綿邈，田壤沃饒，五嶺以南，此爲都會。」因位於珠江三角洲之頂點，三江所滙，爲嶺南水運的中心，又是通南海的海運樞紐，與西方文化接觸最早，唐宋以來，互市傳教之徒相繼而至。明朝中葉，葡、西兩國首開航路，進據澳門；清代海禁大開，闢爲中國對外通商的第一港口，城內外名勝古蹟甚多。

一、**粵秀山與呼鸞道**——粵秀山爲廣州市之鎭山，舊城係沿山建築，風景甚佳。山上有越王臺故址，亦稱越王山。南漢時建有悟性寺，明永樂年間指揮使花英建觀音閣於山巔，故又名觀音山。又沿山直上的小路，卽南漢王劉銀故宮的「呼鸞道」，道側爲歌舞崗，係天南王的遺跡，現已無法辨認。小路東有阮元的學海堂，崔與之的菊坡精舍及應元書院，爲淸時以經史課士之所。

二、**中山紀念堂**——中山堂位於城內越秀山麓，原爲 國父孫中山先生的大元帥府。民國十一年六月十六日陳烱明叛變，率軍進攻元帥府， 國父廣州蒙難，三民主義原稿及重要革命典籍均付之一炬，即在此處。該紀念堂爲八面形，外表三層，正面大門五個，高簷中懸掛　國父手書「天下爲公」橫額，堂後建有石磴、磴右精舍，爲　國父讀書治事處，碑碣甚多，再進刻有紀念碑，相傳爲觀音堂舊址。

三、鎭海樓——鎭海樓又名五層樓，創建於明初永嘉侯朱祖亮，是粵秀山最大的古蹟。樓高八丈，步登樓頂，俯望珠江如帶，全市燈火一望無遺。該樓外形與北平前門樓近似，惟精美則不及。清康熙二十五年與民國十七年均重加整修，金赭鮮艷，丹青煥發，爲天南重鎭的勝跡。樓前有革命元勳胡漢民先生撰聯云：「五嶺南來，珠海最宜明月夜；層樓晚望，白雲仍是漢時秋。」末一句「白雲仍是漢時秋」，最爲人傳誦。

樓中原有李棣華一聯，爲閩人沈演公所書，聯與書俱佳，爲古樓生色不少：

萬千刼危樓尚存，問誰摘斗摩星，目空今古；

五百年故侯安在？使我倚欄看劍，淚洒英雄。

四、廣州花市——廣州是我國的著名花都之一，在各地花圃中最負盛名者爲花棣，位於珠江西南，有大小花圃數十，除夕賽花之際，甚爲熱鬧。花市在城內漢民街、漿欄街等地區，花種有梅、桃、水仙、天竹、蘭花、蠟梅、平鐘等，富有之家多不惜巨金，爭購名花，點輟於客堂之間，象徵一年的吉利。又廣州的士女，多於正月初七日遊花棣，男紅女綠，一時人山人海，與白雲山鄭仙誕的香火，同其勝況。

五、黃花岡——在東門外沙河附近，有七十二烈士墓，以紀念為創造中華民國而犧牲的革命烈士。清代戊戌政變失敗後，各地的革命運動風起雲湧。宣統三年（公元一九一一年）三月二十九日，黃興率領林文、方聲洞、朱執信等同志百餘人，攻擊廣州總督府，黨人死事甚慘。事後經潘達微先生收集為國犧牲的忠骸七十二具，合葬於黃花岡，黃興撰輓聯追悼：「七十二健兒酣戰春雲湛碧血；四百兆國子愁看秋雨濕黃花。」民國八年由林森、鄒魯等倡議，重修墳墓及紀念碑，設計莊嚴大方，遊廣州者多赴黃花岡憑弔。鄒魯所撰碑記云：「嗚呼！此役所喪失者，不特吾黨之精銳而已。蓋合國中之俊良，以為一炬，其物質之犧牲不可為不大。然精神所激發，使天下皆了然於黨人之志節操行，與革命之不可以已。故不踰年而中華民國遂以告成，則其關係寧不重歟！」碧血黃花，正是革命靈魂的所在，英烈千秋，與日光爭光，其功業氣節足為後人楷模。

六、六榕寺——位於城內花塔街，是廣州規模最大的一座寺院，創建南北朝梁大同三年（公元五三七年），時值佛教鼎盛時期。唐高宗時重修，寺名亦多次變更。該寺以塔最為著名，每屆上元中秋，塔上燃花燈，又稱賽月燈，五顏六色，爭奇鬪妍，非常熱鬧。後寺毀於火，今塔為宋元祐重建，因寺內有六株大榕樹，蘇東坡題有「六榕」橫額，故世稱「六榕寺」。後經鐵禪和尚修葺，規模煥然可觀，已為嶺南第一巨寺。又因寺有三寶，即遼佛、唐三藏佛骨及澹歸和尚手卷，均極名貴。寺內六祖惠能銅像高八尺，頗有神采，石坊刻其佛偈云：「菩提本無樹，明鏡亦非臺；本來無一物，何處惹塵埃。」意義深遠，發人省思。

七、長堤——廣州市內的精華在長堤一帶，東起大沙頭，直到沙面的西濠口，長堤十里，畫舫笙歌，引人入勝，卽上海之外灘亦難能相提並論。本來珠江夜月，素稱羊城八景之一。因在亞熱帶地區，人民喜乘小艇在江心度夜，漁火煙繞，燈光夜色，增添不少的都市神秘。又工程浩大的珠江大橋，有胡漢民所書的「珠江橋」橫額，成於民國十八年。每當皓月澄空，長堤上的千萬星燈，穿梭般的輕艇與行人，無一不使羊城風光更加華麗。

八、白雲山風光——位於廣州市東北隅二十里處，由山麓至山頂，逶迤曲折，拾級而上，步行約八里，高僅一千二百尺左右，山上有能仁、雲巖、白雲、雙溪諸古寺。其中能仁寺，爲白雲山的中心，建於清初咸同年間，此寺有很多曼殊大師的楹聯，如松濤聲館聯云：「說法堂前龍倒耳；讀經座下虎低頭。」及「拋卻名利恭敬；拓大喜捨慈悲」等禪語。另有詩云：「二十年前寄此君，童心未改習玄書；如今滄海歸來日，驀憶君山照斗墟。」大師才華出衆，所撰聯詩，是奇人奇筆，非常人可望其項背。

另白雲寺爲宋運使陶定所建，其後數經修葺，民國二十二年又重創建，恢復舊觀，爲遊山士女必需觀光的處所。寺內白雲亭聯云：「白雲晚望珠江月，浴日朝昇嶺海天。」爲粵南居士黃植南所書。

關於名勝方面：有九龍泉，鶴舒臺、飛霞洞等古蹟，景觀甚佳。登山眺望，右峙粵秀，左傲羅浮，前橫珠海，江山雄麗，無怪春秋佳日，士女如雲，不減山陰道上。宋李昂英遊白雲寺詩云：「潮長嶼低帆勢急，山廻路曲樹蔭重。」可爲其風光寫照。

此外，廣州附近地區的名勝古蹟甚多，如君臣塚、荔枝灣、以太花園、海珠石、海珠夜月、黃埔、光孝寺、華林寺、懷聖寺、淸眞寺、大通寺、大佛寺、南海神廟、石門返照等數十處，各擅形勢之勝。

貳、南疆第一大島

海南是中國南疆中第一大島，位於北緯十八度十五分之間，橫跨東經一〇九至一一一度外，其面積三萬三千五百五十六方公里，北隔瓊州海峽，與雷州半島隔海相望。因孤懸南疆海外，向爲黎族所居，中土人士視爲窮荒不毛之域，古稱崖瓊，又名珠崖，秦漢時已置郡，島民不服王化，叛亂頻傳，漢元帝時議派兵遠征，賈捐之獨持異議，上「棄珠崖議」，爲元帝所採納；遂未派兵征伐。國父曾引用「棄珠崖議」，說明中國文化反對帝國主義。他說：「中國的文化，比歐洲早幾千年，歐洲文化最好時候是希臘、羅馬，到了羅馬才最盛，羅馬不過與中國的漢朝同時，那個時候，中國的政治思想很高深，一般大言論家都竭力反對帝國主義，反對帝國主義的文字很多，其中最著名的有『棄珠崖議』，此項文章就是反對中國去擴充領土，不可與南方蠻夷爭地方。」（民族主義第四講），強調中國的王道文化，是「以德服人」，與「以力服人」的西方霸道文化完全不同。

中國經略海南島，始於秦漢，唐置瓊州，明、清時稱瓊州府，故亦稱瓊州島，島中有五指山，饒金銀鑛，沿海近山爲高地，是黎人天下，平原地區漢族居留者亦衆，島內分設十三縣，港灣甚多，北有海口，南有榆林二大港，在近代戰略上極爲重要。日本軍閥於第二次世界大戰中，侵佔海南島，即以此島爲南侵南太平洋的重要基地。

古代因交通不便，瓊崖離國都萬里外，視爲天涯海角的南蠻地方，成爲罪臣的放逐之所。如宋代大文豪蘇東坡貶在儋耳，便是海南島的府城。因有多位名臣放逐於此，人傑則地靈，儋耳之名大著。又在明朝時代，這裏先後出了兩位有名的人物一位是邱文莊公濬，字仲深，瓊山人，幼聰慧，善詩文，年十七而中舉，歷任朝廷要職，在孝宗時任文淵閣大學士，著有《大學衍義補》、《五倫全備》等書，文名甚著。另一位是海忠介公瑞，字汝賢，明嘉慶己酉舉人，任世宗時戶部主事，穆宗時右僉都御史，爲人剛正，勤政愛民，頗有政聲，著有《元祐黨人碑考》、《備忘集》等書傳世。今府城之南有邱文莊公與海忠介公的故里與墓園，惜年久失修，相當荒蕪。同時兩姓的族人很少，子孫未能踵武二公的志業，憑弔之餘，不勝後繼無人之嘆！

我於三十八年九月初旬，追隨國立長白師範的師生列車，由廣州遷到海南島的府城，借用瓊海中學的一部校舍，在艱苦的情況下復課。府城在海口市的東南，相距十里左右，爲古儋耳之地，明清兩代是瓊州府治，民國廢州爲縣，是瓊山縣政府的所在地。府城有名的名勝古蹟是蘇公祠與五公祠，兩祠的名稱不同，但地點卻在一處，介於府城與海口之間，離府城僅一里多路，景物奇美，是瓊臺勝境的精華區，古樹參天，林蔭蔽日，有高雅的亭榭，幽深的巖洞，清冽的甘泉，奇香的花卉，山明水秀，蜂飛蝶舞，確是一流賞心悅目的美麗風光，令人難忘！

叁、蘇東坡謫瓊奇聞

蘇軾字子瞻，別號東坡，四川眉山縣人，宋嘉祐年間進士，是位詩、詞、賦、文、書、畫樣樣精通的第一流作家，名滿天下。他是當時宰相王安石的學生，但反對安石倡行新法最力，目爲舊黨的重要人物，被排斥於中央政府之外，出知杭州，歷徙湖州、黃州與惠州。安石死後，哲宗時又起用新黨分子章惇爲相，那時東坡任職惠州，因詠「爲報先生春睡足，道人輕打五更鐘」詩句，傳到開封，爲章惇所知：「原來蘇軾到了惠州，沒甚麼公務，所以還能睡這麼清閑的大覺。」再把他貶到儋耳去，在最荒夷的地方，傳下數說不盡的奇聞。

宋紹聖初，章惇爲相，新舊兩黨鬪爭，更爲激烈展開，舊黨的重要人物，都遭到貶逐的處分。蘇子瞻貶瓊州，蘇子由貶雷州，黃魯直貶宜州，劉莘老貶新州，皆取其字偏旁也，時相之忍忮如此。以上各州，都是廣南州郡，乃窮荒不毛之城，成爲罪臣放逐之所，當時流放的目的，羣小以爲可致諸公於死地，而不知適足成千古之大名，又豈奸佞之輩所料及。另有解字術者預言：「儋字從立人，子瞻其尙能北歸乎？雷字雨在田上，承天之澤也，子由其未艾乎？宜字乃直字，有蓋棺之義，魯直其不返乎？」後果如術者所言，東坡北歸，子由退老於潁，十年乃終，魯直竟卒於宜。

宋制地方政府行政權與兵權，各自獨立行使，兵權由軍節度使掌管，往往跨越幾個州，可作兵權大於行政權的註解。東坡在惠州任軍節度副使，相當軍區的副司令，雖是軍職，地位相當崇高。被貶到瓊州任別駕，相等於地方法院院長，是早已擔任過的杭州公職，地位降低了很多，並調離中國大陸，流放於荒夷之地，不使與朝政有接觸的機會。如早知惠州所作的那兩句詩會闖此大禍，說不定寧願叫打鐘的道士把鐘聲打得特別響亮一點，響得可以把他吵醒，也不願在牀上作其五更大夢啦。

東坡抵瓊後，因曾任節度副使，當地軍區司令張中甚爲禮遇，請他進住公家宿舍，不料其政敵章惇居然派人前來調查，強調有違政府規定，勒令軍方收回，祇好在檳榔樹下，搭建簡單茅舍暫住。後來因獲得居民協助，以及一位潮州人王介石的幫忙，好不容易把房子建好，在樹木環繞的新居中，度過四年的放逐生活。

古代瓊州不產米，食米由廣東來的北船供給。其縱筆詩有云：「北船不到米如珠。」能吃一頓白米飯，已是高等的享受。儋耳詩又說：「殘年飽飯東坡老，一壑能專萬事灰。」更是瓊州缺米的現實描寫。至肉食的供應亦非常缺乏，如東坡所作「聞子由瘦」詩下面加一小註：「儋耳至難肉食」，肉食何以難得呢？「五日一見五花肉，十日一遇黃鷄粥。」所謂「五花肉」，不是對猪種來說，而是指猪腹肥瘦相間的猪肉，現在川菜館所作的東坡肉，就是紅燒竹筍與五花肉，亦可列作旁證。甚麼是「黃鷄粥」呢？「黃鷄」可能是就顏色來說，或押韻與對仗的關係。因爲瓊州米貴，爲了節省開支與變換口味，十天之中吃粥一次，粥中加點黃鷄肉同煮，就是不錯的美食。今天粵式鹹粥的做法，是在粥中加些火腿、瘦肉、皮蛋、猪肝、猪肚等同煮，味甚鮮美，這是廣東文化中一種吃的方式。一天有人請客，東坡亦在座，吃過有毒的河豚魚之後，大讚味道鮮美，人問河豚究竟怎樣鮮美，蘇答：「鮮到值得拚着不要命也要吃那麼好。」從以上的記載，證實東坡被放逐儋耳的生活非常艱苦，但他能怡然自適，安貧樂道，顯示其「富貴不能淫，貧賤不能移，威武不能屈」的風格。

蘇公祠原爲東坡謫此居住讀書之處，後人建祠於此，以紀念此一曠代文豪。門內題「南溟奇甸」四字，楹聯云：「此地能開眼界，何人可配眉山」。享堂中有聯語多副，其一云：「五指未開山，可惜長公非久宦；寸心原似水，屢嘗浮漂亦前緣。」其二云：「讀公書近四十年，追溯宗盟，源遠渾望流派別；離吾鄉約二千里，仰瞻遺像，風徽彌覺惑人深。」內進則有石刻東坡像及其詩詞，其中〈臨江仙〉、〈行香子〉二首，均收入《東坡樂府》中。後人紀念東坡謫瓊的詩文甚多：

一、梅曾亮讀東坡集有感詩云：七載黃州已似家，又從儋耳度年華。東坡有地聊栽竹，南海無人且看花。白髮瞿唐悲劍器，青衫湓浦泣琵琶。飄零詞客多哀怨，學道如公信有涯。

二、張百熙潮州劉敎授鳳輝以所輯東坡居士居儋錄題詩云：紹聖當年黨禍深，遺編千載一霑襟。神京北望恩非淺，瘴海南遷老更侵。報國孤忠空白首，投荒九死見丹心。桄榔尙說庵居舊，笠屐風流何處尋。

三、吳以誠書東坡謫南海諸詩卷後云：東坡謫南嶺，山居事事好。種茶及春陰，擷菜待秋杪。釀桂既可飲，蕢葵亦足飽。無事閉門居，睡美或忘曉。問公何能爾，心定境不擾。乃知聖賢徒，窮達能自保。惟有主恩厚，報稱恐不早。登高望中原，雲山亂窈窕。誰憐老兄弟，棄置天南道。怨尤亦何有，箕貝任羣小。詩酒得天眞，山海遂幽討。應笑柳柳州，歌詩徒懊惱。

四、洪亮吉讀史詩云：詩案曾留御史臺，憸人亦轉歎奇才，雄文卻要蛟龍助，不枉先生過海來。

五、謝玉璞春夢婆詩云：蟄龍詩案埋冤久，磨蝎身宮避謗難，指點先生春夢醒，眼前儋耳卽邯鄲。

肆、五公祠

瓊山的北郊，出西耳門不遠卽五公祠，是海南的第一勝地，古柳夾道，異樹參天，香卉清泉，崇樓高閣，有似神仙的境界。祠旁有「瓊臺勝景」石碑，祠內清泉名「浮粟」，泉水甚清冽，卽子瞻所說洞酌亭畔的「雙泉」。甃石爲方池，雜樹幼根叢出其中，侵水皆作桃紅色。相距洞酌亭不數步，爲後人續修。「雙泉」自子瞻去後五十年，卽已混而爲一，今已不見遺跡。

祠在郡北郊里許，原爲「奇甸書院」舊址，祀宋蘇文忠公，正德乙亥，禮部請建爲祠，祀丘文莊公。嘉靖三十二年，廣東提刑按察使副使何光述撰，仍爲蘇文忠而建，正寢祀文忠，配以蘇叔黨過、文姜唐佐、丘文莊濬、海忠介瑞，未嘗以五公爲主。光緒十五年，朱觀察使采蕋瓊，始於蘇公祠建海南第一樓，以祀李衞公德裕、李忠定公綱、趙忠簡公鼎、李莊簡公光、胡忠簡公銓，顏曰五公祠。五公是何許人，除李莊簡公光資料尙待查補外，分述於左：

一、**李衞公德裕**——李德裕，唐贊皇人，吉甫子，字文饒，少力學，卓犖有大節。敬宗時，爲浙西觀察使，時帝親小人，好游樂，德裕因上丹扆六箴。文宗時，裴度薦其相才。而牛僧儒等忌而抑之。武宗時，由淮西節度使入相，當國六年，弭藩鎭之禍，威權獨重，封衞國公，宣宗立，爲忌者所構，貶死。著有《次柳舊聞》、《會昌一品集》。

二、**趙忠簡公鼎**——趙鼎字元植，字元鎭，號得全居士，宋聞喜人，通經史，工詩文，崇寧進士，官洛陽令。南渡後兩相高宗，力圖興復。後以論和議忤秦檜，罷謫嶺南，移吉陽軍，不食卒。孝宗時，追諡忠簡，著有《得全集》。

三、李忠定公綱——李綱，宋邵武人，字伯紀，政和進士，靖康初爲兵部侍郎，金兵來侵，以主戰被謫。高宗南渡，首召爲相，整軍經武，力圖恢復；而高宗意存偏安，黃潛善等又忌而沮之，故不久罷去。卒諡忠定。綱詩文雄深雅健，喜談佛法，著有《易傳》、《論語詳說》、《梁溪集》。

四、胡忠簡公銓——胡銓字邦衡，宋廬陵人，高宗時進士，授翰林院編修，金兵南侵，秦檜主和，銓上書乞斬秦檜、孫近與王倫，檜目爲狂妄，除名，編管昭州，後迫於公論，命監廣州鹽倉。銓初上書，宜與進士吳師古侵木傳之，金人嘗以千金募其書，乾道初，復入爲工部侍郎，致士卒，諡忠簡，著有《澹庵集》。

祠有一聯云：「奇才因嫉妬以彌彰，此日憑弔古今，無怪藩鎭亂唐，金人亡宋；名節經折磨而大著，及時立功中外，那怕歐風震地，亞雨漫天。」其他楹聯頗多，佳作甚少，惟民初瓊崖道尹朱爲潮曾增葺祠宇，其撰聯雅切可誦：「人亦視樹立如何？錯節盤根，志在唐宋兩朝以外；我豈徒游觀而設？移風易俗，化開瓊崖全島之先。」

伍、五指山與榆林港

海南島居民有漢、黎等族，漢族的人口最多，環居在島之四圍；黎民約有五十萬人，居於五指山及其他支脈中，好像是臺灣的高山族，有部分漢化，生黎爲數仍不少。島內以五指山最爲著名，位於歸化圖六峒之間，距府城四百三十里，五峰如指，直揷雲霄，最高處無人跡。明邱濬有詩咏其景：「五峯如指翠相聯，撑起炎荒半壁天，夜與銀河摘星斗，明探碧落弄雲烟，雨餘玉笋空中現，月出明珠掌上懸，豈是巨靈伸一臂，遙從海外數中原」。又瓊山縣西南有黎母山，峯巒高聳，常掩漫於雲霧之中，景觀奇佳。歷代騷人墨客歌詠海南異景甚多，如李光詩云：「逐客新年偶歎嗟，海南風物異中華。」丘濬詩云：「海南地暖無冬春，四時一氣和且溫，山丹佛桑到處有，素馨茉莉隨時新。」陶元淳詩云：「晴消瘴霧千山淨，春到蠻花滿地開。」譚祖安詩云：「海南歲暮如春深，風日和美花滿林。」都是描寫海南風光的奇異。

榆林港在崖縣東四十公里，西距三亞約十公里，是中國最南部的一大良港，又為南疆最重要的海軍基地。港灣有內港和外港之別。東北的外港，長約十公里，寬僅二公里半，水深最淺五公尺，最深十二公尺，水道祇有一公里，東有樂道嶺，西有田獨嶺，雙峯夾峙，有如挪威的內海水道。外港遼濶，水量甚深，可供巨艦大輪泊停，日軍南侵時，曾大加開發。昌江的石綠嶺鐵礦，藏量達四千五百萬噸，日人築有輕便鐵路，直達榆林港輸出。另島內鑛產甚多，以鐵、錫、水晶最爲著名，其富力不亞於臺灣。

第四章　復興岡時期

自民國三十九年至四十九年（公元一九五〇——一九六〇），四十五歲至五十五歲，共計十一年。

本章包括：一、主持復興岡革命理論教育，二、從事學術研究與著作出版，三、教育三男費苦心。

第一節　主持復興岡革命理論教育

復興岡爲政工幹部學校的別名，後改名爲政治作戰學校，爲蔣故總統經國先生所創辦，我應聘爲該校革命理論系主任，連續任職十年，故以此爲教學與工作重點，並談到下列問題：㈠初到臺灣生活艱苦，㈡應聘任政工幹部學校專任教授，㈢如何實施革命理論教育。

壹、初到臺灣生活艱苦

民國三十九年一月十四日，我以湖南省黨部委員兼中宣部撰述委員（任卓宣先生時任中宣部副部長，曾聘國立長白師範學校教授多人爲撰述委員）名義，乘中央所備之華聯輪，與朱有爲、劉泚先諸兄由海南島抵基隆，承中央派人照料，寄寓新北投新都旅社大廳，食宿甚爲狼狽，最初失業數月，身邊僅有借來光洋（銀幣）拾元。一日臥湖南省黨部臨時宿舍未歸，飯店不收光洋，拙荆與兩兒一女工均挨餓，聞訊趕回，與飯店老闆商量，勉受光洋，乃得果腹。

蒞臺一月後，適逢舊曆新年，承蕭光邦兄伉儷迎居，共度年節，至感盛情。不久，遷往愛國西路，與推車賣漿者同住，隔以紙門，半夜跳蚤結隊來侵，擾人清夢。旋遷中崙，四人居一小間，僅能置一床一小書桌而已，遇雨則水穿門戶，陋巷窮居，以顏回自喻，勉以爲樂。

三十九年夏，承中央組織部副部長蕭贊育先生介任臺灣省黨部文運會秘書，時省黨部主任委員爲鄧文儀先生，文運會主任委員爲黃季陸先生，鄧、黃兩位先生對部屬甚寬大，人咸敬之。惟以宿舍難覓，後遷中山北路三條通，此宅爲前臺北市黨部主任宿舍，爲省黨部所有，僅一小間，且曾養鷄，乃唱「鷄棲鳳凰食」以自娛。

又省黨部改組後，某主委部屬以助理幹事名義，逼我離職，有人以向總裁控告爲詞，使其收回成命，勉留三月，未派適當工作，如坐針氈，甚感精神壓力重大。

四十年冬，承谷正綱先生邀，由省黨部轉任中央改造委員會第二組編審，遷居中央宿舍杭州南路後，生活頗有改善。不料長兒南山、次兒玉山，同患百日咳，次兒且引起併發症，臥病近年，耗費不貲。承丘漢平、魯蕩平先生貸款購藥，一載後始籌還，內有一友拒收，迄今猶感盛情，時爲四十一年春間。

另一可追憶的事情是：初來臺北，半載賦閑，承任卓宣先生介赴高雄海軍官校任敎，適該校政治部主任他往，問津無門！由空軍官校返回寓邸，檢查皮包，知莫萱元兄贈我美鈔被竊，眞是「屋漏叠遭連夜雨，船破又當打頭風」。造化之弄人如此殘酷，令人啼笑皆非。

面對以上艱苦生活，貧病遭遇及謀事失竊等不幸事件，觸景生情，曾作詩八首，以寄感懷，並誌不忘。

一、臥新都旅社大廳

新都旅社大廳前，難友連床抵足眠；
稚子號寒春煖夜，啼饑荆室値豐年。

二、蕭家度年

慷慨蕭郎伉儷賢，雪中送炭孰來先；
徐孺今下陳蕃榻，兩家歡樂好度年。

三、賃屋愛國西路

愛國西路度初春，推車賣漿作芳鄰；
貧住鬧市無人問，三更跳蚤結隊迎。

四、中崙小住

尹君早已寓中崙，願我同居野外村；
室小僅能容一榻，每逢驟雨水穿門。

五、遷住三條通

騏驥早聞共牛皁，鳳凰今日食鷄棲；
龍遊淺水遭蝦戲，虎落平陽被犬欺。

六、三條通憶往

三條通上偶徘徊，尚記當年百事哀；
淡乳育兒營養薄，體虛多病困嬰孩。

七、喬遷杭州南路

杭州南路慶喬遷，幸有居停樂敬賢；
孰料二男同染疾，治療告貸苦連年。

八、高雄謀事被竊

任公介我赴高雄，冀獲枝棲賦送窮；
謀事未成反被竊，短噓長嘆仰碧穹。

貳、應聘任政工幹部學校專任教授

記得來臺之初，各省市黨部常有集會，座談黨政國際問題。內有一組專門研究三民主義，並以三民主義哲學的本體論命名爲中心。集會十餘次，由蕭贊育先生任主席，我任紀錄及草擬題綱，交往頻繁。承蕭先生介任臺灣省黨部任職。不久，三民主義學術研究會成立，羅剛先生任總幹事，採分組研究辦法，其中哲學組討論多次，經多數表決，議決三民主義哲學本體論定名爲「心物合一論」，於四十年一月呈請總裁 蔣公核示，於八月間核「可」。同時總裁自著《總理知難行易學說與陽明知行合一哲學之研究》，亦採用「心物合一論」其名，這是「心物合一論」定名的經過。

國軍的政工制度，有人說效法於蘇俄的紅軍，當年列寧推翻俄皇帝制，俄軍並未全部投靠於共黨，情勢甚危。列寧爲貫徹「以簡馭繁」策略，祇派少數政委到軍隊，代表黨監軍，另設政工組織，辦理軍事外的政治工作，收效甚宏。其實我國在唐朝時代，在元帥之上，設有監軍，代表皇帝監督軍隊，亦含有「以政領軍」的意義。

抗戰勝利後，實行軍隊國家化，黨派退出軍隊，政工制度解體，軍人無忠黨愛國思想，不知爲何爲誰而戰，導致戡亂戰爭的失敗。四十一年蔣經國先生爲適應革命形勢的需要，創辦政工幹部學校於北投，聘我爲該校三民主義教授，旋兼革命理論系主任，並分配眷舍一戶，位於北投文化路二十號，與三民主義筆記人黃昌穀先生爲鄰居，關於主義方面疑難問題，隨時請教，獲益良多。從此家運好轉，生活、工作、教學與子女教育均走向坦途，不再爲住、食、衣等事煩惱，交由內人全權處理，我可以校爲家，致力於教學的研究工作。

我自中學生開始，從事三民主義的研究工作。任職同濟大學時，曾著《三民主義哲學思想的基礎》一書，銷路甚佳。應聘任教幹校後，生平研究心得，有「學能致用」的機會，益自勤勉。蔣經國先生一度約赴救國團代李煥先生當主任秘書，因故未就。又王昇先生由幹校教育處長，而教育長、校長，常與我同研三民主義哲學，尊師重道，令人敬佩，相處十年，極爲融洽。我在此安定和樂生活中，除廣泛搜集資料，強化教學相長的功能外，利用公餘之暇，撰寫主義有關著作多種，另在報章雜誌發表論文百餘篇，曾多次去金門與澎湖部隊講學，並應邀赴各學校講演，對三民主義及革命理論的闡揚，不遺餘力。加以學生在春風化雨中，辯疑問難，桃李爭榮，在校能遵循訓勉，發奮圖強；服務部隊，又能報効國家，得天下英才而敎育之，實爲人生一樂也。

幹校爲繼承黃埔軍校政治科教育的傳統精神，貫徹文武合一的教育方針，重視軍事訓練，研究政治作戰教育，尤重思想教育與精神武裝，以培養能文能武的革命幹部，爲教育的最高目標。創校之初，未編列軍事教育經費，完全仰賴華僑及各界人士捐贈維持，經費拮据異常。次年雖核列軍事教育預算，百事待舉，克難建校，備歷艱辛。最初僅設政工本科班，嗣爲適應軍中實際需要，增設新聞、體育、戲劇、美術等科，訓練專業人才。其後續設政工業務、初級、高級、戰地政務、軍樂等班期，及木蘭女生大隊，規模益見擴大，師資與設備的水準，均相對提高，與海、陸、空三軍官校，併稱為軍中四大軍事學校。

我初到北投，兒女尚小，長女中英僅五歲，長男南山四歲，次男玉山二歲，次女明英與三男陽山，先後於民國四十一及四十六年出生，連同男工鄒雨庭，共為八口之家，教育與生活費用相當沉重，幸好薪水之外，尚有稿費、講演費等收入，稍有積餘。鄒雨庭是湖南醴陵縣人，為人很誠實，忠於東家，大小事交他辦理，不會出錯，又管教小孩，亦有他的辦法，不打不罵，能使小孩聽話，很不容易。在我家做事七年後，到臺北郵政局服務，去後五年到郵局打聽，聞已病故，是位值得懷念的鄉親。

四十六年六月間，胞弟文湘由越南抵臺南，前來政工幹校受訓，劫後重逢，悲喜交集！我離開湖南時，僅知其在陸軍第八醫院服務，駐在祁陽縣白梯市，任軍需工作。後隨醫院撤退至柳州，因經費接濟中斷，面臨解散危機，適值黃杰部隊經過，晤獲同鄉譚文懋、譚華玖、譚文篤先生等協助，得隨部隊進入越南北部蒙陽，羈留六月，南遷富國島，長駐三年，曾通音訊，未料其能回臺會晤，誠人生之一大快事也。文湘亦長寫作，撰寫一篇〈越南流亡回憶錄〉，對留越國軍作戰、訓練、生活的實際情況，有生動與翔實的介紹，獲得編者為文推重，發表於《當代青年》月刊七卷三期。

叁、如何實施革命理論教育

兼任幹校革命理論系主任之初，曾研究改進下列教學計畫：㈠研訂講授課程，㈡強化教授陣容，㈢採用協同教學，㈣講授與討論並重，㈤提倡研讀國父遺教原文，㈥鼓勵學生投稿，㈦指導編著工作，㈧介紹學生加入學術會。

一、研訂講授課程——革命理論課程，當然是以國父全部遺教為主要教材，蔣總統各種著作與訓詞為次要教材，各種革命主張與實踐方案為補助教材，依據當前革命情勢需要，研訂講授課程，如三民主義、孫文學說、實業計畫、總統言行等，提交系務會議討論通過後，再編寫各課程講授大綱，建議採用何人著作為教本，並詳列參考書籍，分交教務處課務組與任課老師參照辦理。

二、強化教授陣容——民國初年蔡元培先生接長北京大學時期，致力聘請有名的學者專家就任教席，強大教授陣容，因此，研究風氣、學術水準與學校聲譽冠於全國。幹校革命理論課程，關涉各種學術思想，必需聘請學有專長之老師授課，始能融會貫通，闡揚其理論與精神，獲致教育效果。基於以上原因，凡對三民主義學術思想有研究之學者，如任卓宣、張鐵君、羅剛、林桂圃、吳康、羅時實、王覺源等先生，均禮聘為專、兼任教師，強化教授陣容，對提高學術水準、培養研究風氣，關係甚大。

三、採用協同教學——所謂「協同教學」，就是講授一種課程，分由數人合教。如授「三民主義」課，可請歷史學者講民族主義或總裁民族思想；政治學者講民權主義或總裁政治思想；經濟學者講民生主義或總裁經濟思想；各就學有專長，輪流授課，收到良好效果。教授亦因學能致用，樂於接收，常能教學相長，撰就專著問世，如《民權主義政治學》、《民生主義經濟學》等書，卽爲顯例。

四、講授與討論並重——以往不論文武學校上課，均由老師講解，全神貫注，不管學生反應如何，可能講者與聽者的觀點，無法溝通，教學效果不著。關於改進辦法，就是每節課最後二十分鐘，由學生提出問題，請老師解答，或討論學術主張的不同見解；亦可由老師巡向學生發問，觀察其學習心得，這種講授與討論並重的教學方法，甚受師生歡迎，聞其他不少校系，參照施教。

五、提倡研讀國父遺教原文——爲什麼要提倡研讀　國父遺教原文呢？因爲書局發售的各種三民主義著作，其所提出某些主張與辦法，往往是作者的看法，找不到　國父遺教的理論依據。如不研讀原文，何以辨別其眞僞？糾正其錯誤？爲正本清源，有關　國父重要著作，如《三民主義》、《五權憲法》、《建國大綱》、《孫文學說》與《實業計畫》等書，均贈發學生研讀，每學期各繳讀書心得，以擴大此一研讀效果。

六、鼓勵學生投稿——同學中學術基礎甚佳，又有寫作能力者甚衆，如趙愼安、萬世章、易蘇民、劉象文、廖與人等，是其中的佼佼者。我在課堂上或談話中，鼓勵他們要虛心學習，踴躍投稿，將來必成大器，並設法介紹在報紙雜誌發表，藉以提高其寫作精神。畢業後更能青出於藍而勝於藍，不論服務部隊，或任教軍事學校，都能寫文章、著專書，放異彩。

七、指導編著工作——教育一位革命理論的傳道鬪士，除講授各種學說思想與能言善辯修養外，更要有著書立說的編著能力，尤應在求學時期多加磨練。基於以上觀點，我在撰寫本系教材與講義時，常邀約學識程度優異的同學，參予編撰工作，提供書刊及資料，指導編著方法，修改編稿文字。如屬專業著作，另按字數發給稿費，給予參著者獎勵，收到良好效果。

八、介紹學生加入學術會——臺北的學術團體很多，其中與革命理論有關者，計有國父遺教研究會、五權憲法學會、中山學會、三民主義教學研究會等，每月以文會友，會員提出研究論文報告，有時討論學術主張時，各抒己見，爭論不已，益見眞理愈辯而愈明。我爲開拓學生見聞，介紹優秀學生申請加入以上學術會，參加討論與活動，對增進學問知識、結識文教界人士、提升品德修養，均有莫大助益。

第二節 從事學術研究與著作出版

我任教幹校十年，工作與活動領域未超出教育的範圍。「學然後知不足」，甚感教學、研究與著作，同等重要。朝斯暮斯，致力於此，終獲若干成果：㈠發起成立國父遺教研究會，㈡創設陽明出版社，㈢撰寫三民主義有關著作多種，㈣呼籲增設三民主義研究所。

壹、發起成立國父遺教研究會

我來臺之初，除參與蕭贊育先生主持的團體研究「心物合一論」等問題外，曾與任卓宣、張鐵君先生等組織「國父遺教研究會」，當「遺教會」成立之初，鑒於在大陸時所成立之三民主義的學術會，都是壽命不長，乃與同仁相約，必須互助互勉，長期維持，免爲外人所譏笑。我爲維持遺教會壽命，自告奮勇，挺身而出，連續擔任總幹事十年，籌措基金，奔走協調，建立良好的規範。現在規模擴大，經費亦相當不錯，而研究座談會之舉辦，始終不懈，除發行《革命思想》月刊至今，尚印有專書數十種，集體研究之功效，非常顯著，我與發起組會的諸先生，同感愉快！

就臺北市言，除國父遺教研究會外，尚有任卓宣先生主持的「五權憲法學會」，葉守乾先生主持的「三民主義教學會」，我均申請加入爲會員，其所舉行的座談研究會議，我亦樂於參加，往往爲學理爭論，不辭好辯之名。他如中央黨部設研考會、文工會與教育部訓育委員會，常有座談會召開，參加者多爲有名的學者專家，羣賢畢集，高潮疊起，我發言甚多，聆聽高論亦不少。語云：「獨學而無友，則孤陋而寡聞。」我本此古訓，與各同志倡導集體研究，在參加各種集體研究之後，得「他山之助」，「獲益良多」，有我所未讀者，有我所應改正而尚未改正者，由於彼此辯論，眞理愈辯愈明，可收賞奇析疑與截長補短的優良效果。又三民主義研究同志，經二十餘年的集體研究，養成一種良好習慣，會場上雖爭辯至面紅耳赤，散會後卽心平氣和，我自信對此有協調疏通之功。

吳稚暉先生嘗言：「實事求是，不作調人。」我則愧未能奉行。因爲父親升元公在鄉間，樂予排難解紛，專充調人，往往爲排解別人案件，任勞任怨，不遺餘力。我受此薰陶，常以調人自居。他人意見衝突，固挺身調解，自己與人誤會，亦於適當時機，央人代作解釋。尤其三民主義研究同仁如發生意見不一，我必銳意調停，未完成任務，決不中途而廢。其實，吳稚暉先生所言，或許是有感而發，否則他爲何要勸陳烱明向 國父悔過？

民國六十一年我專任國立政治大學教授，較有空暇時間，曾應黎明文化事業公司之請求，撰寫《國父思想與先秦學說》一書，計七章、二十六節，都二十萬言。論及 國父思想與管子、孔孟、荀子、墨家、道家、法家等學說思想，引古論今，發明新義，強調三民主義思想，是本源於中華的固有文化。六十七年承國父遺敎研究會理事會認爲本書闡揚 國父思想與復興中華文化，具有重大貢獻，經提交大會通過，發給學術著作奬，甚感莫大的榮幸！

貳、創設陽明出版社

我於民國三十二年任福建省圖書雜誌審查處處長，主管書刊出版事前審查，審查合格後，始可發行。為擴大文化作戰功效，配合政府政策推行，創組福建省出版協會，被推為會長，又設勝利出版社福建分社，自任社長，另開設勝利書店於福建省戰時省會永安縣，銷售抗戰有關書刊與反對敵偽漢奸組織及共產黨的圖書，門庭若市，生意興隆，可說是「文人經商成功」的一段往事。

三十一年為擁護政府推展青年從軍號召，特著《中國青年與中國之命運》一書，由勝利出版社發行，交勝利書店銷售，由於內容發揚愛國精神，深受青年與學生喜愛，銷路奇佳，曾被人盜印。我以能推廣銷售數量，是符合著書願望，未予查究。三十四年又著《總理總裁的哲學思想》一書，係專業著作，閱讀對象不同，銷售量成績亦佳。

民國四十年應聘任政工幹部學校教授，先後撰著《三民主義哲學》、《革命哲學》、《國父思想與中國文化》等書，均由幹校印行。自定居北投文化街教授眷舍後，因與美術系主任梁鼎銘先生為鄰，以教學與公務關係，交往甚密；有日聊天，談及書畫家應有一所較具規模的畫廊，從事繪畫、存放、展覽與義賣等活動，不必求人；至於文教界的專家學者，最好自辦出版社，發行本人著作，該有多好。我坦告服務福建時期，自辦出版社與書店，發行與銷售本人著作往事。彼聆後鼓勵自辦出版社，出版自己著作，才有學者的氣魄。經考慮再三，依規定向內政部申請成立陽明出版社，不久函復核准，並發給內政部出版社登記證號碼內警臺業字第二七六號登記證，陽明出版社宣告成立，並開始辦理發行業務。

陽明出版社最初出版的三部書，即四十六年的《革命建國的政綱政策》、四十八年的《中國近代哲學史》、四十九年的《三民主義的哲學體系》，都是本人著作，臺北市委託正中、三民等書局銷售，因未花宣傳費，銷路不如理想；至外縣市或私人託銷部分，事隔多月，往往未見書款寄來。我因教務忙碌，又無專人辦理，好多外欠書款，便不了了之，如《三民主義的哲學體系》發行至四版，但最後三本書總結帳，並未賺錢，可能是理財無方？關於代朋友發行，我有一個不成文規定，必須先將著作稿送閱，核與出版法相符，始同意出版，不取任何費用，不用出版社名義推銷，儘量與人方便。

民國五十年八月間，有位敎書朋友寫了一本《三民主義註釋》，每講分爲五部分：一、內容提要，二、附列表解，三、原文，四、解釋重要名詞，五、補釋疑難問題，提綱挈領，資料豐富，確是一本研究與參考的好書。曾徵求同意，交由陽明出版社發行。未料他後來竟自作主張，私刻出版社印章，並印製出版社收據，以陽明出版社名義，向機關學校推銷，已超出約定範圍，且涉嫌僞造文書。聞訊後馬上要他將出版社印章與收據交我處理，改以私人名義與收據銷售，幾乎好友反目成仇，亦說明好人難做。自此之後，未再爲人發行。到政大後，自著作品，分交正中、黎明、三民等書局出版，陽明出版社雖未辦理註銷，卻等於息業，無人問津。

叁、撰寫三民主義有關著作多種

我任教幹校十年，先後撰寫教材多種，廣為軍事學校採用，復承各軍事學校邀請作三民主義專題演講，次數不可勝計。生平所研究的　國父思想、總裁言論、政綱政策、三民主義哲學及共產主義理論批判，在此十年中能學以致用，為幹校主持革命理論教育，有所發揮與闡揚，並建立教學與課程的規範，不禁有「士為知己者用」的感懷！

關於著作方面：在十年之中，由於致力寫作，往往為趕稿，常工作至深夜，除論文、演講稿百餘篇外，前後撰寫的學術著作，計有七部之多，平均一年半出書一本，成績相當可觀。回憶到幹校前五年，為適應教學需要，撰寫《三民主義哲學》、《革命哲學》、《國父思想與中國文化》三書，交幹校印行，由幹校核發稿費。其後續著《革命建國的政綱政策》、《中國近代哲學史》、《三民主義的哲學體系》三書，均由自辦的陽明出版社出版，自行銷售。另與趙生愼安合著《反共抗俄基本論研解》一書，由陽明出版社發行。

在十年之中，先後出版七種著作，似有「多產」與「粗作」之嫌。其實各書的構想、取材與資料搜集，日積月累，歷時甚久。尤其是《三民主義的哲學體系》一書，係三十多年研究的心得，其所採用資料，多來自大陸，引證避免教條，批評儘量客觀，立信破疑，力求嚴謹，提高學術水準。全書分一、二兩册，連同導論與結論十四章、四十四節，都三十萬字。承讀者愛護，五年刊行至四版，又三版發行增訂時，倖獲教育部頒發五十一年度三民主義學術獎，並發給獎金新臺幣貳萬元，金質獎章一枚，甚感榮幸！

三民主義學術獎得獎消息公佈後，友好祝賀函電甚多，忙於答覆。其中尤以我最敬仰而遠寓美國的潘公展先生來函道賀，最令我喜出望外，其親筆墨寶，亦甚珍貴，特錄原函於後誌念：

世輔兄著席：上月見《中央日報》載吾兄榮獲三民主義學術獎金一事，不禁雀躍。吾兄經多年致力，專心研究，造次顛沛，始終不離，其鍥而不舍之志如是，宜其享有榮譽之果實。忝在知交多年，與有榮幸，遠道馳賀，尚希鑒其誠悃。弟以為三民主義，重在力行，國父知難行易學說，千古不磨之理。兄之大著，對「知難」方面，貢獻已多，所願隨時警惕青年，今後更宜致力於「行易」。北伐以還，蹉跎多年，未能完全奉行　國父遺教，坐使大陸淪亡。往者不諫，來者可追，不知吾朝野賢達有此覺悟否耳。匆匆函陳，不盡欲言，順頌

教祺

弟公展　五十一年十一月四日

肆、呼籲增設三民主義研究所

來臺之初，我與三民主義學人，鑒於革命局勢的需求，與加強道德教育的重要，曾向中央黨

部與教育部建議，呼籲在臺大、政大增設三民主義研究所，師大、師範學院增設公民訓育系，經不斷的奮鬪，始獲教育界人士的共鳴。文化大學響應此項呼籲，首先報請教育部核准，新設三民主義研究所，國立師範大學於五十六年設三民主義研究所，五十七年再設公民訓育系，內分三民主義組與童軍教育組。政工幹部學校於五十七年成立政治研究所，下設三民主義組。臺大與政大於六十三年各設三民主義研究所。中央研究院之三民主義研究所，於六十三年四月成立籌備處，展開工作，不久卽正式設立。

政大計畫新設三民主義研究所之初，我仍兼校長室主任秘書，劉校長季洪交我草擬設三民所的計畫大綱、課程綱要及教授陣容名冊，內設三民主義與哲學、三民主義與政治、三民主義與經濟等課程，其他大學亦有索取此項資料，參照辦理者。至六十三年教育部始核准招生，當時政大校長李元簇先生面請我任首屆所長，我告以已屆退休年齡，與法令規定不合，另請高明。惟當年呼籲在大學設三民主義研究所之建議，各有名大學現均已設立，一片愛國的願望，終於完成，亦與有榮焉！至政大三民主義研究所第一任所長，李校長後來改聘吳寄萍先生擔任。

第三節　教育三男費苦心

因我有三男，長名南山，仲名玉山，季名陽山，因天賦、個性、愛好、理想的不同，不得不採用因材施敎的方法，就其所學，導入正軌，煞費苦心。幸尚知奮勉，力求上進，各有不同的成就。惟在教育過程中，風波不斷，高潮迭起，發生過許多不如人意的事件，足供爲人父兄教育子弟時參考。其標題爲：㈠休學重考敎長子——南山，㈡我怎樣敎個性倔強的次兒——玉山，㈢不惜成本敎晚子——陽山。

壹、休學重考敎長子——南山

南山於民國三十七年十月二日出生於我執敎的南嶽國立師範學院。那時南嶽無普通醫院，只有肺病療養院一座，學校祇設醫生一人、女護士一人，當吾妻待產之時，該女護士爲趕赴男友之約會，等得不耐煩，便用催生劑催生，大約早生了數小時之久。產後不待洗沐即走，謂待次日補洗。未料次日發高燒，達四十度以上，幾分鐘抽筋一次，當地旣無良醫可求，亦無良藥可買，困坐愁城，幾至放棄醫療。

某日，我在校車中與同仁談及此事，有一女教授聞言道：「蟑螂可以退高燒，不妨一試。」回到家中，半信半疑，但旣無他法，便在厨房中抓了幾隻蟑螂，剝去外殼，留下肚皮，用瓦片烤乾，輾成粉末，泡入溫水中，經紗布過濾，將所得蟑螂水灌入嬰兒口中，不到四小時，忽然高燒全退；我夫婦喜出望外，以後每遇發高燒，即如法炮製，靈驗異常。

三十八年六月一日，共軍向長江進攻，南山未滿週歲，爲了避難，先離衡山至衡陽，次日搭上震華文學院學生所掛火車，趕往廣州。先借住東門一中學，後遷至執信女中，與長白師範學院教授同寓。因南山體弱，不斷感冒，至廣州小兒科名醫林醫師處診治，每日花光洋兩元，日久負擔甚重。當知其爲德國留學生，而我曾任同濟大學訓育主任，與某些留德醫生熟悉，與之攀談，即視爲老友，每天醫藥費自動減半，有時提前應診，這大概是當教授的好處。

同年八月中旬，由廣州乘輪到海南島，住瓊山縣瓊山中學附近。時中英患病，南山更甚，至瓊山醫院看病，醫藥費不算高，但需自帶飯碗或玻璃杯裝藥，院中因缺貨，連藥瓶都不提供，非常麻煩。瓊山菜場有幾個怪現象：⑴山蛇與鱔魚同售，⑵猪肝與猪肉同價。由於猪肝便宜，遂大量購買，每日食二兩，到臺北後一、二年依然，估計南山幼時食猪肝在千兩以上，後來青年時期身強力壯，不畏風雨，不知是否與幼時多食猪肝有關？

南山來臺時僅歲餘，仍然醫藥不離。六歲入北投國校，四年級時轉入薇閣育幼院附設小學部，常遭昔日同學戲謔：「你進了餵狗（薇閣）小學」，因此頗有後悔，幸而「薇閣」實施愛的教育和正常教學，沒有惡補，每班男女同學未超出三十人，師生相處有如家人，是以獲得愉快的小學生涯，並培養了豐富的同情心和熱忱助人的責任感，也奠定了日後德智體羣四育均衡發展的基礎。

「薇閣」因不主張惡補，學生參加聯考總要吃虧些，南山雖是前三名畢業，初中聯考卻不理想，那時考國語、常識、算術三科，南山常識考了滿分，但算術只有七十幾，遜於臺北市區的學生，那年國文作文題目是：「臺北街頭」，一位才思敏捷的小朋友（後來與南山在建中同學），是這樣開頭的：「人有人頭，街有街頭，人頭是用肉做的，街頭是由商店搭的，站在臺北街頭，看到的儘是人頭！」將臺北街頭擁擠的現象，一語道破，是當時膾炙人口的傑作。

後來南山就近考取了北投的省立復興中學初中部。初二時隨父母遷居木柵，轉學木柵初中，讀了一學期，我令其投考北區轉學聯招，由於聯考的惡夢猶存，不敢貿然應試，經多方鼓勵，並請家教補習英算，始大膽參試，僥倖考取了建國中學初中部，全家喜出望外。因爲當時初中部每年錄取人數甚少，插班生每班僅錄取二、三人而已。又初中畢業後，同時考取了建國高中部和臺北工專的土木工程科。建中固然不錯，但臺北工專在當時是惟一設有五年制的學校，三千餘人投考土木科，僅錄取五十名，錄取率較建中尤難，何去何從？因此心存猶豫，最後他自己決定回母校就讀。我當時面諭：「將來升大學希望能投考工學院，尤其是爸未完成的志願——土木工程系。」

南山在建中高中時，唸的是國文班，即高中聯考國文成績最優秀學生所組成的一班，也因此該班文藝風氣很盛。校刊《建中青年》的編作者羣多出自該班，同學間自由討論風氣較濃，南山的表現也以文科較佳，數理雖亦不算太差，但在建中理科人才濟濟的情況下，僅是平平而已。當時建中學生傳統以理工爲志願，即使所謂國文班亦不例外。高二分組時南山甚爲徬徨，文科志在新聞，與理工志在工程之間，甚難抉擇，我幾經考慮，仍希望他唸理工，原因如下：

一、順應時代潮流——時代潮流是往科技方面發展，其進步一日千里，需要用英文的機會也較多，且唸理工者較具數理邏輯基礎，將來即轉行文法，也可能有所突破。國父早年習醫，首創三民主義，成爲我一生研究的鵠的；胡適早年習農，卻在哲學思想界大放異彩。餘如趙元任、劉大中、陳立夫諸先生，亦都是早歲唸理工，而後卻在文、法、經濟上成就非凡的學者。

二、繼承乃父未竟志願——我當年在大學唸工程，因值共產黨赤化故鄉，父母逃難外縣，爲節省學雜費負擔，故轉學文法科，心中不無遺憾，非常希望長子繼承未竟志願。而我們這一代歷經多次國家動亂，更深深感到科技與工業發達，對建設國家現代化是何等的重要。

三、數理基礎不錯——南山既然能唸數理著稱的建中，不妨試一下甲組聯考。我常謂考生塡志願，如能同時滿足下列條件最爲理想：㈠國家社會需要，㈡父母期望，㈢個人興趣，㈣考生實力。南山既能初、高中都考上建中，實力應不會太差，其興趣廣泛，文法固所長，理工亦不致興趣索然。何況國家社會需要，父母期望都偏向理工，在懇談之後，接受了我的主張，沒有申請轉組（當時建中規定，如不申請轉唸乙、丙、丁組，即自然成爲甲組學生）。

建中畢業後，他參加大專聯考，考前因得失心重，一夜未能成眠，應考時體力不繼，考得不太理想。尤以數學科，一反常態，考了幾題基本定理證明，都沒有答好。而建中教學一向偏重綜合性難題，甚至把日本大專聯考試題都網羅殆盡，反而對於課本上的基本定理證明不重視，以致大意失荆州，僅分發至中原理工學院電子工程系。該系因係初辦，儀器尚未購好，又自認考得不理想，遂決定休學重考。第二年考取成功大學土木工程系，全家皆大歡喜，我亦引以為慰。

他就讀成大時，負笈臺南，甚少回家，每寒暑假賦歸，吾妻必殺鷄宰鴨，待如遠客。南山性喜交友，旣脫離聯考桎梏，乃參加學校不少社團活動，廣交成大豪傑。以一工學院學生，主辦校刊《成大青年》達數年之久，並參加暑假救國團舉辦之復興文藝營、新聞研習會等活動，聊彌補其未能塡寫新聞、文學科系的遺憾。曾數度獲得救國團主辦之新詩、散文獎，雖未如次兒玉山、三兒陽山獲獎之多，但就一理工學生言，亦稱難得。又歷屆成大畢業典禮時畢業生致答辭，多出自其手筆，吾妻參加其畢業典禮時，甚驚訝其在校朋友之多與人緣之好。他旣活躍於校園，不免荒廢一些功課，加上成大教授分數較嚴，成績並不突出。至大四時，始「迷途知返」，紮實唸書，並決定留學美國，選讀土壤力學爲其專攻科目。

南山初祇申請到南卡州大的入學許可，未獲得獎學金，入校後與教授面談，才申請助教獎學金，加上在餐廳打工所得，亦滙回美金不少，故兩年之後，即將銀行貸款拾萬元還淸。猶憶我赴長沙讀中學時，向周紀勳先生按年貸款，預料不能按年償還，未料後來連續五年，年年還淸，還買了幾畝良田，殊非所料。俗語所謂「船到橋頭自然直」，爲子女讀書雖債臺高築，亦不必擔憂。又在南卡哥倫比亞城唸書之餘，積極參加愛國活動，並負責主持《南卡通訊》、《美南通訊》等刊物，歷時達三、四年之久，滿腔熱血，表現其對國家民族的忠誠。

南山在校期間，即與同校讀企管碩士學位的李秩明小姐結婚，夫唱婦隨，生活至爲美滿。秩明曾於民國六十五年四月因腦瘤開刀，幸爲良性瘤，且無後遺症，殊可慶幸。南山在美獲土木碩士並工作二年後，夫婦於六十六年夏攜幼兒周樵返國，參與十大建設工程。他服務於中華顧問工程公司，曾參加高速公路、蘇澳港、中鋼、桃園國際機場、高雄過港隧道、關渡大橋、臺北地下鐵等大型建設之土壤基礎分析及設計工作，非常忙碌。曾利用留美所學，引進數項國外最新施工法（如巴西地錨工法，即獲選爲交通部引進科技之首項），甚獲上司賞識。十大建設接近尾聲時，有感於「做然後知不足」，需要充電，適逢科羅拉多大學提供獎學金，乃再度赴美攻讀土壤力學博士學位。

抵美後，發現指導教授給予論文題目過於理論，與過去工作經驗無法配合，乃於次年暫時休學，轉入丹佛顧問工程公司服務。六十九年我夫婦赴美探視，他開車載我們至校園中照相，滿懷喜悅，我則心有不快。因他不是缺錢休學，亦不是功課趕不上，當以詩記之，末二句云：「力足爲何中道廢？時乎命也問蒼天！」吾妻說：「不要讓南山夫婦閱及。」我乃寄給次兒玉山和次女明英。不料玉山以前不肯考博士，閱此頗受鼓勵，即準備一月，考取文化大學三民主義研究所博士班，還榮獲榜首，又是出於意外的收穫。

七十二年南山轉入科羅拉多州公路局，擔任地質工程部門主管，以中國人的英語而獲賞識，完全是以學識和技術取勝。七十三年五月來函稱：「應前另位教授之邀，帶職進修博士未完成課程，並通過博士資格考試，獲得榜首。」而選擇的論文題目，則與實際工程發生密切關係，算是符合其一向學以致用之主張，亦與父母願望相符。希望能與其兩位弟弟同時獲得博士學位，以增家庭光榮。友人鄧明治先生聞此消息，曾寄贈詩云：

同修博士(註)共三郎，
棠棣爭輝滿室芳；
乃父亦膺此學位，
一門四傑耀衡湘。

註　本人的哲學博士是人家贈送的，不是考取的，未免相形見絀。

貳、我怎樣教個性倔强的次兒——玉山

次兒玉山生於民國三十九年十二月二十二日，幼時個性倔強，挨打不跑。記得住在杭州南路時，與其兄南山同患百日咳，南山好了，他卻咳成肺煙雲狀態，借錢千餘元，打了一年針始癒，事後回憶，眞不知彼時是如何度過的。

民國四十一年舉家遷住北投復興岡，任政工幹部學校教授兼系主任，知北投有小學三所，其中薇閣小學辦得較好，故將其姊中英、其兄南山與他一律送去就讀，結果都不錯。玉山入學後每學期都考第二名，隔壁李廉教授之子李南海緊接其後。我說：「你爲什麼考不到第一名?」他

說：「有位山東劉小妹，爭他不過。」第四學期劉小妹他往，玉山便考第一名，而且連續拔魁，李南海則升爲第二名，第八學期玉山亦離校，李南海便考第一名，似有上帝安排。

五十一年初，玉山轉入政大實小後，方知劉小妹業已先到。他對母親說：「常考第一名的早來了，眞令人緊張！」不料他在新到這學期卽考第一名，頗爲師友所重。小學畢業後，本可在當地讀初中，但爲求入較好學校，乃令他赴臺北市區應考，結果以全班之冠的成績，分發到成淵中學，三年披星戴月，頗爲通學換車所苦。高中則考入成功中學，他似極感失望。又讀高一時，在中央副刊發表散文〈醉夢溪〉，讀者多以爲政大學生所撰，誰知是高一學生的作品？按政大後面有一無名溪，我任訓導長時，有人在橋邊題了「醉夢溪」三字，因而得名，旁有小堤曰「情人道」，未免引起浪漫情調。

我原盼他在成功中學成功地讀下去，不料他高二時主編校刊《成功青年》，因求好心切，增加篇幅，並爲別人的文稿等問題，引起訓導主任的不滿，召去罵足兩小時。返家揮淚說：「三年級不唸了。」當時我正要去遊阿里山，勸解無效，本想不去遊山，適楊生承彬來舍，要我聽其自然，一時老子哲學突然浮現腦海，乃欣然就道。

大學聯考爲青年學子的一大關卡，高三不讀，眞不知何以過關？原該叫他去宜蘭中學，校長爲我老友陳永康先生，已答應無條件收錄，或者入補習班，他都堅決不去。在無可如何之中，只好找位英文老師，每週補習一次，其餘全憑自修，這是何等危險！更不料他在考前兩個月又自作主張，決定該年不考，次年再來。次女明英偷偷告以這個壞消息，我與妻不知勸了多少次，總算同意進考場試試。

我們研究教育者，多少曉得大學聯考塡志願應顧及下列四者：㈠才之所長，㈡性之所近，㈢家庭願望，㈣社會需要。國人受了美國實用主義的影響，效法他人，多以社會需要爲家庭願望，我對玉山可不便講家庭願望，只要他該年參加聯考足矣，志願由他自選。一般高中畢業生多半是「才之所長」與「性之所近」相連，玉山又與衆不同。他本雅好文學，報名時卻臨時塡改丁組的法學院，把「性之相近」移到社會科學去了，如此則更難考，但我爲避免言語刺激，不能亦不可多問。

聯考前夕，他還有一個條件，「不要爸媽陪考」，當日我明允之，其實在考場附近徘徊。兩天下來，問他結果；答曰：「放棄數學，其餘不知。」他在學期間，國文英文成績每居全班之冠，數學卻不佳。後來我方知，他連高三的數學課本都沒有買，就這樣進考場，其餘五科的高三部分亦未上課，全憑高一高二的底子。幸放榜結果，考取了輔仁大學法律系，我與妻還有些躭心，可是他自己前幾年參觀過輔大，心儀久矣，我們才鬆了一口氣。總計從小學起到後來拿到碩士，他從未躭誤過一年，只是沒有高中畢業證書而已。

玉山大二時轉到社會系，這是受到其姊中英的影響，中英於臺大法律系畢業後，留學入俄亥俄一所大學的社會研究所。玉山在校期間頗感愉快，一掃中學時代的陰影和苦悶。劉脩如、柳嶽生兩位老師對其頗多嘉勉，並兩度獲頒教育部的國父思想獎學金，亦云幸矣。大四上學期，又與蔡傳志、葉景成、蔡建仁同學編校刊《輔大新聞》，他以總主筆的身分撰寫社論，一度批評《中央日報》於中日斷交後還大刊日商廣告，結果反應熱烈，教育部長蔣彥士先生還為此文嘉獎了輔大的總教官，理由是「鼓勵學生愛國」，此舉令玉山驚喜。我曾怪他多事，他表示激於義憤，不說不快。我說：「讀書愈多的人愈好辯，孟子亦然，你不必模仿。」

玉山大學畢業前夕，同時考取師大三民主義研究所和政大東亞研究所，前者幸獲榜首，他擇後者就讀。入學後研究三十年代文藝，以「中國左翼作家聯盟研究」為題撰寫論文，於民國六十四年獲碩士學位。六十八年蒙王集叢先生推薦，以此論文獲中國文藝協會文藝理論獎，時年二十九歲，得此獎似與年齡不相稱。此外還得過教育部的青年著作獎、中國青年寫作協會的青年文學獎等多種。至於編輯工作，除擔任過《成功青年》社長、《輔大新聞》總主筆外，後來還做過《幼獅月刊》編輯、《仙人掌》雜誌主編、《中國時報》特約撰述，以及《中華雜誌》等十家雜誌的編委。又蒙中國青年寫作協會和中華戰略協會政治研究會厚愛，分邀擔任常務理事和執行委員。

他從中學時起發表文章，十餘年來已積稿數十萬字，於民國七十二年出版散文集《文學邊緣》，七十三年出版論文集《大陸文藝新探》，皆由東大圖書公司印行，此皆為該公司兼三民書局的董事長劉振強先生厚愛所致。並以《大陸文藝新探》一書參加評審，榮獲七十三年度國家文藝獎，蜚聲士林；他以三十四歲之年得此大獎，令我有出乎意料之高興，乃以詩記之：「潛研東亞幾多年，破僞息邪早着鞭，今獲國家文藝獎，更期兀兀以窮年。」另編《五四論集》和《魯迅與阿Q正傳》，分由成文出版社和四季出版公司印行。近年來，玉山與其弟陽山屢因著作獲獎，我恐他們自滿，乃撰一聯以警惕：「謹防名逾實，應效有若無。」

近年他在政大國際關係研究中心從事研究工作，並兼任淡江大學教席。曾鼓勵他去考國內大學的博士班，卻未見反應。民國六十九年我與妻赴美探視，在科羅拉多大學參觀時，寫過一詩責其兄南山不讀完博士學位。孔子說：「力不足者中道而廢。」南山並非力不足，故詩的末兩句爲：「力足爲何中道廢？時乎命也問蒼天！」此詩未給南山看，寄回臺北讓玉山參考，他受此刺激，便遵我命報考文化大學三民主義研究所博士班，匆促應試，仍倖獲榜首，並於七十七年獲得博士學位，論文爲「五四運動與中共」。

玉山性純孝，晨昏定省，噓寒問暖，不待教而能，對父母「樂其心，不違其志；樂其耳目，安其寢處」（曾子語），不待學而知，因此父母愛之深，亦期之切，迨一首詩促成其報考博士班，進而獲得學位，始爲放心。又美丰儀，談吐不俗，文如其貌，重視修辭。我不希望他如陳平（美如冠玉）的足智多謀，輔漢高祖六出奇計；但願他如山濤的渾金璞玉，人皆欽其賢，莫知名其器，因此撰嵌名聯以勉之：

璞玉渾金思往哲，

高山流水俟知音。

叁、不惜成本教晚子——陽山

中國俗語說：「爹娘愛晚子，祖父祖母愛長孫。」這是人之常情，我亦不能例外。次兒玉山研究三十年代文藝，搜集魯迅資料頗多，內有詩句云：「橫眉冷對千夫指，俯首甘爲孺子牛。」像他這樣左傾作家，尚願甘爲孺子作牛馬，我又何能免俗？又因長孫年齡尚小，縱欲爲他作牛馬，目前還不能對他讀書負甚麼責任，故惟有爲晚子陽山就學事，多費點心力。因此亦有詩句云：「他年願作長孫馬，此日甘爲孺子牛。」或許有人以爲這是落伍思想，封建觀念，其實，任何新思潮中未見得父親不盡力教子，不過方式有不同耳。

陽山於民國四十六年八月二十四日生於臺北市的北投（時屬陽明山管理局）。產後，鄰居黎聖倫教授太太見其眼睛精靈，稱爲「精精」，即以作乳名。四歲，因我改任政治大學教授兼訓導長，遷住木柵，次年因患膽囊結石，住廣州街三軍總醫院，妻每日侍藥，早出晚歸，陽山獨來獨往，儼似大孩子，鄰居齊教授覺生見之，謂此子他日必能獨立生活，故甚愛之。五、六歲時，與隔鄰王建民教授太太聊天，與成人無異，王太太稱爲少年老成，當時未教他讀詩，自己閱讀，能背唐詩數十首。

入政大實小後，任糾察，執法甚嚴，同學惡之而不自知，猶競選班長，開票結果，僅數票而已，不免灰心。當以應多爲同學服務，少得罪人爲誡。他又好參加講演比賽，連續九次失敗，仍然報名，第十次果然獲得第一名！師長們譽爲「辛亥革命成功」，以後做事，頗有堅持到底的毅力。小學畢業後，爲增進其學力，令考私立初中，得入復興初中。該校功課較緊，訓練較嚴，故高中聯考獲分發至師大附中，滿以爲一帆風順，直至畢業。

不料入學後，他參加主編《附中青年》，專心致志，竭力進行，以致功課荒廢。我聞訊着急，親赴師大附中與教務、訓導主任及任課老師商量，決定請他們另選同學主編《附中青年》，以便他有時間溫習功課。但他執意甚堅，直至高三聯考前，仍參加編務。

陽山參加大專聯考結果，分發至東吳大學會計系，該校規定每堂課點名，系以訓練嚴格出名，淘汰幾與同校之法律系相等，據說入學五十人，到期畢業者僅二十餘人。他到校半年，頗覺功課太緊，且與興趣不符，本欲轉系，因會計系規定一經申請轉系，卽具結不再回本系。曾申請轉某系，我問他被轉之系是否一請卽准，他說需要經審查或考試，如果未獲錄取，卽需重行聯考或退學服役。他又不願進行第二次聯考，我乃電告該系主任（係我暨大後期同學）商量取消申請，並問爲何有此超乎尋常之具結？他答是恐怕優秀學生轉系，故作如此規定。當允將申請書退回至伊家，勿送會計系辦公室，以免他人議論。

退還申請書後，決定轉校。其目的是：㈠臺大政治系有四個名額，㈡臺灣師範大學教育系。幸經一個月的準備，順利考取臺大，自認是如願以償，便不去再考師大。我是一則以喜，一則以懼；喜的是，較聯考的成績，臺大的確多了若干分；懼的是，若論就業，考研究所與留學，則政治系不如會計系。我便對他說：「希望你好好做功課，準備到美國比較有名的學校讀博士學位，否則前途茫茫。」

因爲在自由中國，聯考這一關比較難過，所以我平常規定：「女孩沒有過關以前，不要進厨房；男孩沒有過關以前，不要寫課外文章。」陽山明白我的心意，除編《附中青年》外，平時對外沒有發表文章。不意到了高三聯考緊鑼密鼓之際，忽然看到了美國、德國學者有關的教育論文，偸偸寫了一篇一萬五千字的長文〈由教育觀念的整理探索未來改革的途徑〉，大談臺灣教育改革途徑，幼獅書店不知底細，搜集在民國六十五年出版的《現代教育論文集》中，與許多名教授的文章並列。救國團主任潘振球先生閱後，大爲嘉賞，問周陽山是何許人也？他的同事告以是周世輔之子，大概是在美國留學。次年政大校友會新年團拜，剛好碰上潘先生，他執手問我：「你的公子在美國那一州？讀那個研究所？我看到他的教育改革文章，寫得很精彩，將來回國時，希望能見面談談！」經過考慮之後告訴他：「恐怕是陽山寫的吧？他還在唸大學一年級。」潘先生大吃一驚，以爲這不像大學生寫得出來的。我又告以還是在高三時撰寫的，他更引爲驚奇，希望能見面談談。半年後有事赴救國團，把陽山帶去介謁，長談兩小時之久。潘先生希望他有機會改唸教育系（當時正讀東吳大學會計系），第二年轉學臺大政治系，後來讀研究所，爲求前後一貫，求個科班出身，再未以教育系爲志願，實在有負潘先生的美意。

陽山在臺大時，活躍非常，經常著文請奬。在大學三年期間，共得了五種奬金。兩項爲教育部青年著作獎，兩項爲大陸論文及大陸課程研究獎金，另一項則係《中國時報》的報導文學獎。其中在六十八年十月二十二日至三十一日這十天內，便拿到兩項獎金。我一面喜獲意外，一面也虞其驕矜，乃作詩請詩人兼書法家劉太希教授代繕，懸其左右勉之：

季子弄文好應徵，每逢入選樂無垠；

今嘉旬日獲雙獎，但願日新又日新。

至於《中國時報》的報導文學獎，是以一篇〈煙山一日談〉的報導文學應徵的，文長大約八千字，獲選爲優等獎，除獎品外，還得到獎金八萬元，對於日後留學費用，不無小補。又在四年級和服役兩年期間，參加《仙人掌》雜誌的編務，並應中國時報出版公司之約，編了一套《文化中國》叢書十餘册，討論中國文化現代化、漢學研究與五四運動等問題。先後獲得許多稿費及編輯費，減輕了留學費的家庭開支，就經濟負擔言，我亦不無輕鬆之感。

他在考取「托福」之後，本想緩一年再赴美留學，以便多賺點生活費，減輕家庭負擔，我恐怕夜長夢多，乃令他不必作此想。當時申請留美的學校，計有俄亥俄州立大學、芝加哥大學和紐約哥倫比亞大學。雖然俄亥俄州大的學費便宜，但規定要習東亞語文，與研究政治學的志願不符，乃決定放棄。至於芝加哥與哥倫比亞兩校用費相近，且各著名聲，但前者係一年即修完的碩士課程，最後也只有放棄。

不料當決定去哥倫比亞大學之後，該校提出兩個相當嚴格條件：㈠不准打工，㈡三年所需要學雜費及生活費美金四萬五千元（約合新臺幣一百八十萬元）的銀行存款證明，需先寄到學校審查，這些條件卻實令人爲難。因爲我祇可籌出一年的保證金，正在躑躅之間，政大畢業的陸志良先生對我說：「老師，很穩當！我借你六十萬元，打了銀行證明書，即還我可也。」於是照他的意見辦理，爲時不過三小時，由此可知美國人祇重法律手續而已。

錢借到了，本來沒有別的問題，不過，陽山有一晚對我說：「爸爸！讀哥倫比亞每年需用新臺幣六十萬元，估計要七、八年才畢業，如果中間沒有收入，共需美金四至五萬元，究竟合算不合算？」我說：「我一向反對讀書計算成本，唸書是無價的。如果需計價，臺灣有些資本家，捐了新臺幣千百萬元的，才拿到一張空頭的名譽博士學位呢？」

辦理陽山結滙時，發生過趣聞，那時對美外滙時有波動，有一天報載外滙將漲價，我主張趕快辦好外滙。第三天陽山在臺中營區打電話說：「今天報載，外滙不會變動，爸不必忙於結滙。」我與妻說：「據我住在上海八年的經驗，報載官方消息說，外滙不會變動時，就正是快要變動的時機。我們今天不吃早飯，同去銀行跑三點半吧！」於是上午八時離家，到三家銀行提款，一家銀樓賣金，三點半以前剛好結滙完畢。第二天早上九點鐘，有位銀行朋友電話通知：「今天上午九時，中央銀行宣布外滙漲價了，你們昨天跑三點半，賺了三萬五千元，可謂洞燭機先，不虛此跑呵！」

陽山於民國七十年八月二十日自嘉義退伍，四天後，即匆匆飛經東京赴美，在紐約哈林區邊的哥倫比亞大學歇腳下來。兩年之間，修完成了政治研究所的碩士課程，又在該校的東亞研究所拿到了畢業文憑。到哥大後，其研究與趣從大學時候的行政學及中國近代思想史，轉到比較政治、政治思想及共產黨研究這些方面。

在這段時間裏，爲應付學校功課，曾撰述有關中共與歐洲共產主義關係的中英文論文各數萬字，對第三國際、中國農民運動與東歐修正主義思潮，花過一些精力，並常寫中文文章，刊登於國內外的刊物上。又寫過一篇四萬字的中文長文，專門討論權威、自由與中國近代的學術發展問題，可說是將在美學習知識和過去對中國近代思想的關心結合了起來。可惜的是，由於他的心思主要放在學校的政治學課業方面，未能進一步利用該校中國思想史研究的良好師資與環境，對宋明儒家以及中國思想史做進一步的研究。

三年來，功課一直在穩定中進步，來美第二個學期，便拿到獎學金，而且還持續下去，不大需要家中接濟。民國七十二年夏，在美與黃良瑩小姐結婚，婚後生活美滿。良瑩習音樂、鋼琴，陽山功課負擔亦稍輕，乃開始半工半讀，並兼任美洲版《中國時報》社論的主筆工作，在時報一年多期中，寫了兩百篇的社論與有關文化、思潮的評論文章，其中包括海外與臺灣知識界發展方面的討論，涉及美國社會科學、西北歐福利思潮、東歐工人民主制和有關當代三民主義思潮的評介文章，多與其所學有關。

七十三年十月間，良瑩返臺省親，由於態度溫和，言語婉切，禮貌亦佳，家人皆喜歡，余妻更爲高興。不料十月十二日忽接陽山由美打來電話，得悉美洲版《中國時報》已停刊，收支頓失平衡，又需家中籌款接濟。良瑩在國內停留月餘返美，曾籌交一年必需生活費，幸良瑩返美後，已恢復工作，月入美金一千元，收入可抵開支。當時陽山正肄業哥倫比亞大學政治博士班，好在不再爲學雜費傷腦筋，可安心求學，終於榮獲政治學博士學位，完成學業，好消息傳來，舉家歡騰！嗣應國科會邀請，於七十七年夏攜妻兒返國，以回國學人名義，就任臺灣大學政治研究所副教授，兼《聯合報》主筆，並參加各種重要學術會議，經常在報章雜誌發表文章，活躍於文化與教育界，表現突出，不遜於乃兄玉山。

第五章 政大時期

自民國五十年至六十六年（公元一九六一——一九七七），五十六歲至七十二歲，共計十八年。本章包括：一、政治大學服務十八年，二、訓導工作的改進與加強，三、著書、得獎與博士學位。

第一節 政治大學服務十八年

我服務於國立政治大學，長達十八年之久，教書或兼任行政職務，工作情況有顯著不同；分爲三個階段來敍述：㈠兼訓導長階段，㈡兼主任秘書階段，㈢專任教授階段。

壹、兼訓導長階段

民國二十三年我於暨大畢業後，上海市教育局介任浦東新陸師範學校訓導主任，中學生多聽話，很少發生違反校規事件。抗戰時期，教育部陳部長立夫介任國立同濟大學訓育主任，同大以醫科著名，學生偏重科學與技術研究，對學生運動並不積極，相對地訓導工作亦較輕鬆。勝利後返湘服務，魯校長蕩平邀兼私立民國大學訓導長，當時國立大學鬧學潮，民大學生並未跟進，校園寧靜，平安無事。計任大、中學校訓導工作，前後十年，重作馮婦兩次，成為識途老馬。民國四十九年，我在幹校已教滿十年，照軍事學校例休假一年。本欲赴香港講學，因故未能前往，至十二月間，國立政治大學訓導長出缺，劉校長季洪於取得幹校當局同意後，聘我任政大教授兼訓導長，於五十年二月到差，隨卽遷住於指南山下政大教授眷舍。

訓導處設有生活管理、課外活動及體育衞生三個組，醫務所、學生活動中心、僑生輔導室、畢業生就業輔導室、研究生輔導委員會，另外軍訓教官室亦列為配屬作業單位，行政組織及員額，相當龐大。當時總教官兼副訓導長是鍾同禮將軍，生活管理組主任是劉修己先生，課外活動組主任是張慶凱先生，體育衞生組主任是鍾人傑先生，醫務所主任是孫寶鎭先生，其他各單位主管，亦均為傑出之領導人才，負責盡職，不辭勞怨，各項訓導工作都能順利推展，成效甚著。

訓導長綜理全校訓導工作實施、學生輔導事項及校園安全問題，責任重大。除開會、會客、接見學生、準備視察資料、安排外賓參觀訪問外，還要核閱各種公文，必要時向承辦人員查明後，再簽擬處理的意見。好在案件雖多，均按分層負責原則辦理，眞正要簽辦的案件並不太多，可說是忙而不傷腦筋。其實，我的業務重點，還是擺在校外關係的事務上。如教育部、外交部、僑務委員會、青年救國團、中央黨部的青年組訓機構。較爲重要的校務，親自聯絡、洽商、談判，爭取時效，奔走呼籲，往往獲得意外的收穫，對學校或學生的需求，提供了或多或少的服務。

要辦理如此繁的訓導工作，推行如此多的學生活動，有無足夠的訓導經費支援，尤爲先決條件。曾向主編預算的會計人員洽詢：「各國立大專學校的訓導經費預算，係按學生人數核列，教育部在每年度開始之前，先行頒發各種經費核列標準，其中每個學生的訓導費金額，再乘該校的學生總人數，便是此一年度訓導經費的預算數（學校經費列爲機密，對外不公開）。爲應付實際需要，再劃分爲業務、材料與旅運費，至年度結束前，各費別可互相流用百分之三十，使執行預算時，更富有彈性。」我任訓導長四年，各種工作與活動的訓導費，均在正常情況下進行，未發生寅吃卯糧的拮据情況，說明國立大學的訓導經費相當充裕，小可喻大，更可謂臺灣經濟繁榮的另一顯例。

我到政大第二年三月起，常感胃部酸痛甚劇，經多次檢查證實，是患了膽結石，醫生囑要住院開刀治療。於是將公務安排後，進住臺北市三軍總醫院，開刀時取出結石很多，手術後一切正常。不料第三天下午起至晚上十二時止，每日均發高燒，連續十多天，醫生會診，亦查不出原因。有天如厠突然排出許多黑色血塊，未再發燒，兩天後未見血跡，病亦不藥而癒，院方未再說明原因，我亦不去追究。出院後有醫生告知：「可能是手術時：縫合有問題，少許污血流入腸內作怪，故發高燒，及血塊排出，腸內清潔溜溜，病亦好了。」

貳、兼主任秘書階段

現制國立大學的主任秘書，是校長的幕僚人員，職權小，名義差，愛惜羽毛的教授，多不願屈就，不像聘任三長，人多樂意接受。不過在大陸時代，尊稱秘書長，與教務長、訓導長與總務長地位相等。如譚故院長延闓哲嗣譚伯羽先生德國留學回國，就任國立同濟大學秘書長，在當時大學法的地位，相當尊重。有時秘書長建議與決定權，反在三長之上，亦因如此，常與三長發生權職爭論問題，影響學校團結，往往引發或大或小的風波。

兼任訓導長四年後，於五十四年七月辭職照准，自認不再兼行政職務，可以專心教書，多做點學術研究工作。未料劉校長季洪邀兼主任秘書，並將權職加大，接管原屬訓導處校園安全工作，又授權代判壹仟元以下之經費案件，辭意懇切，在「情不可卻」之情況下，同意兼任。有位同學打電話問我：「有權有利的訓導長不幹，為甚麼要兼無權無利而工作繁重的主任秘書？」我的答覆是：「人生以服務為目的，不必追求名利，至於兼主任秘書，祇有一個理由，是出於人情的壓力。」他說：「你這個人想法不同，我又何必多此一問？」

秘書室編制甚小，僅有英文秘書一人（呂俊甫先生兼任），助理秘書二人（一位是汪鑑先生，另一位是李序僧先生），組員一人（劉養吾先生），收發一人（彭代清女士，後與其國大代表丈夫鬧意見，自殺身亡），工友一人。其中英文秘書不是天天來上班，隔一、二天前來處理文件，兩位助理秘書分看各院、所、系、處、室及中心等單位文件，並簽擬意見，交我復核，再呈校長批示。我因任訓導長多年，對學校人事關係，頗有瞭解。當時文學院院長是吳南軒先生，商學院院長是韋從序先生，法學院院長是羅志淵先生，教務長是朱建民先生，訓導長是葉尚志先生，總務長是張慶凱先生，公企中心主任是張彝鼎先生，圖書館館長是何日章先生，都是熱心教育不怕勞怨的學者，進行溝通、協調或轉達劉校長意見時，非常合作，很少爭論，替校長解決了許多困擾問題，在四年任期中，雖無赫赫的功績，卻亦做了不少鼎鼐調和的工作。

胞弟文湘於五十二年以中校軍官，在政工幹部學校退役，服務於國軍退除役輔導委員會就業處的訓練機構，承劉校長厚愛，調任政治大學組員，派在夜間部服務，嗣調會計室工作，因參加特種考試乙種考試及格（相等高考及格），取得公務員薦任任用資格，以後調升組主任職務。於五十五年四月十七日與林秀珠小姐結婚，余以長兄當父身分，主持婚禮，其後生長男華山，考入輔仁大學心理系，次男林山，肄業於新埔工業專科學校。

長女中英臺灣大學法律系畢業，曾在華僑人壽保險公司服務一段時間，因參加「托福」考試通過，決心辭去現職，去美國留學，所需留學有關費用甚鉅，家中沒有如此多的存款，經多方張羅，勉強籌足其數，遂按原訂日期起程，進入美國密蘇里州立大學求學，兩年獲碩士學位，在美與新竹籍郭逸文博士結婚。臺灣親友聞訊，亦於同日設宴慶賀，遙祝白頭偕老。婚後生有萍萍、佳佳兩位外孫女，聰明活潑，又會讀書，討人喜愛。

我任訓導長時，有日幹校學生譚國俊，談及同鄉譚雅俊退役後，尙未找到適當工作，請求推介，後因訓導處有組員缺，囑轉知其前來到差。另一位同鄉陳麟，退休後就業困難，應同鄉多人請托，介任政大職員。任主任秘書時，同鄉蕭志行原任職臺灣省文獻委員會，希望調換工作環境，代爲設法安插在教務處服務。文湘雖因我之關係來政大，但我未向劉校長作此請求，而是劉校長推「屋烏之愛」，囑來任職，另有房侄周竹綠，亦在此時期來政大服務。政大同時期連同本人，計有六位同鄉在一校，是茶陵同鄉的一個據點，幸皆能努力工作。

叁、專任教授階段

我兼訓導長四年，主任秘書亦四年，後以年老理由，擺脫行政職務後，應聘爲專任教授，除授課外，較有空閒時間，可以做點要做的工作，如參加學術會議，加入教授團旅遊，兼課其他大學，撰寫尙未繳卷稿債，應邀出國講學，海濶天空，任我遨遊，言論與行爲，不受任何限制，深深體會學術自由的樂趣。至經濟收入方面，由於兼課、演講、寫稿等關係，反較兼任行政職務增加，眞有點感嘆！

兼課其他大學，並不是完全為了鐘點費，有時為了課程與趣的驅使，或為應付人情的壓力，或為答謝友誼的關照，故在時間的許可下，先後在文化、輔仁、淡江、中興及師範大學兼課，講授國父思想、哲學概論及中國近代哲學史等課程，雖是教過的書，為要博得學生好評，事前須多作準備，才能融會貫通，說理透徹，收到講學高度效果。至時間控制方面，相當困難，往往為趕上課時間，坐計程車往返，用掉鐘點費的大半，就經濟觀點言，可說是無利可圖。

猶憶在專任教授十年期間，應邀出席各種學術會議，主辦單位是中央研究院、師範大學、政治大學與東吳大學，計有七次之多。民國六十五年應邀出席在陽明山召開的三民主義學術會議，在會議中提出對蔣一安先生講三民主義哲學的評論。六十六年三月參加在中央研究院舉辦的三民主義教學研究會議，提出評論文字。同年九月出席中韓學者在政治大學所開的中山學術會議，曾提論文報告。六十七年出席過兩次國際會議，一次是中央研究院舉辦的國際漢學會議，另一次是師範大學召開的三民主義教授方法研究會，分提論文與評論報告。六十八年參加師範大學召開的中日韓學者近代哲學會議，提出評論文字。六十九年參加東海大學召開的世界第一次中國哲學會議。

民國六十六年一月十四日，為我七十一壽辰，親友與學生多主張擴大慶祝。為體時艱，力辭此項建議，除國父遺教研究會、湖南文獻社等發起徵集詩文書畫啓事外，僅舉行茶點宴客，別開生面，祇收來賓禮金伍拾元（當時壽禮最少是伍佰元），用作提倡節約之先聲。另承朱有為先生撰贈壽序（詳附錄），獎勉過譽，愧不敢當。並錄徵集詩文書畫啓事，原文如下：

茶陵周世輔文熙先生，天資優異，六歲入私塾，凡十一年，奠定國學基礎，為梁、尹兩塾師所嘉許。民國十一年入四區高小，肄業數月，得同宗周紀勳先生之助，赴長沙補習英算，次年考入湘省著名之楚怡工業學校為優材生。十五年北伐軍入湘，因戰爭應聘四區小學執教，未及一載，小學遭匪燬，乃考入湖南省黨校，分類研究三民主義。畢業後，派任中國國民黨茶陵縣黨部指導委員。十九年赴滬，初入復旦大學，因茶陵又遭匪難，尊翁升元公攜家小避難攸縣，詒輟學傭書養家。乃轉入國立暨南大學，半工半讀，接濟家用，如是者三年，艱苦備嘗。適九一八事變發生，參加抗日學運。二十三年暨大畢業，任市立新陸師範訓育主任，次年受同德醫學院聘為教授，仍兼學運，聲譽雀起。二十六年冬離滬赴漢，先任同濟大學訓育主任，由贛遷滇。二十九年回湘入閩，任福建省圖書雜誌審查處處長，並兼數要職，以堅強抗敵除奸文化陣營。

勝利之後，回湘任中國國民黨湖南省黨部指導委員，並執教於湖南大學、民國大學、國立師範學院、長白師範學院。三十九年來臺，歷任政工幹部學校教授兼系主任、國立政治大學教授兼訓導長，且先後受聘於中興、師大、輔仁、東吳、文化各大學及研究所為兼任教授。其所講授中國哲學史、哲學概論、國父思想等課程，將中外古今學說融會貫通，分析印證，建立體系，為一家言，使青年學子聆其教、讀其書，於西方哲學之精義，中國文化之淵源，革命思想之旨趣，輒能心領神會，身體力行，而收正人心、息邪說之功效。先生遂亦欣然自得，以為古人以得天下英才而教育之爲一樂，誠不我欺。

教學之餘，潛心著作，除學術論文散見於報章雜誌者甚夥，尚待搜集整理外，其專書行世者，計有《中國哲學史》、《三民主義的哲學體系》、《國父思想》等三十餘種，多爲大專院校所普遍採用，尤其《國父思想》等書，風行一時。在此文化復興基地，人文薈萃之臺灣，從事大專教育工作之學人，數以萬計，然如先生持志之恒、用力之深、著述之富，則允稱難得。桃李滿門，士林推重，令聞譽廣，施於一身，故能榮獲國防部、教育部、國父遺教研究會所頒發獎狀、獎金、獎章多種，並受中國國民黨中央羅致從事指導、研究、設計、黨務顧問等工作，德懋懋功，功懋懋賞，豈偶然哉！

三十年娶福州閼淑卿女士，端莊嫻淑，內助稱賢。生三男二女，長女中英畢業於臺大法律系後留美，得密蘇里州立大學教育碩士，已於客歲隨婿郭逸文博士返國執教。長男南山成大土木工程學系畢業後留美，得南卡羅萊納州立大學工程碩士。長媳李秩明政大經濟系畢業，亦獲南卡大企業管理碩士，夫婦均留該校服務。次男玉山輔仁大學社會系畢業後，得政大東亞研究所碩士。次女明英畢業於銘傳商專電子計算科，現服務蘇澳港施工處。三男陽山臺大政治系肄業，本年獲得教育部青年著作甲等獎。公子三人均能文，常有作品在報章雜誌發表，詩書門第，其樂融融，非天之獨厚於先生，實先生之善於齊家有以致之。

先生立身治學，一宗孔孟，而修心養性，頗參黃老，德業精深，襟懷灑脫，樂天安命，益壽延年。朋輩樂其和光，少年慕其風範，茲以丁巳新春吉日爲先生七秩誕辰，僉議稱觴，以資祝嘏。而先生以國土未復，個人何敢言壽；而臺灣富庶康寧，人登壽域，七十之歲，不足爲稀，遂再三堅辭。夫清光謙德，固衆望之所歸，而會友以文，亦仁人之所許。同仁等爰製錦箋，廣徵佳作，或撰雅什，或賜鴻文，或揮龍蛇之書，或寫松鶴之畫。製爲帙册，則錦繡紛陳，懸之畫屏，則琳琅滿目，共申上壽之羣情，宏開斯文之盛運，豈不美哉！

國父遺教研究會　革命思想月刊社
中國五權憲法學會　湖南文獻社
三民主義教學研究會　生力月刊社　敬啓
藝文誌月刊社
政治評論社　古今談月刊社
中華民國六十五年十二月二十日

第三節　訓導工作的改進與加強

訓導工作的範圍，相當衆多，如何去改進與加強，以提昇工作的功效，是主持訓導業務的基本要求，分爲下列各項說明：㈠訓導業務的範圍，㈡訓導工作的改進與加強，㈢輔導學生社團業務的開展。

壹、訓導業務的範圍

訓導業務的範圍，相當繁多。其設計、執行與考核，分由各組、室、會掌理，分述如左：

一、課外指導組——掌理學生課外活動計劃之釐訂、執行、輔導與考核，社團組織及出版品之登記、審查、與輔導，學生活動中心有關事項之策劃及管理，以及課外活動問題之研究與導師制之實施等業務。

二、生活輔導組——掌理學生生活教育計劃之擬訂、協調及督導實施，學生獎懲及操行成績作業與獎學金、公費、工讀服務、學雜費之減免審查、學生請假審查及統計，以及學生兵役、車票、戶籍與畢業離校等業務。

三、體育衞生組——掌理體育教材之編訂與實施，體育活動之指導與訓練，體育器材之申購、保管及維護，運動場地之規劃實施及管理，體育計劃之擬訂與施教，校內外各項運動比賽之舉辦、體育成績之登記與考核。附設醫務所負責衞生教育之施教，健康檢查與環境衞生之計劃、檢查及指導，醫藥設施及教職員、工、學生疾病治療，與藥品器材之申請、保管及使用等業務。

四、**僑生及外籍生輔導室**——掌理僑生與外籍生就學、生活、入學、畢業，以及社團、假期、一般活動之輔導。辦理僑生就業、公費、工讀、獎學金、家庭通訊訪問、假期出入境、醫療保險與其他行政支援等業務。

五、**研究生輔導委員會**——掌理輔導成立研究生幹事會各項有益身心活動之計劃與實施，外籍生學業、生活、中國文化習俗之個別輔導，研究生宿舍管理及其他行政工作處理等業務。

六、**畢業生輔導委員會**——掌理畢業生職業之安排與規劃，已就業畢業生學業進修與品德砥勵之指導，畢業生之通訊、連繫、調查與統計，海外畢業生之指導與連繫以及其他特殊問題之研究與改進等業務。

七、**學生生活輔導與心理衛生研究委員會**——掌理導師制之研究與實施，研究輔導學生特殊才能之發展，實際生活有關學習、社交、家庭、婚姻及選職就業，改進學生體能訓練，輔導學生社團活動，舉辦學生心理測驗與特殊學生之個案調查、心理衛生講演、座談會，並出版心理衛生之研究報告、手册、論文與叢書，研究一般學生困擾問題與矯治不正常心理及行爲，其他生活輔導與心理衛生研究等業務。

八、**軍訓教官室**——軍訓教官室列爲訓導處的配屬單位，與訓導處組、會、室的工作，都發生密切關係。其主要職權，係掌理軍事教育的實施、軍事技能的訓練、軍訓課程的講授、軍訓教材與器材的申購與保管，以及學生生活管理、學生社團工作指導與課外活動督導等業務。

以上各組、室、會的正常業務，各有專司，係按分層負責程序辦理，訓導長僅負督導、檢查與考核的責任。訓導處另一重要職責是負責校園安定與維護，如校園內縱火、搶劫、盜竊、強暴、打架、造謠、黑函與反政府傳單等案件，關係師生安全，必需要有嚴密組織，採取防範措施，維護校園安全。幸在任職四年期中，由於提高警覺，嚴加戒備，尚未發生嚴重的校園安全案件。

貳、訓導工作的改進與加强

訓導教育的實施，以教導學生不違反校規爲重點。爲順利訓導業務推展，不可墨守成規，必需創建革新辦法，改進教育缺點，強化工作效果。其具體努力目標是：㈠創建新導師制，㈡採用協同教學方法，㈢實行重賞輕罰原則，㈣強化業務聯繫，㈤收回離校員生霸住宿舍，㈥救助貧困僑生，㈦優待外籍學生，㈧籌辦校慶、校運與園遊會，㈨辦好演講、座談與檢討會議，㈩舉辦比賽與公演活動，(十一)編印訓導教材。

一、創建新導師制——政大於五十一學年恢復導師制，行之一年，有多人在檢討會議上指出，不另撥時間作導師活動，不易收效。我徵求劉校長季洪同意，仿照廣州某嶺南學校另行宗教活動時間辦法，每週劃出兩小時，由導師運用，專作生活教育時間，另發鐘點費，創建新導師制。試行一年以後，成效甚著，教育部核准在教務經費項下支給導師鐘點費，並通令各校一律實施。

二、採用協同教學辦法——我任政工幹部學校革命理論系主任時，曾採用協同教學方法，講授三民主義，請研究政治學者專講民權主義，研究經濟學者專講民生主義，收到良好效果。到政大後，亦採用此項教學方法，將國父思想課程，分由數人合授，如甲專教民族主義，乙專教民權主義，丙專教民生主義，按課表規定時間，輪流授課，教授與學生均表歡迎。亦因專教課程關係，許多教授各就專講材料，撰寫《民權主義政治學》、《民生主義經濟學》等著作出版。

三、實行重賞輕罰原則——《書經．大禹謨》：「罪疑惟輕，功疑惟重，與其殺不辜，寧失不經。」這是儒家「行法貴恕」的輕刑主義。我到政大後，議處學生獎罰案件，採用上項重獎輕罰原則，獎其所應獎，罰其所當罰，貫徹執行。因爲學生的違規犯紀事件，均在校園內發生，對國家與社會不會產生連鎖作用。應站在教育立場，給予改過自新機會，從輕處罰，切戒重犯。關於獎勵事項，宜改採重賞主義辦理，多予表揚與鼓勵，使頑夫廉，懦夫立，收到教育學生的預期效果。

四、強化業務聯繫——許多訓導工作，關涉各組、室、會業務，必需分工合作，會同辦理。惟上項工作推行，有時各單位自本位主義出發，有利則爭奪，有害則推諉，往往事倍功半，效果甚差。余對此項工作籌劃，強調業務聯繫，首先決定主辦單位工作重點，協辦單位分擔何種任務，權職劃分清楚，各有專司；同時經過會議、會簽、協調等程序，溝通不同意見，採用可行方案，不分大小事件，都事前會商研究後，化解可能阻力，集中一切力量，再去執行，自然效果良好。

五、收回離校員生霸住宿舍——政大有少數離職職員與離校僑生，霸住學生宿舍有年，不肯搬家。並與頑劣學生串通，如發生違反校規事件，彼等自告奮勇，願為學生脫罪，使問題變為複雜，處理益感困難。我獲悉實情後，決心要收回這些宿舍，首先約見霸住宿舍員生，說明學校收回政策，分析利害關係，限令在第二學期起遷出，決不寬貸。另透過其他管道，予以個別開導，如逾期不搬，決會同警察強制趕走，這種軟硬兼施的辦法，果然生效，第二學期開學前，所有霸住宿舍已全部收回，從此對校規執行與學生管理，均可按正規情況辦理。

六、救助貧困僑生——政大學生中，最富裕的是僑生，最貧困的亦是僑生，這些貧困僑生的家庭甚苦，無法正常接濟在臺求學子女的學雜與生活費用。在寒暑假期中，臺灣又少校外打工機會；雖可申請貧苦僑生獎學金，因金額甚少，等於杯水車薪，無法解決實際困難。我係國立暨南大學畢業，對此種情況，最為瞭解與關注，常為救助貧困僑生問題，奔走於僑委會、青輔會、教育部等機構，代為請命，爭取工作機會與額外補助經費。並在校內設法安排工讀生名額，運用各種方法，協助解決困難，使能安心讀書，順利獲得學位的願望。

七、優待外籍學生——政大外籍學生有數十人，除美、日、法、泰、印尼、菲律賓等國外，尚有非洲派來學生多名，他們仰慕中華文化，遠道來華求學，應本「有朋自遠方來」古訓，給予熱烈歡迎。又因人不同種，書不同文，言語不通，風俗習慣不同，教育與環境適應，自感非常困難，政府與學校更應設法解決，使其能安心讀書，完成學業願望。我任訓導長期內，有一非洲學生，嫌涉調戲女同學，論校規應開除學籍。我在校務會議中，力排衆議，強調應予外籍學生法外施仁，從輕處分。後來該生學成歸國，榮任文化部長，在國際會議中，常爲我國仗義執言，感恩圖報，獲得意想不到的外交效益。

八、籌辦校慶、校運及園遊會——校慶有如名人生日，每年舉辦一次。校運與園遊會爲提高活動效果，各大學均配合校慶同時辦理，互爲影響，相得益彰。

1.校慶：每年五月二十日是政大校慶，例由課外活動組主辦，籌備工作定案後，召開校慶會議，討論有關事項實施辦法。並邀請有關部會首長、校友、教師參與盛會，屆時車水馬龍，嘉賓雲集，極一時之盛。校慶大會典禮落幕後，即舉行慶祝酒會，招待來賓，場面非常熱鬧。又各單位陳列民族文物、書法、繪畫、貨幣、服裝、緞帶等展覽，百藝雜陳，美不勝收，任由欣賞。另平劇、話劇、崑曲、國樂、國術、西樂等公演，每晚在四維堂輪流演出，連續七、八天，歡迎觀賞，可飽眼福。

2.校運會：校運會是政大一年一度的大事，例由體育衞生組主辦，籌備計畫核定後，召開校運會議，決議有關事項，如大會組織法規、校內外裁判人選、新聞發佈與記者招待、警衞與秩序維護、運動場地整修、比賽時間排定、獎牌、獎杯與獎狀設計，以及樂隊、啦啦隊安排等等，均列入討論，事前作妥善籌劃。至校運會開幕典禮，多在校慶當日舉行，典禮與大會操後，展開爲期三天的田徑與游泳各項比賽，包括初賽、複賽與決賽。參觀人羣，除教職員、學生、工友及眷屬外，尙有來賓、校友與附近民衆，擠滿每個運動場所，盛況空前。又參加各項運動選手，都是龍爭虎鬪，各顯身手，表現「君子之爭」的風度，並爭取團體或個人高分數的優異成績，技藝超人，贏得觀衆的掌聲。

3.園遊會：園遊會亦政大一年一度的盛事，學校除提供場地、設備與佈置等財物外，其他遊園事件，均由學生代聯會籌畫，訓導處僅負責指導，樂觀其成。惟爲連續校慶盛況進行，最好選在校慶當天舉辦，場地設計應別緻，佈置要典雅，並在適當位置擺設盆景，播放中西輕鬆舒快音樂，使整個校園的歡樂氣氛，熱鬧異常。另一特別景色是：四維堂前，左、右道路上，搭建排列整齊的數十個帳篷，改建爲與衆不同的各種攤位，提供玩樂、技藝、飲料、餐點、茗茶、美酒、土貨、特產等出售服務，百貨雜陳，價廉物美，任由品賞與選購。身入其境，有如劉姥姥進大觀園，面對五花八門的美景，看得眼花撩亂，樂此不疲，留下最愉悅的回憶。

九、辦好演講、座談與檢討會議——關於訓導學生全校性的專題演講與學術座談會，均由訓導處負責籌劃，首先要擬定每學期邀請主持演講或座談的人選，學術或政策性的題目名稱，排定主講時間，參加學生系別及人數，以及場地、招待、交通等問題，均應事前準備，然後按計畫實行，才能事半功倍，獲得預期效果。至工作檢討會議，就訓導處言，每學期召開的次數甚多，如校慶、校運會、導師制、校外比賽、僑生與外籍生輔導、軍訓教育與社團活動等，都要召開檢討會議，廣徵大家意見，討論成果與缺點，並研訂改進辦法，對爾後各種工作開展，提供了更有效果的重大貢獻。

十、舉辦比賽與公演活動——比賽的項目甚多，可分校內與校外兩種。校內計有演講、辯論、論文、歌唱、體操、足球、籃球、排球、羽球、桌球、珠算、棋藝等比賽，每學年或每學期舉辦一次，其中又分初賽、複賽與決賽等程序，經裁判評分結果，不論團體或個人，最後獲得冠、亞、季軍的前三名，分別頒發獎金、獎狀、獎牌、獎杯，給予精神與物質的鼓勵。至校外比賽項目，雖較校內爲少，惟付出人力財力的比例，係按幾何數計算，尤其是各種球隊比賽，先要在系際比賽中，選拔優秀人才，組成校隊，並派教練負責賽前訓練，或邀請外隊作友誼賽，以增作戰經驗，及參與比賽時，加派領隊與管理人員，隨隊前往督戰，鼓舞士氣，以爭取學校榮譽。關於校內外的重要公演，計有平劇、話劇、崑曲、國術、中樂、西樂等演出，多屬團體性質的成績表演，不若比賽中的緊張與刺激。又公演過程中，個人才藝固然重要，但整體藝術動作的配合，尤爲演出成敗的關鍵。如何才有優異的成績呈現觀衆面前，事前的督導、嚴格的敎練、經費的支援，三者並重，缺一不可能有成功的演出。

十一、編印訓導敎材——各大學生活與道德敎材，現極缺乏。本校於五十學年度曾收集多方面書籍，增設青年修養讀物開放室，以供學生課外閱讀，並編印導師叢書《大學生的修養》、《科學的學庸》兩種，規定由導師講解，期末舉行測驗。另外再印《親屬稱謂表》與《做人處世之道》等教材，分發學生閱讀。今後仍繼續編印導師叢書及教材，以應需用。惟感收集資料困難，最好請教育部負責編印《生活教材》與《道德修養》等書多種，以供各校採用，較爲妥當。

叁、輔導學生社團業務的開展

政大各院系所組設的各種社團，共有八十多個，組織甚爲龐大，管理尤應重視，不可掉以輕心。學校規定每位大學生都須參加兩個以上的社團組織，可以自由選擇，加入團體學習與技藝磨練，展開課外有益身心的羣體活動。又訓導處綜理學生課外活動，對各種社團工作情形與組織狀況，均負有指導的責任。如何改進業務缺點，解決實際困難，應斟對社團的不同需要，分別提供適當支援，如按社團需要，選派教練、導師，或指導人員，蒞社督導工作，並給予經費補助，使每個社團均能展開正常活動，顯示實力，各有千秋，獲得豐富的成果。

學生社團雖多，可歸納爲五種組織形態，分別說明如下：

一、自治性社團——以訓練學生自治能力，實習政治基層組織爲目的，一切工作，均爲實現此項目的而努力。如舉辦各項投票、選舉、社團組織、自治幹部產生，屬於自治性活動。社團中的學生代聯會與女生聯合會，即爲此種組織形態社團。

二、綜合性社團——此種社團的工作範圍，沒有特定項目，認爲應做之事情，便可着手進行；不受時間與空間的限制，多半以學系爲單位，各自成立一個社團，如中文學會、西語學會、歷史學會、會計學會、經濟學會、新聞學會與法律學會等等，共計成立了十六個學會。

三、學藝性社團——此種社團活動，含有文學與藝術色彩，包括論文、評論、詩歌、書畫等領域，範圍甚廣。其參加會員，多有以上學藝水準，能文、能詩、能書、能畫，都不是簡單的人物。社團有文藝社、政大青年社，國父思想社、書法社、美術社等。

四、康樂性社團——康樂的範圍很廣，包括平劇、話劇、崑曲、國樂、西樂、棋藝、拳擊、國術與游泳等，亦屬不可多得技藝人才。其組成的社團，計有平劇社、話劇社、崑曲社、國樂社、國術社、國醫社、西樂社、象棋社、圍棋社等等，參加此種社團人數最多，但技藝水準甚高者，不可多得。

五、服務性社團——服務性工作，不求報酬，強調人生以服務爲目的，提倡日行一善運動，人人懷有菩薩心腸。參加此種社團活動，只要有服務熱忱，便符合入社條件。本校過去此種社團最少，僅有指南服務團、愛愛會等組織而已。

第三節 著書、得獎與博士學位

我任教政大十八年，先後編著《國父思想要義》等書五種，六十六年獲得新聞局頒發金鼎著作獎，同年應邀赴漢城參加中韓傳統學術會議，並承東國大學授予榮譽博士學位，而十年前撰著《中國哲學史》一書，在韓國幸爲士林所推重。其經過情形如下列各標題：㈠著書與得獎，㈡赴韓開會承贈榮譽博士學位，㈢漫談佛教與中國現代思想，㈣訪韓觀感。

壹、著書與得獎

我曾於五十六年著《國父思想與中國文化》，列爲軍中政治教育教材，由政工幹部學校發行。六十二年承國立編譯館邀請，與吳康先生合著《哲學概論》，遵約將國父哲學思想主要內容編入，是其特色，由正中書局出版。六十五年應三民書局邀請，著《國父思想要義》，係依照教育部六十五年八月十二日修正專科以上學校國父思想講授大綱編撰，六十七年增加材料，又印增訂本。同年又應五南出版社約請，著《三民主義要義》。六十六年著《民生主義新論》，由國父遺教研究會出版。其中五南出版社印行的《三民主義要義》，五年之內，發行至十二版，爲該出版社發行圖書中最暢銷的書籍。另三民書局印行的《國父思想要義》，至七十四年已修改再版六次，尤爲大專學生及參加高普與特種考試者所爭購。

關於《國父思想要義》一書，其所以銷路特別好，如分析其原因，不外下列幾點：

一、依照部頒大綱編著——我編著《國父思想要義》，係依照教育部頒發〈國父思想大綱〉撰寫，每章每節每款，均未超出大綱範圍，爲最合規定出版的大學與專科學校教科書，有好幾所大專學校採用。又因係按部頒規定編著，立論尚稱嚴謹，適合大專教學、評論及應考之用，因此大專學生及參加高普考人士，不乏購此書研讀者，並幸獲好評。

二、考試可得高分——據說參加高、普及特種考試員生，如能研讀拙著，下過苦功，三民主義試後，多能獲得高分，一傳十，十傳百，百傳千，千傳萬，這種義務宣傳，發生重大的影響作用，因此《國父思想要義》成爲名著，故爲有志參加高普考人士爭購，人手一册，年銷幾萬本，實出意料之外。

三、出題的典試委員——或許有人故作過譽的高談，強調高普及特種考試三民主義的有關題目，皆是我出題，又擔任典試委員，有此雙重關係，故必需研讀《國父思想要義》，才可以拿到高分。不過事出有因，亦非完全造謠，我承認擔任典試委員時，承同仁愛護，確曾出過幾次試題。其實試題是三人共同提出，常常換人，誰又能包辦？可是謠言不脛而走，銷路年年增加。我爲避免嫌疑，每次典試委員出題時，不是故意遲到，便是有意缺席，尤其是湖南某考試委員主持出題時。

四、列爲考前輔導專書——據傳臺北、中、南部大專考前輔導一類文件，多列《國父思想要義》爲必讀書籍，著作人因書成名，書亦因人而暢銷，兩者發生了互爲因果的關係。又承擔任「考前輔導」三民主義課程老師，對學生講課時，或多或少引用拙著主要內容，廣爲推介，增加聽講者研讀興趣，亦爲促成暢銷原因之一。

有很多親戚朋友與學生打電話或當面問我：「你的著作如此暢銷，一定發了大財？」其實我的暢銷書通通賣斷版權，徒享虛名，出版社才發了財。至於留有版權者，都是不甚暢銷，那來財源滾滾？我之人生觀是：「發財有命，不可強求。」

行政院新聞局舉辦六十六年優良圖書出版金鼎著作獎，分爲很多種類別，「三民主義」列爲其中之一。各出版社在三年內出版的新書，均可統一辦理申請，與其他著作獎必需由著作人個別申請不同，因事不關己，故未去過問。及評審結果公布前夕，三民書局董事長劉振強先生已得到消息，特別電話通知，並向我道賀：「大著《國父思想要義》一書，榮獲六十六年金鼎著作獎。」鵲報傳來，舉家歡喜。我亦因著作獲獎，公論肯定其學術價值，更感高興。

《國父思想要義》原名《國父思想》，依照教育部頒發五十六年大專院校〈國父思想講授大綱〉編著，於五十七年由三民書局發行初版。六十四年又按部頒新修正大綱編著重印，更名爲《國父思想新論》。六十五年再據部頒最新修正大綱，增加材料，重撰重印，始名爲《國父思想要義》。本書更名，重編、重印多次，甚感傷財與費時，無論私人出版或書店承印，多不願如此大費周章。惟劉董事長振強先生鑒於本書暢銷，主張依照部頒大專院校講授大綱重編重印，不計次數，不惜資本，務求本書成爲最符合規定惟一的大專教科書，兼供參加高、普與特種考試人士的必備讀本，故能自北至南、自西至東，考生樂予爭購，近二十年來，銷路不衰。其所以能評定發給金鼎著作獎，劉董事長振強之遠見與重視，應居首功。

貳、赴韓開會承贈榮譽博士學位

民國六十六年，大韓民國韓中文化協會，在漢城召開為期三天的韓中傳統學術會議，我應邀與孔德成、谷鳳翔諸先生赴韓出席，受到該國教育界人士的熱烈歡迎。會議開幕當天，輪我發表〈中庸之道與現代思想〉論文，闡揚《中庸》的精義，並承大會安排訪問成均館大學與慶熙大學，發表專題演講。「成大」講題是〈民權主義與西方民主制度〉，「慶大」講題是〈民生中心論與各家學說〉，以宣揚三民主義思想為主旨，兩所大學的師生，以前從未聽過有關的演講。

韓國視儒學為宗教，孔子是儒教的教主，與佛教的釋迦牟尼、基督教的耶穌，相提並論，都是高高在上，奉為神聖，享有不可侵犯的尊嚴地位。留韓期間，曾隨孔德成先生參觀孔子大成殿。孔先生是至聖先師七十餘代嫡孫，又是中華民國至聖先師的奉祀官，以學者與聖裔雙重身分，參拜聖殿，受到儒教教徒的空前歡迎，各界人士都以異常禮遇接待，同分光彩，亦有榮焉。我國的孔孟學會不承認儒教是宗教，故不肯參加世界宗教組織，與韓國儒教的態度迥異，但重視儒家學說則完全相同。遠溯歷史關係，唇齒相依，數千年來中韓兩國確是兄弟之邦。

儒教、佛教與基督教，同爲韓國的三大宗教，各教都創辦大學一所，儒教是成均館大學，佛教是東國大學，基督教是延世大學。以往各大學頒發中華民國的榮譽博士學位，多爲現任高職要人，如部長、大學校長、中央民意代表等，很少發給教授與學者，我以教授名義，能獲東國大學授予榮譽博士學位，是一例外。事前經駐韓大使館將拙著《中國哲學史》一書，送交東國大學評審，乃獲同意贈予學位，早有校函邀請出席授予博士學位典禮，惟時間尙待決定。

此次赴韓參加國際會議，我大使館已代通知東大，希望在我留韓時間內頒發。開會三日後，應邀赴東國大學接受學位，當場發表論文，題目是〈佛教與中國現代思想〉。典禮甚爲隆重，接待非常禮遇，殊感榮幸！會後曾遊慶州、佛國寺等名勝區。並參觀造船與造鋼廠、規模均甚宏大。孔、谷兩位先生有要事待理，先行返國。我獨在韓多停留四天，先到板門店觀光，憑弔南北韓戰場，有詩記其事；後應邀參加駐韓大使館圖書館開幕剪彩。另在韓國中文教授座談會，講先總統　蔣公著《行的哲學》，有多位韓國教授提出問題，富有深度，當場詳爲解答。

叁、漫談佛教與中國現代思想

我在東國大學贈予學位典禮上，暢談佛教與中國現代思想，引證曾國藩、康有爲、梁啓超、譚嗣同、戴季陶、蘇曼殊、李子寬諸位先生言論，強調兩者的密切關係，並願與韓國佛教大師同研與發揚佛理，用作贈予博士學位盛情的酬答。原文如下：

校長，各位女士，各位先生：

今天，世輔承貴校頒授榮譽哲學博士學位，覺得非常榮幸！

貴我兩國在地理方面，歷史方面，尤其是佛教方面，均有密切關係。世輔雖未專門研究佛學，但在經常研究三民主義與中國哲學時，亦涉及佛學史實。今天在專門發揚佛學的最高學府，在各位佛學大師之下，不敢班門弄斧，專談佛學問題，只是就佛學有關的中國現代重要思想，向各位作一個入學報告。

我講中國現代思想，常從清朝的曾國藩講起，這不是因爲他和我同是湖南省人，實在中國現代思想應由他提倡「經世之學」開始。中國學術思想到了清代中葉以後，姚鼐首先主張義理、詞章、考據三者並重，曾國藩主張在三者之上，再加「經濟」兩字。這裏的經濟是廣義的，含有「經國濟民」之意，即承清初「經世致用」之學而來，亦可說清代學說思想，以「經世致用」起，亦以「經世致用」終。最初是想以「經世致用」打擊宋明理學，後來是想以「經世致用」挽救清代命運，結果卻引起了革命思想，創立了中華民國。

曾國藩與其同僚，在「經世致用」這個原則之下，想以「船堅砲利」來抵抗外侮，故提倡造船，提倡造砲，或向外國購買槍砲，以充實國防，挽救國運。只因清代政治腐敗，大勢已去，無法挽回，仍然是民生日趨困難，外侮日趨嚴重。康有爲、譚嗣同、梁啓超等乘勢而起，認爲「船堅砲利」不足以挽救國運，必需從整個政治作全盤改革，方能有效。因此，他們想依照英、日的君主立憲制度，實行政治改革，即所謂「維新運動」。要在維持滿清君主之下，進行憲法工作，他們的組織叫「保皇會」，亦稱「保皇黨」。

孫中山先生更進一步，認爲滿清主政者皆已昏庸，非推翻滿清無法作全盤改革，於是提倡民主共和，並以三民主義與五權憲法爲革命的號召。他與黃克強、胡漢民諸先烈先進艱苦奮鬪，經過十次革命失敗，終於一九一一年武昌起義，推翻了二千餘年之專制，成立了中華民國。

從另一角度去看曾國藩，他以團練起兵，打敗太平天國，有人說他衞道甚於勤王，有人說他勤王甚於衞道，不管怎樣說，其勤王思想固受到批評，指爲違反民族主義；其衞道思想與學問道德，則迄今仍爲人景仰。蔣中正先生則加以推崇，稱爲中國四大政治家之一。又曾先生雖學崇程朱，但不反佛老，他認爲佛教有救世之功，不可輕棄。其幕府居士楊文會闡揚法相宗哲理，不遺餘力，晚年息影南京，以刻經弘法爲主要事業。

清代今文學派龔自珍、魏源等，常闡揚佛教天台宗學說。該學派康有爲發動維新運動，其「破九界」的主張，由研究佛學而起，他認爲佛之戒殺，在大同世界方可實現。並說「衆生若一，太平之太平也。」他講「仁愛」，是融會了孔子之「仁」、墨子之「兼愛」、耶教之「博愛」、佛法之「慈悲」。梁啓超撰〈康南海傳〉云：「先生於佛學尤爲受用者也。先生由陽明學以入於佛，故最得力於禪學，而以華嚴爲歸宿焉。」

梁啓超學識廣博，文筆犀利，除對古今中外學說甚有研究外，亦治佛學，他所著佛學研究十八篇，內容精闢，迄今仍爲暢銷書。

譚嗣同先生以「我不入地獄，誰入地獄」的精神，爲維新運動而殉難。他的名著《仁學》，包含着佛教思想。他以「以太」(Ether) 釋「仁」，謂「以太」之顯於用也，孔謂之「仁」，墨謂之「兼愛」，佛謂之「性海」、謂之「慈悲」。他三十二歲時，習佛法於金陵內學院楊文會居士，深探儒、佛之精奧，會通哲學之心法，遂著《仁學》一書。

中山先生與蔣中正先生雖非佛教徒，但兩位的母親皆篤信佛教，他們大慈大悲的懷抱，救人救世的宏願，均來自天賦，亦有賴母教。

在國民革命陣營中，有蘇曼殊大師，追隨中山先生從事革命工作。又有李子寬先生，早爲中山先生領導之同盟會會員，民國十八年皈依三寶，太虛法師圓寂後，他續辦其所遺下之事業。又中國國民黨元老中信佛者，爲數不少，而以戴季陶先生爲最有名。他幼時隨母親信佛，有一次投水未死，自謂得力於「佛光」。他的「文存」中，有致班禪大師、章嘉大師、虛雲老和尙等書信甚多，連同其他有關佛學詩文共計二百餘頁，可謂對佛學研究有素。

戴先生還有一個創見，卽將 中山先生遺敎中的最高原理，定名爲「民生哲學」。以後經蔣中正先生及其他三民主義學人加以發揮，內容至豐，計有：⑴心物合一的本體論，⑵民生中心的歷史觀。其中心物合一論，與佛學專家熊十力的心境合一論、體用合一論相通。又中國有名的太虛法師亦講過心物合一論。其次民生中心的歷史觀，乃以民生爲社會的中心，去破唯物史觀的經濟基礎說。 中山先生認爲民生是政治、經濟和種種歷史活動中心；這裏所說的種種歷史活動，包含宗敎在內（見拙著《三民主義的哲學體系》）。

爲甚麼說宗敎亦以民生爲中心呢？我們探究佛敎的興起，是由於釋迦牟尼要解決人民的生老病死諸苦問題，這些問題就是民生問題。又佛敎爲甚麼盛行於中國的魏、晉、南、北朝呢？因爲那個時代，兵連禍結，人民現實生活得不到安寧，只好追求來世，追求精神生活的安慰。加以佛敎哲學精深，理論高明，不僅爲一般民衆指點人生迷津，爲一般民衆所信仰；而且爲學者提供了高尙哲理，而爲他們所歡迎；因此，除了三國、魏、晉、南北朝所盛行，在唐代亦盛行。

究竟佛教爲甚麼傳到貴國？我愧無研究。不過據推想，佛教之能爲貴國優秀學者所歡迎，能爲貴國優秀人民所信奉，也許是能爲人民解決生老病死的民生問題，使人民得到精神生活上的安慰，能滿足優秀學者的德慧雙修的研究慾望。

佛教傳到貴國後，產生了很多大師，在新羅時代有元堯大師，在高麗時代有大覺圓國師義天，到高麗末年有太古大師。太古大師集教宗與禪宗之大成，而創建曹溪宗教派。今天貴校承曹溪宗之正脈，爲佛學之中心，發揚光大，舉世同欽。世輔將來要加強佛學研究，介紹中國佛教大師，與貴校多多往來，共同研究，酬答貴校深情厚意於萬一，謝謝！

肆、訪韓觀感

韓國介於中國與日本之間，有史以來，便與兩國發生密不可分的關係。中國在殷周古代，史書有「封箕子於朝鮮」的紀載。三國時期，分裂爲高句麗、百濟與新羅三國，史稱「三韓」。到了七世紀中葉，新羅勢力增強，並獲得唐軍支援，統一全島，建立王朝；八世紀後，由於王位繼承的爭奪，地方豪族的叛亂，國勢日益衰弱，而百濟與高句麗相繼勃興，再度呈現三國分立的局面，史稱「後三韓」時期。其後由高句麗國王統一，並於公元九一八年建立高麗王朝，勵精圖治，維持四百七十五年國家與社會的安定。

高麗王朝的末年，外有北方民族的入侵和倭寇的騷擾，內有官吏與僧侶的腐敗，終於一三九三年被李成桂所滅，他統一全國後，自立爲王，改國名爲「朝鮮」，開創了五百多年的李氏朝鮮時代，極盛期是在建國以後的一百年間，遷國都於漢城，在文化上，佛教受到限制和壓抑，對儒學則大加提倡與宣揚，同時土地改革制度方面，着實下了一番功夫，成效卓著。又創行銅活字印刷術、測雨器、日影計時器等科學儀器的發達，韓國文字的創定，亦是在此時期內完成。

到了十六世紀，統治者的黨派鬪爭劇烈，發生親華、親日的外交爭論，導致日軍的干預，以及金兵、清兵的入侵，使朝鮮時代所建立的文化與繁榮，均燬於戰火！光緒二十年，朝鮮東學黨亂起，中、日兩國同時出兵平亂，日軍已決定對華作戰，終於爆發了震驚世界的甲午戰爭，清軍失敗，被迫簽訂馬關條約，承認朝鮮獨立，日本於一九一〇年正式併呑朝鮮，直至第二次世界大戰結束。由於美、俄的介入，分裂爲南北韓。一九五〇年六月，韓戰爆發，三年後休戰，兩國的緊張狀態，仍在壁壘分明的對峙中。

南韓於一九四八年建國，國家多難，風雨飄搖，中經制定憲法、韓戰爆發、李承晚政權沒落、軍事叛變、非常時期宣言、朴正熙總統被刺、全斗煥總統下臺，政權一直在變動中。然全國人民猶能在戰亂時期，努力在建設國家，自一九六二年起，開始實行「五年經濟計畫」，至一九八九年，已經完成五個「五年經濟計畫」，促進經濟繁榮，輸出貿易增加，社會資產擴展，工業現代化，國民生活水準提高，創造經濟奇蹟，並提昇爲「亞洲四小龍」之一。

南韓的教育制度與我國相同，都實施六年國民義務教育、三年中學教育、三年高中教育、四年大學教育，一般來說，教育普及而發達，國民文化程度甚高。又佛教、儒教及基督教各設有大學是其特色。以孔子為儒教的宗教教主，更與我國尊為至聖先師的文聖觀點不同。至於社會各層面，因受中國文化的影響很大，許多禮法儀式流傳至今日，仍在推行。市內的連雲大厦交錯，高速公路便捷，政府銳意革新，顯得生氣蓬勃。國內有金、李、朴、崔四大姓氏，同族之間，有義務相互扶助，可說是中國宗族觀念的擴張。又同族之間婚姻被嚴格禁止，亦是周公「同姓不婚」的禮法實踐。惟階級觀念仍在，高官達位者看不起身分低微的平民，政府應提倡民主與平等主義，打破此種封建的觀念。

詩云：「周雖舊邦，其命維新」，韓國是一個文明的古國，但能改革維新，已建設為新與的現代國家，經濟繁榮，教育發達，人民的民族意識非常強烈，是一個前途光明的國家。惟黨派鬪爭劇烈，暴亂頻傳，隱藏着嚴重的政治危機。孔子說：「季氏之憂，不在顓臾，而在蕭牆之內也。」韓國有「黨爭亡國」的史例，應不忘歷史的教訓，不可以暴力介入黨爭，動搖國本，應以國家與民族為前提，理性與和平為手段，政策為號召，爭取人民擁護與支持，朝野黨派，相輔相成，相互策勵，同為建設國家，而團結奮鬪。

附錄一——周教授文熙先生七十壽序

濂溪映月，智水凝珠；鄧阜含煙，仁山韞玉。漱石掬源頭活水，披襟當林下清風，鄉國犀簪，早毓盈科之秀，前賢象笏，頻鍾望嶽之靈。

文熙教授宗法平園，綜鍾靈秀；淑卿夫人夙嫻婉娩，益顯孅妍。夫子逢杖國之年，緊人承宜家之詠。樂山樂水，鼓瑟鼓琴。里仁而近杏壇，人壽宜斟椒酒。晴窗北向，時聞樂只之音，吾道南行，雅沐弦歌之化。懿歟夫子，卓爾名賢，峥嶸舞象之年，璀璨騰交之會，丁年負笈，人欽茂叔高風；甲第窮經，早飲楚才佳譽。繼則還鄉執教，作育英才；閉戶潛修，精研黨義。纘中山之盛業，循大道而篤行，無如刼幻紅羊，變生蒼狗，俄傾間河山頓異，兵燹後廬舍爲墟。水頭暫避亂源，石床竟成灰燼，心憂邦國，慕逸仙以升堂；志在宮牆，試邑城而獲雋，初揚屈艷，紙貴洛陽；始綻班香，聲蜚湘浦。既而學園青出，旋即壯遊白門。投刺名公，抵掌而談國政，歸帆錦里，雄文竟動鄉關，黨人得其薰陶，爭議終於冰釋。玉池雖好，蛟龍志在飛騰；金箭惟才，麟鳳豈甘雌伏？欲魁秋榜，遠出春申。曾空冀北之羣，新挺江東之秀。入上庠而希聖，得中樞以育才，學究天人，董帷養其清望，文宗秦漢，馬帳樹之風聲。時則北極熊嗥，東夷虎視，腹心方以爲憂，爪牙鋒不可攖。

先生志起黃魂，允稱青領。雋拔黌宮才彥，高張大漢天聲。手擎正義之旗，海隅風動；腕運如椽之筆，江左雲從。社鼠相繼銷聲，城狐終於歛跡。功在黨國，名動公卿。當其暨大學成，即就滬濱教授。既尊師道，仍領羣英。桃李當門，爭識春風之面；芝蘭入室，憑添夏雨之香。蝦夷肇釁蘆溝，鵬翼始搏雲漢。適逢伯樂，許着祖鞭。應同濟大學之邀，就訓育主任之職。初遷江右，再徙滇南。得碧鷄金馬爲隣，度白雪陽春之曲。等身著作，從哲學奠其始基；淑世英名，以校書聞於上國。錦旋梓里，壽慶萱帷。恂恂鄉黨之餘，僕僕風塵之際，辭湘浦，溯閩江，叩黃扉，趨紫閣。展帷幄運籌之志，見重黃堂，爲封疆入幕之賓，得邀清選。時際異端蜂起，邪說蛇行。當經濟建設計畫之餘，長圖書雜誌審查之處。秉仲尼之筆，游夏無辭；以子輿爲師，楊墨頓息。

喜見倭奴敗績，禹甸重光。元戎蹕返都門，臺旆榮旋省邸。始則傳經嶽麓，事述考亭，繼則建黨星沙，志同留守。不意洚流普泛，赤幟高張；違難來臺，毋忘在莒。重整名山事業，長懷光復雄心，城北傳經，何止三千弟子？指南振鐸，雄逾十萬王師。嘉謨啓廸時賢，名著頻邀上賞。況復克家多子，督課有方。威鳳則振翮雄飛，英娥亦秀眉新展，爛斑耀目，蘭陔舞綵承歡；穎慧驚人，柳絮因風善對，當椿庭鶴算引年之日，正梓舍麟兒彌月之時，喜集名門，宜申嵩祝，是爲序。

立法委員　朱有爲　拜撰

中華民國六十六年元月穀旦

第六章　退休時期

自民國六十七年至七十七年（公元一九七八——一九八八），七十三歲至八十三歲，共計十一年。

本章包括：一、退休後生活回顧，二、遊美名勝與觀感，三、著書與寫作。

第一節　退休後生活回顧

很多人退休後，追懷往事，不免傷感，我以達觀態度處之。因忙於開會、上課、寫作與探親等事，生活過得很充實，值得回憶之事爲：㈠退休生活漫談，㈡三次赴美探親，㈢八旬誕辰。

壹、退休生活漫談

政府遷臺後，實行保障軍公教人員生活的退休制度，依規定公務員年屆六十五歲（如服務滿二十五年可以申請退休），教師年屆七十歲者，人事單位依法主動辦理屆齡退休，其退休金計算標準，係按每服務一年發給兩個月薪俸基數，公務員最高爲六十一個基數，教師爲七十一個基數，假如每月薪俸是八千元，七十一個基數，計共退休金薪俸部份五十六萬八千元。又發公務員保險費，亦按月薪與年資計算，最高爲三十六個基數，另發互助金若干。如申辦一次退休，薪俸與保險費兩項金額，可申請提存銀行，按年息一分八發給優惠利息。如辦月俸退休，保險費比照辦理外，薪俸部分按月薪與年資計算，最高爲月薪的九五折支給，半年核發一次，使退休人員的晚年生活，無凍餒之虞。

我生於民前六年正月十四日，至六十七年二月已逾七十歲，以聘書與學期關係，延長到七月底辦理屆年退休，我係按一次退休規定辦理，薪俸部分核發五十六萬餘元，撥存臺灣銀行，每月可領優惠利息八千七百餘元，在當時與任教月薪收入相差甚少。至保險費部分，以年老多病，未申請退保。又政治大學以我退休關係，由原來的專任教授，改聘爲兼任教授，每週上課四小時；中國文化大學原聘爲兼任，因非公立學校，不受上項限制，承其厚愛，改聘爲專任教授，每週仍授課四小時；另在國立臺灣師範大學兼課兩小時，十年期中，除兩次赴美探親請人代課外，都按各校排定時間前往授課，風雨無阻。八十歲誕辰後，年老體弱，耳又重聽，應妻、弟、子、女請求，辭退各校專兼任教授聘書，如無人陪往，亦不參加各種學術會議。惟應文化大學三民主義研究所學生請求，同意來家授課一學年。嗣後致力於寫作，清償稿債，並計畫撰寫回憶錄，編著國立編譯館約撰最後一部著作《中西哲學與蔣公哲學思想》，預計在三年內完成。

唐朝郭子儀，晚年有子孫數十人，早晚問安，他竟認不清楚，只好含糊點頭。祖父觀國公高壽八十有二，子孫衆多，有點像郭子儀，孫曾環繞，戲於膝下，笑口常開，那分安享天倫的樂趣，筆墨無法形容。我雖年逾八旬，祇有四個孫子，二個外孫女（留大陸者未計算在內），其中長孫周樵，三孫周傑與外孫女維屏、維嘉，均隨父母遷住美國，在國內祇有二孫周儒與四孫周耘，周儒已入小學讀書，周耘年僅歲餘，有許多小動作逗人喜愛。我亦效王右軍分甘自娛，含飴弄孫，自得其樂，不必外求。

在退休期中，因病住過兩次醫院。第一次是六十七年九月六日，患攝護腺瘤，驅車至今日醫院，承徐大夫診斷，謂無泌尿科病房，囑急往公保門診部，經蔡大夫簽送耕莘醫院，陣痛難禁，殆如分娩。因憶生時足先頭後，是難產的「觀音坐蓮」，痛苦異常！先母棄世已二十六年矣！「樹欲靜而風不止，子欲養而親不待」，病中憶母，淚沾枕衾！作〈憶母詩〉：「預計小傷居今日，誰知大病住耕莘，腺瘤陣痛如分娩，眼淚長流憶母親。」

此次患病入耕莘醫院，妻兒均未告人，以免驚動親友。但鄰居、知己及幹校、政大、師大、文化大學學生，均來探病，多勸節勞，至情厚誼，更於病患中見之，令我感激不已。作「感謝探候」詩：「初入耕莘未告人，難瞞至親與芳鄰；門生知己來探問，溫言見慰感至誠。」

立法委員莫萱元兄，初識於「復旦」，相知於「青蓮」。四十年來肺腑相傾，情如管鮑。五十一年我患膽囊結石，手術後，發高燒四週，幾瀕於危，莫兄數次探視，以我旣雅好黃老，此時應以道家自然主義與達觀態度對之。聞言卽撰一聯云：「死生置之度外，瘳否聽其自然。」每遇高燒難以支持時，不呼上帝不呼天，祇唸此聯以減痛苦。此次進入耕莘醫院割治攝護腺瘤，又承莫兄駕臨，以爲國家育才傳道已盡責任，今後應節勞養生，心長語重，作詩謝之：「問疾頻蒙賜懇談，醇醪自醉有餘甘；節勞自是養生道，應把箴言當指南。」

第二次住院是七十六年三月五日，係患心肌梗塞，當時甚感胸腔劇痛，急雇車至三軍總醫院急診，醫生多人會診，認爲病情嚴重，獲准住院治療，經數日打針服藥，病況漸見好轉，飲食與睡眠亦很正常，每日有妻、女、兒、媳輪流住院照顧，除聊天、看報外，並在病榻上寫稿，打發時間。雖有親友學生前來探病，因見病情有進步，停留時間甚短，名爲住院，有點像在休假，心情亦感輕鬆愉快。另外各種病況檢查，均在進行中，等待檢查結果，再作住院或出院的決定。幸檢查結果宣布，可以出院，喜出望外。又此次住院僅兩週，因有公務員保險關係，花用醫藥費僅數千元，出院前主治醫生特別交代：「要多休息，不可勞累過度，保健重於治療。」都是金玉良言，有益健康，當謹記其提示事項辦理。

退休十年來，家運亨通，雖未獲大富大貴，自覺境狀日佳，如家庭收入、子女就學、得獎與獲得學位、著作暢銷等喜訊，多令人滿意，茲錄其較為突出者如下：

一、玉山榮獲國家文藝獎——七十四年二月十六日，國家文藝獎在臺北市國軍英雄館舉行頒獎典禮，由行政院文化建設委員會主任委員陳奇祿，代表李副總統登輝先生，頒獎給六位得主——周玉山、鄭佩芬、杜維運、蔡茂松、董振平、郭明橋及二位特別貢獻獎得主郎靜山與鄭騫。次兒玉山畢業於國立政治大學東亞研究所碩士班，此次以《大陸文藝新探》一書，獲得七十三年度國家文藝獎，年僅三十四歲，為十年來理論組得獎之最年輕者❶，聞之欣慰，特賦此詩勉之：

「潛研『東亞』幾多年，破偽息邪早着鞭，今獲國家文藝獎，更期兀兀以窮年。」

另玉山學長黃祖蔭、陶懷仲、傅亢三位先生，均詠詩致賀得獎：

1.黃祖蔭詩云：「弱冠『夢溪』遊，風調噪名流；『茶陵』傳衆口，『新探』足千秋。」

2.陶懷仲詩云：「一門博士並修三，消息傳來成美談；少壯『靈和』人比柳，如今『張緒』❷是英男。少壯文華非等閒，國家褒獎不輕頒；中西代有高才出，且看臺灣聳玉山。」

3.傅亢詩云：「巍巒聳翠玉山高，除暴息邪揮彩毫；贏得國家文藝獎，名歸實至羨人豪！」

---

❶玉山十六歲在《中央日報》副刊發表〈醉夢溪〉一文，醉夢溪是政治大學山邊的無名溪，人多以為是政大學生所撰，殊不知為高一學生的作品。又玉山常以祖籍「茶陵」為筆名發表文章。另「茶陵」原名「荼陵」，為神農發現茶葉最早的地區。

❷ 張緒南齊吳郡人，風姿清雅，官至國子祭酒，武帝植柳於靈和殿前，嘗曰：「此柳風流可愛，似張緒當年」。因玉山美丰儀，故以此喻之。

二、三兒同修博士學位——我有三兒，長男南山肄業美國科羅拉多州立大學博士班，次男玉山考入文化大學三民主義研究所博士班，季男陽山就讀紐約哥倫比亞大學政治研究所博士班，三兒尚知上進，同時攻讀博士學位，鄧明治先生寄以詩稿致賀，並請修正，眞是愧不敢當。其原詩云：「同修博士共三郎，棠棣爭輝滿室芳；乃父亦膺此學位，一門四傑耀衡湘。」

三、四喜臨門——六十九年我家一度四喜臨門，再因次兒玉山獲教育部著作獎後，季兒陽山隔洋來電話稱：哥倫比亞大學頒獎學金一萬美元。又玉山膺模範青年後，其堂弟林山亦以模範生聞，茶陵同鄉聞訊後，曾設宴致賀。賦詩以詠其事：「同胞季仲膺榮獎，模範弟兄傳近鄰；玉樹芝蘭同挺秀，今朝四喜又臨門。」

四、四旬兩獎——三兒陽山甫於六十七年九月二十七日領到教育部大陸論文甲等獎，忽報次兒玉山又於同年十月三十日赴教育部領取甲等著作獎。四旬之內，兄弟同獲教育部論著獎，亦云幸矣，並賦詩勉之：「漫道羣兒好弄文，四旬兩獎亦稀聞；竿頭百尺期精進，繼晷焚膏莫厭勤。」

五、三喜同臨——六十七年九、十兩月三兒陽山、次兒玉山各獲教育部甲等獎，正欣慰間，又報次媳在耕莘醫院誕生男嬰，三喜同臨，皆大歡喜！十一月十一日舉行彌月之慶，親友同鄉濟濟一堂，賓主酬酢，歡欣不已。並賦詩以抒感懷：「今秋兩獎喜臨門，又報次兒得次孫；銀電高樓彌月慶，主賓酬酢酒盈樽。」

六、南山重考博士倖獲榜首——長兒南山本已攻讀博士學位，因故停休數年，今又重獲考取，舉家欣然。又重考科羅拉多州立大學博士資格時，總計應試者九名，內有美國青年數名，倖獲榜首，喜而賦詩二首：

第一首詩云：「時來運轉謝蒼天，博士停修問幾年？今日幸能重中式，舉家快慰各欣然。」

第二首詩云：「重考倖膺第一名，親朋戚族俱稱榮；自強不息法天健，夕惕朝乾效老成。」

貳、三次赴美探親

一、第一次赴美探親與拉斯維加賭城——六十九年五月十五日第一次赴美探親，我與內人在送行兒女親友祝福聲中登機，有空姐高安琪照顧一切，在東京機場停留一小時後續飛，再經六小時航程，於十六日中午安抵舊金山，由政大同學毛立德君護送出機場，承梁大鵬先生代訂旅館，並招待晚餐。次日上海老友季聲如先生父子來訪，駕車邀遊舊金山名勝，並參加政大校友會聚餐，請我報告政大近況。

在舊金山停留三日後，轉飛丹佛，長男南山與長媳李秩明駕車來機場迎接，相見甚歡，抵家後，樵、傑兩孫依坐身旁，頻呼爺爺奶奶不已，一片眞情流露，我亦分贈糖菓，嘗含飴弄孫之樂，旋電話通知女婿郭逸文、女兒中英與三男陽山，分別約定相會時間。曾至佛羅里達、紐約、華盛頓、多倫多、拉斯維加等地遊覽，親觀尼加拉大瀑布及千島湖、神仙洞等勝地，有詩文記之，多已編入〈遊美名勝與觀感〉文內，惟拉斯維加賭城未列，不無遺珠之感。

拉斯維加是美國有名的賭城，位於內華達州，與中英夫婦服務的鳳凰城，祇有六小時車程，由中英陪同搭巴士向目的地前進，途經胡佛水壩。

1. 胡佛水壩奇景：胡佛水壩築於科羅拉多河上流，谷深千丈，工程艱難，公路由上而下，三廻九轉，先下深谷，再往上升，迂迴前進，驚險萬狀，車上同仁皆屛息注視，儼然有似飛機下降，鴉鵲無聲。水壩中有二圓形建築，諒與發電或調劑水洩有關。迨車已上至山頭，同行始恢復言談，蓋由緊張而趨於輕鬆了。猶憶抗戰時期，因公由昆明赴重慶，途經「鵝翅膀」，由於兩山緊靠，轉彎不易，工程師巧奪天工，乃先由左邊修一拱橋通到右邊，再由右邊上行轉彎穿橋而下，克服修路困難，乘客引以為奇。今觀胡佛水壩之道路工程，超過「鵝翅膀」多矣，令人嘆為觀止。

2. 連跑五個賭場：此次遊賭城，由旅行社安排，一天半內，跑了五個賭場，可謂緊湊之至。車抵賭城時，已到十二時半，用飯後，先到第一個賭場玩「吃角子老虎」四小時，贏了美金五十元，算是賭運不錯。下午四時後進旅館稍為休息，再去第二個賭場參觀，晚飯後，去星辰夜總會看歌舞。次日早餐後，乘旅行車至第三個賭場，玩「吃角子老虎」至十一時，另換第四賭場，玩到下午三時，即驅車至密得湖畔之第五賭場。我看見一排排的吃角子老虎，玩右邊最後的一具，好像容易抛出錢來，故常找這樣的位置去玩，果如所料，玩至下午五時收場，贏了美金一百元，可謂幸矣。

3. 夜總會的舞蹈與新招：中英去買夜總會入場券，是最貴的一種，舞臺寬大，有三條挿入觀衆座位中，排場富麗堂皇，除有幾場大規模歌舞外，尚有特技、溜冰及一部分馬戲，如猩猩表演、巨象登臺，令人大飽眼福。惟座位太擠，不免有點「猶太」作風。講到美國的夜總會，總有人聯想到「脫衣舞」。中英怕我是老古板，故入場前便說：「美國的表演，恐怕有些看不慣？」我說：「我在上海讀書，生活比較開放，民國二十年左右便在大世界看過脫衣舞。」小女似知我有心理準備，未再回答，看到最後一脫，祇是露胸與露臀而已，可見尚有些保留，不知其他的夜總會情形如何？

4. 中國應否開賭場：美國人准許開賭場，法國人公開設賭場，澳門亦不禁賭，連昔柳州與廣州亦收過賭稅，故自由中國應否禁賭，或許有人在打問號？我認爲這是國情不同，或是風俗有異。自由中國絕對不可准許公開賭博，或徵收賭稅。因爲美國地方大，人口亦多，一兩處設賭場，本國人視爲娛樂場所，多數人非其時不賭，無錢不賭。自由中國如公開設賭場，則男女老幼，趨之若鶩，辦公固受影響，讀書更成問題，小者費時失業，大者傾家蕩產，社會許多搶刼殺人案件，均由此發生。我少時在湖南，搓痲將是毫無禁忌的，打紙牌亦然，但我家祖傳不准子孫參加，當我看牌或看搓麻將時，父親必以打罵制止，鄰居親友家有不加禁止者，多數中學不能畢業，遑論進大學？

孟子說：「惻隱之心，人皆有之。」荀子說：「人之性本惡，其善者僞也。」我研究人性論所得的結論是：人皆有善心，如孟子所說；人皆有惡心，亦如荀子所說。其範圍較他們所說要廣，推而論之，好賭之心，人皆有之，戒賭或惡賭之心，亦人皆有之。爲人父母師長者，要發揚其抑制性，禁誡其嗜好性，故子女趨善避惡，乃能讀書成名，興家立業。否則嗜賭如命，未有不敗家亡身的。因此作詩云：「由來好賭乃天生，莫問古今中外人，幸賴師友勤督敎，始能抑制免沉淪。」

二、第二次赴美探親及美人與美籍華人的生活——七十四年四月四日與內人同赴美作第二次探親，首由洛杉磯赴鳳凰城，在長女中英家住一個半月，與女婿郭逸文及外孫女等同遊大峽谷名勝。五月下旬至科羅拉多州的丹佛城長男南山家，住四十餘日，曾與長媳李秩明及孫兒等遊上帝花園等處。七月一日由三男陽山陪遊芝加哥，三日赴紐約市，在陽山家住一個半月，由三媳黃良瑩陪遊波士頓、參觀哈佛大學、麻省理工學院，於七月下旬返臺。在美三個半月，曾撰遊記六萬餘言，分別刊登各報刊。

現再回過頭來，談談美人與華人生活的基本觀點，有些什麼不同？例如長兒南山初來丹佛，係學生身分，故租住學生宿舍性質之房子，設備簡單，整齊清潔，倒合乎我的理想，恒爲我所稱讚。我自己持身與教育子女有副對聯是：「學問道德才能，無妨比賽；食衣住行娛樂，切莫競爭。」我以爲這可以自勉，亦可以勉人；可以勉在國內的子女及學生，亦可以勉在國外的子女及學生。

漫說美國經濟富裕，人民生活豪華，其實除少數人外，大多數克勤克儉，節衣縮食，過着樸素的生活。我的經驗是：

自由中國人民的生活次序是：「食、衣、住、行。」

美國人民的生活次序是：「行、住、食、衣。」

不要看到他們家家戶戶有自備汽車，甚至有兩輛、三輛或多輛，要知道他們沒有汽車，卽不能動彈；不比我們在臺北、臺中、臺南與高雄，自己沒有汽車，可叫計程車，大多數人可搭公共汽車或火車了事。他們如果專門靠公共汽車或火車，便不好過活了。所以我說他們的生活次序，把行列爲第一。

爲甚麼說他們把住列爲第二呢？如果沒有房子，固然無處棲身，而且亦無車房停車，問題便非常嚴重。至於他們的食與衣，能省則省。縱是有錢的人，吃的方面亦不見得比我們高，中國餐館之所以在美國立得住脚，除華僑外，還有賴美國人捧場，才能生意興隆。有人說：「世界有三子：日本的女子、美國的房子、中國的館子。」比起老美來，我國人花費在吃的方面實在太多了。講到衣的方面，他們更是馬馬虎虎。平常在家，固然不講究，外出亦不見得高明多少。我由舊金山或洛杉磯入美國內地各城市，很少看到衣冠楚楚的人物，甚至打領帶的亦不多，衹有進入紐約市的各國旅客打有領帶。

我初到臺灣不久，看見麥克阿瑟將軍以統帥身分訪問我國，身著便裝，引以爲奇。殊不知他們地位不論高低，都有不講究穿衣的習慣。至於好穿牛仔褲的男女，有些好像很久未洗滌，有些好像故意剪壞或磨破，見怪亦就不怪了。前幾年有位朋友周遊列國回臺北，我問他：「那一個國家的小姐穿得最漂亮？」他的答覆是：「自由中國——臺北。」因此，我誠懇地向同胞呼籲：「旣應減少無謂應酬，亦應降低豪華的裝束。」回過頭來再看留美學生，他們受了美國那些勤儉人民的影響，亦能節衣縮食，有些更能刻苦打工。故我上課時，常對國內的學生說：「好的留學生，不僅獲得了美國優秀的科學知識，亦學到了美國優秀的生活習慣。」

三、第三次赴美探親與加州大學墨子刻教授論學術與政治——七十五年八月二十日，由三兒陽山陪訪漢學專家墨子刻教授於加州大學聖地牙哥分校，談到「中國學術與政治問題」，當時他向我提出下列三個問題：1.香港學者爲甚麼避談三民主義？2.管子可否列雜家？3.對學術與政治結合有甚麼意見？

關於第一個問題，我的答覆是，也許有下列幾個原因：

1.自學說方面看：

㈠中國的儒家主張「不在其位，不謀其政」；「邦有道則智，邦無道者則愚」，認是明哲保身的最好辦法。

㈡道家，尤其是清談家、竹林七賢，他們主張嘯傲山林，不談政治，或吟風弄月，談人生哲學，抱達觀主義。

㈢佛教東來，與道家一部分主張相結合，出塵拔俗，尤其是佛教徒，高臥名山，探究玄理，不問政治。

㈣宋明的理學家，雖標榜反佛老，實際上有人援道入儒，有人援佛入儒，高談性命之學，修養之道，冲淡了政治興趣。

2.自環境方面看：

香港人民雖然大多數是反對共產主義的，各學者心中亦差不多，但爲了減少特情人員的注意與偵察，最好不談政治，非必要時，不談共產主義，亦不談三民主義，樂得超然於兩岸政治之外。因爲不談三民主義，在自由中國可以往來自如，照樣有人捧場，故香港的教授避談三民主義，以自由、民主、社會福利及修心養性爲號召，與三民主義亦能相互容納。

關於第二個問題：管子是否可作雜家？

談到學說派別時，我說：「《管子》一書，內涵道、儒、墨、法、兵、農、縱橫，以及工商事業的思想，不可專以法家視之。」墨先生說：「然則你說管子可否列為雜家呢？」我說：「個人的意見，管子孕育各家思想，如果列他為雜家，可叫以法為主的雜家；諸葛亮亦可叫以法為主的雜家，甚至曾國藩亦可叫以儒為主的雜家。我個人主張以儒為經，百家為緯，亦重視老莊。」

關於第三個問題，墨先生認為香港學者近來常談到學術與政治相結合的問題，問我有甚麼意見？

我說先就中國學術言：春秋戰國，百家紛陳，無論那一家，總想爬上政治舞臺，可是孔、孟的儒家爬不上，蘇秦、張儀爬上了，孫臏、吳起爬上了，商鞅更爬得很高，這是甚麼道理？我以為這是當時的社會需要。

如照商鞅三見秦孝公的記載，他第一次講帝道（可能是道家思想），孝公昏昏欲睡；第二次講王道（可能是儒家思想），孝公仍然聽不進去；第三次講霸道（法家思想），孝公忘其尊貴，欲與商鞅接席而談，於是秦國變法了，法家便先道、儒兩家，而走上了政治的舞臺。

漢高祖溺儒冠，本來討厭孔孟學術，後經叔孫通定朝儀，即認為儒家亦有可取，但他約法三章，除秦苛法，還是以道家與法家思想掛帥。及曾參為相，竇太后問政，仍然是道家的天下。迨至漢武帝勤遠略，看重董仲舒，儒家始稍露頭角，但董氏外儒內陰陽，尚非純儒家。漢末，王充學說盛行，道家又重行回來。三國大亂，曹操輕儒尚法，諸葛亮亦以法為主，孫權、周瑜則法、兵並用。到司馬懿父子時代，以詐術取天下，以嚴刑苛法控制政治，文人學士優遊竹林，崇尚清談，不敢討論政治，道家思想又盛行一時。

佛學東來，與道家結合，迄六朝隋唐，佛老並行，韓愈諫迎佛骨失敗，著〈原道〉以排佛老，儒學又告復活。到宋朝，趙匡胤精道術，既能「黃袍加身」，以「無爲取天下」；又能「杯酒釋兵權」，避免大殺功臣。然而因此邊疆空虛，易遭外侮。王安石持法家法寶，效商鞅變法，此時政府弱點，重在軍事，而他專搞財經，雖離題不遠，然因人緣不佳，雖有良法美意，卒招失敗，殊爲可惜！後起諸賢，摒法崇儒，偏向道德修養，與春秋戰國之「講道德，說仁義」相似，離社會需要甚遠，不切事功，造成南宋偏安，一蹶不振，我雖不能一口咬定「理學亡宋」，但不知爲甚麼不重視軍事？

明儒繼宋儒而起，仍然重視性理。我研究過宋明理學，亦敬佩朱、王，但總覺得修養有餘，禦侮不足，卒招宋明之失敗。滿清入關後，見清儒以「理學亡明」責宋儒，由經世致用走向考據，乃順水推舟，叫他們埋首考據，莫問政治，這種考據學，較性理學離社會需要更遠，如何能扶弱抗強？

再就外來學術講：滿清閉關自守，既使中國學術與政治脫節，又使西洋科學與政治遠離，經過幾次對外戰爭失敗，訂下了不平等條約，迄五口通商，留學風起，日本及西洋學術紛至沓來，甚麼自然科學與新式武器，達爾文的生存競爭論與優勝劣敗說，自由主義、民主主義、民族主義、國家主義、世界主義、烏托邦主義、社會主義以及共產主義，如潮水般湧來，使人東張西望，南轅北轍，不知何去何從？

提倡洋務的，以爲祇有船堅砲利，就可以抵禦外侮；提倡新教育的，以爲祇有廢科舉、與學校，就可以從事科學教育，趕上西洋文化；一羣日本留學生及嚮往日本政治文化的，以爲祇要實施君主立憲，效法日本維新，便可國富兵強；中山先生則認爲必須實行三民主義，推翻滿清，民主共和，方可使國家復興。

在滿清垮臺之後，本有機會使中國復興，無奈袁世凱以巧詐手段，取得政權，他沒有西學常識，祇知在中國法家、縱橫家權術中兜圈子，段祺瑞亦然，使中國政治走不上光明大道。又五四運動本身，是一個民族主義運動，如果說「民族主義的本質是倫理」，那是一種救國的道德運動，打漢奸、反帝國主義，無一不屬於倫理。剛巧陳獨秀發行的《新青年》，主張反舊道德的倫理、反貞操、反舊宗教以及打倒孔家店，守舊派羣起而攻之，他爲了自衛，乃於民國八年提出答辯，說他是爲提倡民主（Democracy）與科學（Science）才這樣做。其實提倡洋務的早已提倡科學，擁護賽先生；提倡君主立憲的，尤其提倡民主共和的，早已提倡民主，擁護德先生。當時，吳敬恒先生認爲除提倡科學與民主外，還要加一項「道德」，可惜很少人注意。

這裏值得說明的是：這兩句口號出現之後，多少年來，總有人認爲胡適與陳獨秀共同提出的，胡適於就任中央研究院院長時曾予否認，說這是陳獨秀主張的，他祇提倡「大膽的假設，小心的求證。」更有人以爲五四運動時，胡適提倡白話運動，這更與事實不符，因爲胡適在美國留學時便開始提倡白話運動。所以民主與科學，只可算是《新青年》雜誌的口號，與五四學生愛國運動本無關係，不過適逢其時而已。至於第三國際在中國組織共產黨，由陳獨秀等領導，那是民國十年的事，更與五四運動無關。

自中國學術與西洋學術看來，學術與政治怎樣結合呢？可分爲下列幾種：

1.自創學術或主義，並從事政治實施者：如周公、管仲、商鞅、孫臏、吳起、蘇秦、張儀、諸葛亮、王安石、曾國藩、康有爲、梁啓超、孫中山等；又西洋的社會主義者、共產主義者、法西斯主義者，亦有自言自行的。

2.自創學術或主義，讓他人運用於政治者：如中國的大多數道家、儒家、墨家，一部分法家，宋明理學家，西洋大多數自由主義者、民主主義者。

3.自己不倡學術或主義，採取他人見解而施政者：如秦孝公、秦始皇、漢高祖、宋神宗、明治天皇、華盛頓總統。

以上三種結合，有的是適應環境的需要，有的是適應人君的好惡，前者比較是客觀的，後者比較是主觀的，主觀與客觀適應則易成功，如說「商鞅變法以強秦」。主觀與客觀不適應則易失敗，如說「王安石變法以弱宋」。我們說諸葛亮「料事如神」，但他自己說：「至於成敗利鈍，非臣之明，所能逆睹也。」有人說曾國藩能以「人力」挽「天演」，但他自己認爲「盡其在我，聽其在天。」曹操或可稱法家之英雄，然而赤壁一戰，敗於周郎。岳武穆知兵善戰，孰知死於秦檜之手？楚王本欲以一實驗區，讓孔子率徒實踐其學，誰知為楚相所反對與封殺？秦始皇為求韓非而伐韓，孰料韓非來秦之後，不惟不能用其所學，反為昔日同窗好友李斯所害。第二次世界大戰末了，法西斯主義者希特勒與民主主義者羅斯福，各自禱告「神佑我」！當時誰也無把握，連神亦不置可否，或許是天機不可洩漏。

天乎？神乎？英雄乎？學者乎？學術與政治應如何結合？結合後結果如何？祇可事後由因推果，不易事先由因探果。亦祇有各本良心，各憑天理，盡其所能，盡其在我而已。不知墨子刻教授以為然否？讀者先生以為然否？

叁、八旬誕辰

我生於民國前六年農曆正月十四日，民國六十六年七二誕辰時，親友與學生多主張擴大慶祝。我為體時艱，力辭此議。至七十四年二月二十三日（農曆正月十四日），為八十晋一誕辰，親友擬作較大規模之慶祝，同時旅美多年的長女中英、長男南山、三媳黃良瑩先後回國，與國內次兒玉山、次女明英，同祝生辰，在人情難卻的狀況下，乃邀請至親、好友與同鄉數十人，假延平南路雙喜餐廳席開六桌宴賓，禮堂高懸壽字，燃點壽燭，並懸掛壽序、壽幛多幅，布置典雅，呈現一片喜氣洋洋景象。承前政工幹部學校校長現任巴拉圭大使王化行先生來信道賀，殊感榮幸，其原函云：「文熙教授吾兄道席：遠來巴國後，新環境新事務，一切均從頭學起，對國內友好，疏於問候。尊函失落，至爲可惜，路遠郵遙，遲到與失落乃常事也。閣下八十大慶，如弟在臺北，任何婉辭，亦必須大爲慶祝。吾兄一生爲黨國傳大道，對邪說口誅筆伐，不遺餘力，貢獻至大。近復發現海外僑區是第一戰場，身居海外，親涉僑務，感應尤深。弟以爲閣下最值欣慰的，並不祇有子成龍，諸子皆已卓立，此乃晚年人之最大幸福，兄八十大慶與諸子上進，實周府上兄與尊夫人之雙慶也。弟學譾筆拙，草書數行，惟恐辱及諸君子藻翰耳。願在兄九十大慶時，弟能在退休情形下，爲閣下舉行慶祝。專此順頌

府安

弟王化行敬啓　民七五、二、十五」

八十晋一誕辰，在親友兒女祝壽的歡樂聲中度過，「人逢喜事精神爽」，甚盛快慰，自撰八旬生辰詩聯八首，以抒感懷。

一、海內外兒女及孫兒同祝生辰

長女長男聯袂回，八旬祝壽晋新醅；次宵先晚均延客，桂子蘭孫幾度陪。

二、莫爲名利忙

椿樹八千枝葉茂，誰能古木共爭榮？人生苦短如朝露，何必熙熙爲利名？

三、致暨大諸校友㈠

無祿無功度八旬，幸蒙嘉惠錫厨珍；富都樓上銘高誼，萬語千言難面陳。

四、致暨大諸校友(二)

人生七十方開始，不佞才過九歲餘；昔日同窗今聚首，依然年少話眞茹。

五、樂天主義

滄海粟飄八十年，蜉蝣羡我壽如仙；人生大抵黃粱夢，安命順時且樂天。

六、人生到處可行樂

四老(註)俱全誠足慰，老莊常讀更開懷；人生到處可行樂，何必廟堂陟玉階？

註 陳立夫先生謂年老須有四老——老健、老伴、老友與老本。余想再加一老，卽老學，時讀老子哲學，常抱達觀。

七、致湖南老友

逐浪隨波度八旬，謬蒙老友慶生辰；彭園樓上望南楚，何日重溫衡嶽春？

八、勉諸兒

發憤自強忘苦辛，寒窗夜半樂無垠；諸兒勤讀效阿父，繼晷焚膏逾八旬。

又承國父遺教研究會理監事撰發八旬嵩壽徵集詩詞文聯書畫啓事，許君武教授惠撰八秩壽序，並彙列八秩華誕祝壽詩詞選粹，分錄於後，以留紀念。

一、八旬嵩慶徵集詩詞文聯書畫啓事

湖南茶陵周文熙先生，名世輔，生於民國前六年丙午，賦性聰慧，長而知禮，六歲發蒙，在家聘師授課五年，十一歲外傅，作古詩文，遍讀四書五經。民國十二年插班茶陵四區小學，三月後得鄉賢周紀勳先生之助，負笈長沙，考入湘省有名之楚怡工業學校。十五年國民革命軍北伐，道經湖南，戰事影響就學，乃返鄉任教於四區小學，次年春再赴長沙，考入湖南省黨校，研究三民主義，畢業後分任茶陵縣黨部委員。十九年赴滬升學，初入復旦大學土木工程系，半年後家鄉遭匪患，尊翁升元公函諭考慮休學謀事。因念及復學不易，乃於次年轉入國立暨南大學教育系，期以工讀減輕負擔。適逢九一八事變，遂即參加抗日學運。二十一年「一二八」事變，校舍部分被燬，時身在南京，爰向中央大學借讀，是年秋重返暨大，積極參加抗日學運。二十三年畢業後，擔任大、中學教師，並兼上海青運組織大專部主任，輔導抗戰建國活動，頗著勞績。

二十六年「八一三」戰發，即在滬組訓幹部，並參與救濟工作，嗣由浙、贛、湘抵漢口，度流亡教授生活，承教育部先聘爲編審，再介任國立同濟大學訓育主任。二十九年回鄉爲慈母祝壽，旋應丘漢平先生之邀赴閩，任經濟建設會專門委員，次年膺福建省圖書雜誌審查處處長，兼省訓練團講席及省研究院研究員，並組出版協會，從事抗戰建國之宣傳研究，爲閩賢所稱贊。

勝利後回湘任湖南省黨部委員，兼湖南大學、國立師範學院、民國大學教授及訓導長。三十八年隨國立長白師範學院遷海南島授課，三十九年一月來臺，先後任政工幹部學校教授暨系主任，國立政治大學教授暨訓導長，並兼文化大學、東吳大學、淡江大學、輔仁大學、中興大學、師範大學諸校教授。授課深入淺出，融貫中西，傳道解惑，成一家言。著有《中國哲學史》、《三民主義的哲學體系》、《國父思想》等三十餘種，另論文逾千篇，爲學界所推重。曾獲國防部海陸空獎、教育部學術獎、行政院新聞局金鼎獎、國父遺教研究會著作獎等，學精識邃，實至名歸。六十六年獲韓國東國大學授予名譽哲學博士學位，可謂聲譽遠馳。

三十年與福州闕淑卿女士結婚，內助稱賢，善教子女，子三女二，長女中英，美國密蘇里大學教育碩士。長男南山，南卡羅來納大學土木工程碩士，現就讀科羅拉多大學土壤研究所博士班。次男玉山，國立政治大學東亞研究所碩士，現就讀文化大學三民主義研究所博士班。次女明英，銘傳商專電子計算科畢業，曾任專校講師。三男陽山，現就讀美國哥倫比亞大學政治研究所博士班。長婿郭逸文，美國南卡羅來納大學數學博士。長媳李秩明，南卡羅來納大學工商管理碩士。三媳黃良瑩，紐約時裝技術學院畢業。子女幼承庭訓，皆好寫作，多次獲獎。另有賢孫三人賢外孫女二人，皆在學中，堪稱書香門第，桂馥蘭馨。

先生勤於治學，廣於涉獵，但能分別應用。就中西學說言，以中學爲經，西學爲緯。就中國學說言，以儒家爲經，百家爲緯。分言之：以言道墨，則老莊爲體，禹墨爲用；以言理學，則既重程朱，亦重陸王；以言兵、法、縱、橫，則選擇性接受；以言宗教，雖未參加任何一教，然皆重視其道德修養。至於 國父思想，則潛研逾半世紀，兼及 蔣公哲學，常以中西學說與之相較，亦作爲《中國哲學史》之總結。既闡述「心物合一」之新名，亦發揚「天人合一」之玄旨。

先生天稟才高，研精學富，處事既有條理，料事尤多預見。任處長、湖南一中校長、訓導長時，既多嘉謀嘉猷，亦能善始善終。任國父遺教研究會總幹事十年，任勞任怨，協調團結，不負使命，深得人緣。近年條陳國家經濟建設、財政金融改革、教育僑務革新各種卓見，深爲當局所重。又除崇奉孔孟禹墨外，其人生觀以盡人力、順天命爲主，因此遠崇老莊之修養，近效曾（國藩）譚（延闓）之胸懷。蓋老莊崇天道，曾文正公重天命，而先生同邑先達譚前行政院院長亦信天。先生以苦修力行治生，以樂天安命養性，故能大德益壽，至仁延年。

七十五年春，夏曆丙寅上元前日，爲先生八旬嵩慶，羣議稱觴介祝，而先生再四堅辭，同人等爰製錦箋，廣徵詩詞文聯書畫，藉表微意。尙祈
大雅賢達，邦人君子，惠賜藻翰，彰此勝流，不獨一時之盛觀，將垂千秋之美事，雲天翹企，不盡肫忱！

任卓宣　崔載陽、蔣一安、高旭輝
發起人　葉祖灝　張　弦　張載宇　蕭行易　敬啓
王大任　樊中天　汪孝先　傅　亢

二、八秩壽序

周世輔文熙先生，里貫爲湘之茶陵，其邑先達有譚文勤公鍾麟及其哲嗣延闓，於遜清末世及民紀開國，皆貴顯有聲於天下。而再上溯四百八十年，是邑之李東陽，於明孝宗朝官至文淵閣大

學士，平章軍國，受顧命而輔翼武宗。當劉瑾跋扈專橫之際，務摧抑縉紳，而東陽委曲因應，悉心調護，使一時名臣巨卿，賴以解危。蓋其潛移默奪，保全善類，有功於當時與後世者深遠如是。茶陵處湘之東南，其東與贛境接壤，生是邑者，輒有溫淑之氣，與湘省他縣民之偏剛者稍殊，證之李、譚諸公而信，以是衡先生，殆亦若合符節焉。

先生六歲啓蒙，十一歲出就外傅，越六年，考入湘省楚怡工校，十九年赴滬求學，入復旦大學，翌歲轉入國立暨南大學。適「九一八」事變作，積極參加抗日學運，前後七年，任勞任怨，於抗戰建國，深著輔導之績。洎二十六年「八一三」滬戰發生，迂道由浙贛湘抵漢皋，教育部介任國立同濟大學訓育主任，由贛遷滇，絃歌以續。嗣應丘漢平先生邀，赴閩任經濟建設研究會專門委員，翌年膺福建圖書審查處長，兼研究院研究員，並組出版協會，從事抗建之宣傳與研究，大爲閩之賢士所稱。抗倭勝利後，返湘任中國國民黨湖南省黨部委員，兼國立湖南大學、國立師範學院、民國大學教授。三十八年隨長白師範學院遷海南島授課，三十九年一月來臺，先任政工幹校教授暨系主任，嗣任國立政治大學教授兼訓導長，並兼文化、東吳、淡江、輔仁、中興、師大諸校講席。前後著有《中國哲學史》等書三十餘種，及論文千餘篇，榮獲著作獎多次，爲士林所推重。民國六十六年獲韓國東國大學授以名譽哲學博士，聲華尤騰播於域外矣。

三十年辛巳，與福州鄉試貢士闕長洲先生之掌珠淑卿女士結褵，現有二女三男，長女中英爲教育碩士，長婿郭逸文爲數學博士，次女明英銘傳商專畢業，長男南山、次男玉山、三男陽山，均攻讀博士學位，長媳李秩明為企業管理碩士，三媳黃良瑩紐約學院畢業，孫三孫女二，分在國內外修業，成績均優，堪稱書香門第，芳溢蘭桂。

先生才夙高而性和，學研精而行勉，執中協調，近效譚公，寧人息事，遠師李相，平日寢饋孔孟，沉潛老莊，出入宋明理學，融合程朱陸王，精研中山學說，涉及中西哲學，既聞心物合一，復研天人一體。同輩學人交相推崇，青年學子莫不讀其書而慕其人。民紀七十五年二月二十日為先生杖朝嘉辰，親知僚友代徵詩畫以作紀念，今承大雅君子詠岡陵以祝嘏，繪松鶴而延年，同慶八旬嵩壽，共頌八千長春，洵足以樹風聲而延景慕，爰揚彩筆用歌難老焉。

莫萱元　劉脩如　高　明　駱啓蓮　潘振球　薛光前
唐　智　袁叢美　楊叔蓀　王玉書　鄧明治　賈　凡　敬祝
楊承彬　段茂廷　林有土　周濟文　李忠懋　黃　中

湖南湘鄉許君武敬撰　湖南茶陵尹志義敬書

中華民國七十五年二月穀旦

三、八秩華誕祝壽詩詞選粹

親知僚友惠撰祝壽詩詞甚多，琳瑯滿目，美不勝收，茲錄其中二十五首存念。

1.谷正綱先生祝壽詞：「三湘一老，革命宣勤早。學養淳，君子貌，事國丹心效，椽筆奸邪討，覺世牖民居前導。華堂煥蘭桂，績懋著甄陶。身心健，精神好，籬邊梅蕊茂，海上庚星

耀，歌上壽，如松如柏春常葆。」（調寄千秋歲）

2.羅光先生祝壽詞：「國父思想，教導學生，指引後進，品德純正，學識深博，早已爲學術界所推重。一生飽經憂患，志行清高，不求名，不苟得，乃教育之楷模。今逢八旬嵩壽，謹祈造物主天主，沛賜恩祐。」

3.徐亨先生祝壽詞：「成孔孟之學，行老莊之道，得天地之明靈，媲山河之壽考。」

4.成惕軒先生祝壽詞：「銀花火樹，適當元夜之交，令節誦臺萊，正有文光添左海；蓬矢桑孤，早以四方爲志，春黌盛桃李，最難遺教闡中山。」

5.莫萱元先生祝壽詞：「衡山之麓，湘水之濱；天生賢哲，人傑地靈。負笈暨大，教育專精；從事學運，校風維新。榮膺黨職，効忠宣勤；執教上庠，桃李滿門。國父遺教，鑽研功深；中西學術，體用分陳。沉潛老莊，學究天人；識廣學富，著作等身。庭前蘭桂，競秀爭榮；福祿壽考，極婺共明。仁者必壽，松柏常靑；今逢大耋，敬祝遐齡。」

6.唐智先生祝壽詞：「湘水泱泱，衡嶽蒼蒼；鍾靈毓秀，乃誕循良。幼承庭訓，長遊上庠；學通中外，文敎弘揚。同人於野，振鐸門牆；桃李爭艷，蘭桂競芳。杖朝齒德，慶溢鄉邦；虔誠祝福，期頤康強。」

7.易大德先生祝壽詞：「其德純一，其學專精。宏揚正統思想，嘉惠上庠羣英，宜夫壽登大耋，譽滿蓬瀛。」

8.許曉初先生祝壽詞：「梅開時候慶稱觴，喜氣滿臺陽。長才碩學，深仁厚德，譽美珪璋。桃李盈門、蘭桂秀發，八秩康強。華堂集瑞，南極騰輝，福壽無疆。」

9.黃少谷先生祝壽詩：「師儒學術賴宏揚，洙泗薪傳大道昌；椿茂萱榮蘭桂秀，欣欣生意滿華堂。」

10.蔣一安先生祝壽詩：「千篇著述百篇詩，難盡胸懷億萬辭；中學爲經西學緯，儒家作矩道家規。尊崇孫蔣知行論，仰上曾譚(註)性理持；舉案相莊蘭桂馥，樂夫天命卜期頤。」

註 曾、譚指曾文正公與譚延闓主席言，先生仰二公風範，亦效法焉。

11.王覺源先生祝壽詩：「鄉哲茶陵夙所宗，高風亮節念追從；訏謨曾定新邦命，學術能扶大雅輪。東海宣勤誅亂黨，茲泉游釣見雍容；齊眉白髮精神爽，燈火挑樽晉百鍾。」

12.王乃昌先生祝壽詩：「瀟湘靈秀毓高賢，學究天人不計篇；絳帳弦歌功淑世，宮牆桃李聳雲巔。凌霜陶菊姿常茂，傲雪蒼松節益堅；仁者樂山多福壽，含飴撫掌醉中仙。」

13.張建邦先生祝壽詩：「先生杖國愈康疆，學合天人老與莊；道墨兼儒宏體用，祝公嵩壽頌華岡。」

14.韋德懋先生祝壽詩：「八十通儒與不賒，文章絕世筆生花；南邦講學傳吾道，東閣題詩惜物華。翰苑風流來有自，人間浩氣永無涯；芝蘭玉樹爭妍日，萬丈霞光護絳紗。」

15.劉象山先生祝壽詩：「籍甚聲名久，論交盡早傾；九流胸淹貫，八秩壽崢嶸。壁月銀花麗，芝蘭玉樹榮；蓬萊春正好，杯酒祝長生。」

16.劉泚先生祝壽詩：「筆大如椽力萬鈞，著書立說覺斯民；徧栽桃李成多士，齒德俱尊孰與倫。」

17.施文森先生祝壽詩：「仙翁今日降仙家，又見先生福履加；論齒初扶靈壽杖，稱觴恰趁吉祥花。郎君綵服圍朱履，弟子笙歌擁絳紗；最愛春光三月好，滿門桃李爛朝霞。」

18.賈書法先生祝壽詩：「湘嶽鍾靈秀，經綸展大猷；精通中外學，綜合古今優。桃李名揚世，桂蘭志紹裘；等身宏著作，八秩慶添籌。」

19.王玉書先生祝壽詩：「南嶽鍾靈元挺出，滬濱遊學早含章；精研儒墨平治道，力闡逸仙救世方。心物貫融欽奧妙，中西經緯歎汪洋；高風振鐸青衿仰，天賜齊眉鶴壽長。」

20.謝鴻軒先生祝壽詩：「乘桴海嶠德彌新，論學同扶大雅輪；崇道宗儒探義理，樂天安命篤彝倫。歲寒松柏忠貞顯，庭滿芝蘭品性醇；更集鴻文延鶴算，笑看桃李繞靈椿。」

21.高明先生祝壽詩：「平生吟屐遍中華，唯有衡山最可嗟；自是神州成一別，空餘客思咽千笳。與君海上同村落，覓句時來共晚霞；八十莫愁歸不得，風雲行見掃妖邪。」

22.陳立夫先生祝壽詞：「業崇德盛，識邃學精，慶衍大耋，百福蕃臻。」

23.歐陽勛先生祝壽詞：「吾湘名宿，學冠羣倫，育才宏敎，著作等身。杖朝體健，歲寒志貞，南山同壽，蓬島長春。」

24.鄧傳楷先生祝壽辭：「文熙學長，忠黨愛國，誨人不倦，敦厚周慎，接之以溫，妻賢子孝，厚德載福，負笈暨南，誼忝同窗，供職中央，叨陪末座，連輿接席，承教實多。八秩華誕，同中慶祝。」

25.徐文珊先生祝壽辭：「文熙教授志兄，文武兼資，學深養到，菁莪樂育，著作等身。壽晉八秩，猶教學不倦，惟日孜孜，精神可敬，績效恢宏，用集俚語，以介眉壽。」

第二節　遊美名勝與觀感

我於民國六十九年五月第一次赴美探親，七十四年四月再度赴美，先後在美停留兩個多月，去過大峽谷、尼加拉大瀑布、千島湖等勝地遊覽，並到紐約、華盛頓、洛杉磯、哈佛大學、麻省理工學院等處參觀，曾撰寫遊記六萬多字，限於篇幅，僅介紹下列名勝：㈠大峽谷二日遊，㈡參觀黃石公園，㈢走馬看華盛頓，㈣漫遊洛杉磯，㈤影城好萊塢，㈥觀尼加拉瀑布，㈦登紐約最高樓有感，㈧丹佛高處不勝寒，㈨舊金山風光，㈩神仙洞眞似仙宮。

壹、大峽谷二日遊

大峽谷是美國的國家公園，其形勢之雄，面積之廣，澗谷之深，巖壁之奇，彩色之美，均非我國任何風景區所能望其項背，茲分爲五區，試述其形勢於萬一。

一、第一區——吾婿郭逸文博士有多次遊大峽谷經驗，他駕車先到第一區停下。我們同車第一次來的，覺得大峽谷形勢雄威，浩氣蓬勃，雖長江三峽，亦僅能比其一線耳。又不知是那年，由名工程師在危石巖邊，裝好鐵欄桿，讓遊客扶欄而下，到深入谷中的最前線遠眺！跳跳蹦蹦的小孩，皆由父母牽着手前進，苟稍一不愼，穿欄滾下，卽粉身碎骨，而且不易將屍首運上。老人有心臟病者，恐亦不能走到最前線，因爲眺望，可以令人眼光撩亂；俯視，又是令人膽戰心寒！

我舉首遙望，祇見一字形平頭高巖，橫亙數里，如刀削平，上面長着靑色小樹，如江南靑草。巖高數萬丈，第一層巖石爲栗色，第二層巖石爲紅色，疊至十餘重；第三層因多係土壤斜坡，長有小松柏，形成一片靑坪。第四層又爲紅色，計有數十重，如紅綢疊成，直達谷底。谷溪蜿蜒如蛇，似看不見水流。

迴首俯視自身所站這一面，右邊爲一堆一堆的高巖，內有若斷未斷者，形似某些動物者，有些石塊似爲人工置上者，隨時可由迅雷烈風搖下；左邊爲一列一列的紅巖，高不可攀，深不可測。

二、第二區——這一區在前區之左，相距不遠，對面一字形高巖所見與前區所見的差不多。惟左手邊所見，有爲前面所未看到的，如有好幾排大巖，上陡下斜，像漁夫撒牽網，一撒到底，未見魚兒跳躍罷了。

三、第三區——此區距第一區較遠，對面大巖稍有不同，許多巖峯有如帝王所坐的圍椅。如果眞有人坐上，則儼然玉皇大帝高據天庭。左邊則有斷裂高巖，其頂上石頭危危若墜。孟子說：「是故立命者，不立於巖牆之下」，誰敢在它下面站着呢？

四、第四區——我們走到第四區時，太陽將近下山，紅日祇照着對面巖石脚部，上下爲陰面，紅石與紅日相映，陰面與陽面分明，另有一番新景象。杜甫撰〈望嶽（東嶽泰山）詩〉有云：「造化鍾神秀，陰陽割昏（暗）曉（明）。」移來這裏寫景，很有些相似。

五、第五區——昨天遊完第四區，乘原車回旅館吃晚飯，已是下午八時矣。今日再驅車遊第五區，見一圓形高塔，頂層尚未完工，但下四層可以供遊人攀登，底層爲一店面，有特產、首飾、風景片出售，妻購首飾贈人，我購風景片欣賞。

我們大小七人，攀圓形扶手魚貫而上高塔。每一層大小玻璃窗多面，東西南北，各面所見不同，亦設有望遠鏡，可自由對着窗口遙觀。惟此區對面所見景象，與前四區有異。紅巖上似絕壁，下爲斜坡，數十線飄然下降，似若至谷底覓水。

大峽谷河流爲科羅拉多河上流，此河由科羅拉多州奔來，經大峽谷，流向胡佛水壩，至墨西哥入海。前四區能看到河流處不多，此區則河面能見度達數百丈之濶，成「之」字形，儼然又見浙江的「之江」。左邊見栗色巖數座，絕壁陡立，裂石隨時可崩，令人爲之心危！右邊有一處巖面甚寬，蒼柏平舖，似可建千萬間住宅，中間聳立一平頂甚寬之高峯，不知像不像漢文帝的高臺？如果像的話，我還遐想，能否找到陶淵明來登臺放飲？陶淵明〈咏高臺詩〉云：「漢文皇帝有高樓，此日登臨曙色開，……假若近尋彭澤宰，陶然共醉菊花杯。」又寬敞巖面之下，發現斷巖多處，奇形怪狀，美不勝收，令人流連忘返，但時已中午，不能久留，乃依依而別。

總之，大峽谷風景乃萬千年風化、雨沖、地殼演變而成，雖有鬼斧神工，亦不能雕成如此江山妙畫；縱使大禹復生，亦祇能劈劃夔門一處，不能劈劃此千萬處夔門。蘇東坡撰〈後赤壁賦〉，形容赤壁的形勢有云：「江流有聲，斷岸千尺。」又東坡當日由長江舍舟登山，「乃攝衣而上，履巉巖，披蒙茸（雜草），踞虎豹（巨石），登虬龍（彎曲之樹木），攀栖鶻（老鷹）之危巢，俯馮夷（水神）之幽宮。」我們遊峽的情況如何？乃加衣而前（風太大），縱未披雜草，卻已履巉巖，縱未登彎曲之高樹，卻已踞虎豹之巨石，縱未攀老鷹之窩巢，卻在想像中俯視水神之幽宮了。在表面上看來，僅得蘇東坡遊赤壁一半的樂趣，實際上超乎遊赤壁之樂趣千萬倍。假設蘇東坡復生，能來此暢遊，撰前後大峽谷賦各一篇，並譯成英文，則不僅在中國可流傳千秋，亦將在美以至於全世界照耀萬世。遊峽後詩思潮湧，爰撰二絕抒懷：

誰勞盤古闢斯疆，岸濶谷深不可量；削壁纏巖千萬仞，銀宮玉闕似天堂。

海濶天空看峽谷，奇岡異嶺狀如何；危崖累石驚遊客，虎踞龍騰問幾多？

貳、參觀黃石公園

黃石公園有名湖、野獸、溫泉、峽谷、瀑布、懸崖、削壁等名勝，都是天然風景，均有可觀，分述於左：

一、公園的設立——公元一八七〇年，有十九位探險家組隊在黃石公園一帶考察，發現廣漠無垠的大地，很少人跡，有山有水、有大湖、有峽谷、有珍禽異獸，尤其有定時噴出的溫泉，便建議由國家開闢經營，不要落入私人資本家之手。經過一年多的宣傳、運動，終於使國會通過了法案，成立國家公園，這是第一個，以後連續出現了其他的國家公園。

二、黃石湖與野獸成羣——今天各國的國家公園，爲了要保護園內珍禽異獸，一律禁獵。故在黃石公園沿途看到了自由自在的野牛、野馬、兕牛、猴子、猩猩、灰熊等，在那裏無掛無礙地覓食、賽跑。又看到許多樹木萎枯，無人收拾，亦有柴炭遍地及火燒痕跡，初怪公園管理者爲何不管事。後經打聽，管理者爲要保持自然景觀，特意不予理睬，甚至山林中起火，亦不去用人工撲滅。我以爲別的可以聽其自然，至於見火不救，難免矯枉過正。

車子繼續前進，見一大湖，湖面遼濶，水清如鏡，有人告我，這叫「黃石湖」，雖然有溫泉流入，卻不影響它的溫度，因山溪水冷的關係。但遊人似有顧慮，多不敢下去游泳。另湖邊有一名叫「魚孔」的溫泉，溫度甚高，把魚放下去，可以煮熟，如果不是親眼所見，不敢相信是事實。

三、黃石峽谷與蒙莽溫泉——黃石公園這個名稱想與黃石峽谷有關，他處峽谷顏色不一，此地峽谷之巖石則全爲黃色，斷巖亦萬尺，深難見水，但不如亞利桑那大峽谷之偉大。此間小瀑布甚多，景觀不錯，惟蒙莽溫泉較大，泉水自高山下瀉，經過幾層巖石形成瀑布而下，堪稱奇觀。此外，尚有一大溫泉池，四面既有溫泉流入，本身亦氣泡上升，面積廣濶，好像大規模之泥淖（蒙古人稱湖泊為「淖」）。

四、「老忠實」奇景——所謂「老忠實」（Old Faithful）本僅指按時噴水的溫泉（亦稱信泉）而言，現在一提到「老忠實」，連信泉附近的商店、旅館亦包括在內。旅館有平常城市之旅館，有散在森林中之木屋，即一棟祇住一家或二、三人，衞生設備完全之套房。黃石公園一帶，大概樹木不値錢，常見直徑一人左右之樹，剖開來橫排作牆，毫無吝惜之意。

我們所住旅館距「老忠實」噴泉，步行約五分鐘，大家事先打聽噴射時間，以免追趕不及。當時大概是每回四十五分鐘噴射一次，每次約十分鐘。我為愼重起見，與幾位同伴先期而往，在那裏等候。祇見一大池，圍以水泥圈圈，四週有木板路，亦有不少坐椅。我們環繞一週，見遊客愈來愈多，忽然一聲雷鳴，噴泉自地下深處一躍而上，高達數十丈，周約十圍，霧騰半空，氣沖斗牛，大家駐足注視，嘆為奇觀！數分鐘後，水柱漸低，以至消失。遊客皆心滿意足，打道回府。我以「信泉」為例，作詩提醒無信之人。

我曾學過地質學。蘇東坡撰〈潮州韓文公廟碑〉，贊頌韓愈有云：「公之神在天下者，如水之在地中，無所往而不在也。」這幾句話，對於地下水，祇講到一半。其實地下水如山陵一樣，是一條分高低的曲線，曲線經過的地方有水，未經過的地方沒有水。溫泉在地下流，亦是曲線的，有的地方深入，有的地方靠近地面，碰到水多壓力大的時候，即脫穎而出，便叫「噴泉」，按時而出，便叫「信泉」。

叁、走馬看華盛頓

華盛頓是美國的國都，名勝古蹟甚多，不勝枚舉，其中尤以林肯紀念堂、傑佛遜紀念堂、華盛頓紀念塔、白宮與國會，最爲著名，試述其不同景觀。

一、林肯紀念堂——一到華盛頓，先登林肯紀念堂，建築雄偉，裝設典雅，甚爲壯觀。我因民國十四年初讀三民主義，讀到 國父孫中山先生把林肯在蓋茨堡講演中的 of the people, by the people, for the people 譯爲民有、民治、民享，而且拿來與民族主義、民權主義和民生主義相比較，久欲一窺原文，果然在此紀念堂中牆壁石碑上找到，心中爲之一快，即叫女兒中英用照相機拍下來，留作他日之用。又美國發生南北戰爭，林肯解放黑奴成功後，在蓋茨堡開大會之前夕，林肯作小規模之講演，最後三句名言，是提倡民有、民治、民享的政治主張，未料被中山先生引作三民主義的思想淵源，林肯在天有靈，亦必引以爲慰！

二、傑佛遜紀念堂——次登傑佛遜紀念堂，佔地甚廣，棟宇堂皇，巍然峙立。這位先撰〈美國獨立宣言〉，後任總統的傑出人物，甚爲美國人所崇拜，在美國開國的歷史名位，僅次於華盛頓，亦爲全世界爭自由民主偉大人物之一，名垂千古。

三、華盛頓紀念塔——參觀林肯與傑佛遜紀念堂後，越過長方形人工湖，便達華盛頓紀念塔，皆用石塊砌成，當年建塔時，美國並非今日一樣富有，每年除自己開支外，還列有大批援外預算。因爲當時建塔經費不夠，中途停頓多年。後來有人看到聯邦太窮，無法完工，便提議由各州分捐石塊，始告竣工。內中有位在中國福州的傳教士，他爲了共襄盛舉，由福州運去一批石塊，如今這個雄峙白宮前面聞名世界的華盛頓紀念高塔，尚有福州石塊和中國人的心血在內，好不奇怪？又此塔在華盛頓地區，任何一條街皆可看得見。聞凡有礙視線之建築物，均不得興建，崇拜民族英雄——美國人對國父之愛，由此可見一斑。

四、白宮與國會——白宮是美國總統府，本來規定每週有幾天開放部分給遊客參觀，我們到達時剛好不開放。我們的導遊是天馬旅行社的董事長，少將退役，年齡約六十餘歲，身體強健，能國語、粵語、臺語、英語及客家話，飽讀詩書，能言善道，出口成章，記憶力強極了。他可以背出白宮的輪廓，如一百零幾間房間、多少間厠所、多少間會議室、林肯臥室某年某月某日鬧鬼等等，如數家珍，令人記不勝記。

白宮未參觀，國會倒是進去了。我們參觀的是衆議院，導遊很幽默，要大家過一分鐘衆議員的癮，我們都坐下來，我個人覺得座位太小，不知身體平均比我高大的美國議員有此感想否？同時又想到我國立法院新建會場的座位亦不寬鬆，不知主持的建築師是否抄了這個圖樣？同行有人告訴我：「國會圖書館藏書豐富，亦藏有字畫，你送給高德華參議員的詩卷，他回信給你，不是說藏在這裏嗎？」可惜，我沒有機會一睹為快。

肆、漫遊洛杉磯

洛杉磯為加利福尼亞州靠太平洋三大城市之一。北為西雅圖，中為舊金山，南為洛杉磯。洛杉磯原為美國第四大城市，近十年來因為氣候溫和，交通便利，一躍而為美國第二大城市，使芝加哥由第二屈居第三。茲將美華社一九八四年美國前三大城市的人口數如下：㈠大紐約市（包括紐澤西州及康州的一部分）計共一千七百八十萬人，㈡洛杉磯計共一千二百三十萬人，㈢芝加哥計八百萬人。如就小紐約市而論，以前好像以一千萬人為號召，那就與現在的洛杉磯難分軒輊了。講到洛杉磯的工商、金融與交通事業，固不能與紐約市爭一日之長，但亦百貨公司林立、工商業日新月異，將來之發展前途，未可限量。

洛杉磯的中國城，雖不能與紐約市的唐人街相比，但可分為三區：㈠舊中國城，㈡新中國城，㈢蒙特利公園城（Monterey Park）。據說舊中國城已甚沒落，我沒有去過。新中國城住過兩次，第一次住百老滙旅社，第二次住龍門旅社。新中國城有幾個特區：第一個為國父銅像處，此地有很多中國人開的商店，中間有空地，四圍有特產店與飲食店，中國色彩甚濃，中西觀光者多來此一遊。第二個為龍門旅社所在處，有中國標誌，中間亦有空地，四圍是中國商店，有中國菜館多家，亦有其他公司，是有樓房的。第三個為百老滙地區，街上有廣東茶館、廣東及他省餐館、中藥店、特產店、超級商店，但不如舊金山中國城之整齊劃一。

蒙特利公園城，又名「小臺北」，爲一新興區域，聽說此地土地本來不値錢，經過國人的搶購，便昂貴起來，現在中國的商店、旅館，如雨後春筍，住家亦多得很，我所認識的朋友，計有數十家之多。蒙特利市長曾一度爲中國人陳李婉若，現爲市議員。

南山的朋友載我與內人繞了「蒙特利」一圈之後，在一家四川館子停了下來，準備吃午飯，當與老闆攀談時，自我介紹是湖南人。他說：「此飯館原爲你們湖南人彭長貴所開，後來他到紐約開彭園去了，便由我們接下來開四川館。其實，美國的四川菜與湖南菜相差不遠，所以許多州設有川湘菜館。」

一提到彭長貴與湖南菜，便使我的聯想湧上心頭，彭長貴是曹厨子的高徒，曹厨子是民國二十年前國民政府主席、行政院院長譚延闓先生的家厨，譚院長是湖南茶陵茶鄉人，與我是小同鄉，民國十九年我去南京，住在成賢街譚院長的侄少爺譚曙村先生家，與院長官邸僅一牆之隔，亦吃過曹厨的拿手好菜。當年南京各機關請客，尤其是宋子文宴外賓，都請曹厨子主厨，因此，他的湖南菜中外聞名。他爲迎合外賓講衞生的關係，發明了分湯而飲，延續至今，擴爲中菜西吃。在美國的中國餐館，皆是盤子與飯碗並用，刀叉與筷子齊飛，故外國人多至中國餐廳一快朶頤。我所到過的舊金山、洛杉磯、鳳凰城、丹佛、紐約等城市都是如此。

彭長貴獲得曹厨子的衣缽眞傳，曾在長沙等處開設湘菜館，來臺後，先後在寧波西街、成都路開設彭園，自承徐柏園先生賞識後，便在寶慶路包了中央銀行餐廳，並獲准對外營業，不久，兼領中國大飯店七樓中餐廳。此時聲名大噪，美國新聞記者不止一次向他採訪。他先後在美國洛杉磯、紐約市開設了餐館，於民國七十二年左右，回臺再開彭園，分設於林森北路與南京東路，七十三年又在舊金山開彭園，聽說欣賞他的湖南菜者，爲數不少。聞三兒陽山言：「紐約市的中國菜，除廣東列爲第一外，湖南菜躍居第二。」長兒南山言：「丹佛市的中國菜亦然。」湖南菜在美國能如此走運，可能與彭長貴「揚名立萬」的關係甚大。又丹佛有家中國餐廳，中文標名爲川湘餐廳，英文標名爲湖南餐廳（House of Hunam），可見美國人重視湖南菜甚於四川菜。

伍、影城好萊塢

好萊塢離洛杉磯市三十公里，人口約三十餘萬，每天有多種遊覽車前往，可以在中國城指定地點上車，其目的地是：㈠好萊塢中國戲院，㈡露天音樂臺與農民市場，㈢環球影片公司，㈣明星住宅區。

一、好萊塢中國戲院——我們的遊覽車到了好萊塢街上一個中國式的戲院停下來，導遊說：「這戲院原是中國人建的，故門南是中國舊式的建築。」當初在門首鋪方水泥塊尚未乾時，一再被人踏上鞋印，主其事者靈機一動，倒不如請電影明星來打手模足印，以作廣告。如是一而再，再而三，不斷換新水泥方塊，不斷有男女明星來此留手模足印，並親自簽名，便成爲吸引觀光遊客的一種新穎號召。

又因中國戲院塑有舉世聞名艷星瑪麗蓮夢露的蠟像，更能吸引遊客到此觀光。瑪麗蓮夢露這顆亮晶晶的艷星，正在日正當中之際，她爲甚麼會自殺？起先報載她是悲觀主義者，因痛苦無法解決，便仰藥長眠。大概是人家同情她，痛念她，便塑了一座栩栩如生的蠟像，裝在中國戲院的玻璃亭中，任人憑弔，亦任人攝影。我就悲觀主義者觀點，撰詩弔之：「紅星似日麗中天，仰藥長眠舉世憐；放浪形骸非自願，心靈痛苦幾多年。」

二、露天音樂臺與農民市場——我和王教授先漢乘遊覽車到了露天音樂臺，實地觀察後，發現與丹佛紅石公園的露天音樂臺不同。因紅石公園的天然巖石作屏障，減少聲音散失；此地的建築在相當高度的斜坡上，利用斜坡使聲音不易走散，以增進效果。前者的座位當在七、八千人之間，此地的座位當在二千人以上，兩處都是在夜間表演，聽說聽衆都非常踴躍。

關於「農民市場」，說穿了，不過是一個大規模的菜場，加上很多餐館與少數雜貨店而已。因爲房子很多，四面開門，農產品滿坑滿谷，往來人潮甚衆，故亦列爲可遊之地。我與王教授繞場一週後，無甚風光可觀，擇一餐館，各叫了一盤自助餐，吃完即上車去遊覽環球影片公司。

三、環球影片公司——未到環球影片公司之前，經過一些有名的電影攝影場。如華納、米高梅、哥倫比亞等電影公司，都有廣大的攝影場，場內有高山平原、小橋流水、碧湖綠草、翠柏蒼松、皇宮軍營、陋巷大道，亦有人造的猛虎綿羊，毒蛇小鳥，五花八門，應有盡有。導演聚精會神，明星現身說法，有時表演輕歌漫舞，有時演得驚心動魄，我們的目的地不在此，祇是走馬（車）觀光，偶然一瞥而已。

環球影片公司原本生意興隆，後因經營不善，勢將關閉，奈何器材資產無人承購，員工無錢遣散，正在進退維谷之際，有人建議，改為遊覽場所，出售門票，讓遊客一睹拍電影的內幕和眞象。果然此計甚妙，門票收入，可以維持一千八百員工之生活。

我們自購票進場起，至出場止，看到各種秘密：㈠山崩海瀉，㈡海中（小池）鯨魚掀船，㈢暴風雨拔樹傾堤，㈣大火焚屋，㈤武夫倒拖汽車，㈥腳踏車飛奔（布景腳踏車在原地轉輪），㈦持槍入土與出土殺人，㈧跳傘落車，㈨飛人過橋，㈩神兵天降，以及其他動植物驚險道具，並演了一幕短劇電影。以上這些動作，都是揭穿電影內幕，銀幕上的各種景物鏡頭，多是人工或機器造成的，不是眞實情景。

外國人常說：「天地一戰場，人生一惡鬪。」這話實在有點可怕！莎士比亞則說：「人生如舞臺，世人皆優伶。」這兩句話，說得多麼美妙！並且有位名士就京戲中的生、旦、淨、丑，撰了一副巧聯云：

堯舜生，湯武淨，桓文小丑，古今來幾多角色；

日月燈，江湖油，雲雷旗鼓，天地間一大戲場。

四、明星住宅區——比華利山莊是好萊塢明星住宅區，建築華麗，聞名世界。因好萊塢的大明星每年收入超過總統多倍，尤其各院部會主管，更不敢望其項背。他們生活奢侈，享受豪華，自不在話下。其住宅所佔面積雖不大，惟設計與構造，則爭奇鬭妍，極盡巧妙之能事。女明星自視仙女，其住宅被人比作仙宮。導遊指手劃足，道出某些住宅乃某些明星所住。我想已與瑪麗蓮夢露照過像，心滿意足矣。

此山住宅，雖然習慣上多爲大明星的「鵲巢」，但有些資本家亦前來「鳩佔」。如十餘年前，中國有一個大經濟罪犯，逃至洛杉磯，便購了明星住宅，買了價值近千萬美元的珠寶，藏在這「金窟」，並加以保險，後來自己東逃西躲，珠寶被竊，保險公司右調左查，還想賴賠呢？〈陋室銘〉前兩句云：「山不在高，有仙則名」，我想在這裏改爲：「山不在高，有星（明星）則名。」

陸、觀尼加拉瀑布

千島湖位於美、加兩國的分界河上，面積廣濶，湖中島嶼林立，大小不一，計有一千八百六十四個之多，大島如小山，小島如巨石，有的像馬蹄形，有的像鳥翅膀，有的像獅頭，有的像馬首，千奇百怪，不可言狀。各島多松柏，樹影倒現湖中，形成美景。雖未見「落霞與孤鶩齊飛」，卻看到「秋水共長天一色」。湖中有兩小島，中架一小橋，左方爲加拿大，右方爲美利堅，這就叫「分界橋」。他處隣國常爭邊界，以致兵戎相見，甚至結爲世仇。美、加兩國則和平相處，祇見奉玉帛，從不動干戈，可謂世上少有。

昔有一位德國商人，在美國經商發了大財，便在湖中購了一島，一共化了二百萬美金，設計在該島上建一歐洲堡壘，建了六年，尚未完工，忽傳噩耗，他太太在德國過世了，馬上束裝奔喪，不再來了。剩下這個島，由公家改建遊覽地區之一，遊客可以上去參觀。面對湖中風光，便聯想到陶朱公棄官從商，傳說帶了西施泛遊五湖，兼做生意，發了大財，「三致千金，而三散之」，他的氣度，高於德國商人一籌。因此，我將上述各種內容，撰成千島湖放歌，以抒感懷，原歌錄左：

初遊千島湖，喜見湖水碧；湖島近兩千，湖民數歷歷。
大島如小山，小島如巨石；島上林木茂，倒影見松柏，
既有馬蹄形，亦有鴻鳥翮；星羅與棋布，穿梭走船舶。
湖中有兩島，中接小橋窄；一方加拿大，另方卽美國。
尼加拉亦然，中有小島隔，如此兄弟邦，亦可稱叔伯。
從不動干戈，只見奉玉帛，但願他隣邦，樂與共晨夕。
兼愛交相利，相親不相敵。昔有德國商，擇島建廣宅。

美金二百萬，不惜手一擲。宅前有城門，宅內防敵擊。
形似歐洲堡，銅牆兼鐵壁。誰知住一宿，忽報妻易簀。
六載工未完，鬨耗遄返德，從此不再問，忍令主人易。
范蠡泛五湖，西施傳在側；三次致千金，三散不吝惜。
天地一逆旅，人生如過客，黃粱夢醒時，富貴又何獲？
奉勸大富翁，年老戒在得，況當身退時，散財爲上策！

世界享盛名之尼加拉大瀑布，位於美國與加拿大交界地區，先在加拿大大瀑布附近瞻望，祇見斷崖千尺，河水傾瀉，雷聲轟轟，地動岸搖，如玉練千匹，倒懸而下，似萬馬奔騰，飛躍而進。飛銀濺雪，何止千堆？霧散雲舞，瞬息萬變。同行嗟嗟稱奇，我亦嘆爲觀止。

不久，與同遊者去玫瑰花園及另一布置花鐘之公園，即赴下游，乘遊輪由下而上，參觀全面瀑布，各人穿雨衣一件，以防身濕。先遊美國方面之瀑布，規模較小，傾瀉爲一平面，岸上遊人甚多，亦有冒險走入旁邊小路觀看者。此間雖有雲雨，但不甚驚人。船家鼓輪再進，至尼加拉大瀑布前面，暴雨傾盆，雲霧瀰天，雷霆萬鈞，震耳若聾！口不能張，眼不能開，船身傾斜，似有沉入深潭之勢。小孩叫不出聲，緊貼父母身旁，內人向我耳語，「吃不消了」，我說：「如此危險形勢，不會太久？」果在驚險萬狀之餘，船頭一轉，漸趨平穩，迨雨過天青，大家才透一口氣，很輕鬆地回航了。是夜又至大瀑布附近，登高樓觀五色瀑布，即由人工裝設各色霓虹燈，對着瀑布放射，五顏六色，光彩燦爛，蔚爲奇觀。

柒、登紐約最高樓有感

民國六十九年六月二十一日上午，承潘公展先生公子潘維新兄夫婦陪遊紐約世界貿易中心。以往遊紐約者，必登帝國大厦，現在則以此中心爲主。在登樓前，先行排隊購票，我們三人約排了一小時許，始獲購票在手，擠上電梯一百零七層，再步登兩層，每層兩級，等於四層，合計一百一十一層，樓高一千三百五十呎，較帝國大厦爲高。

世界貿易中心高樓分左右幢，高度相同，樓頂均爲方形，可以從東西南北四方瞭望。樓前爲大海，左右爲河道，後爲運河，紐約四面環水，市民日夜浮在水環之中。右前方有一小島，豎自由女神像，美國戰勝英軍獨立後，爲法國人所贈。美國內少數民族之暴徒，曾炸壞此神座洩憤，現正在修理，謝絕參觀，故不能前往瞻仰。左前方另一小島，關住某種囚徒，對外亦不開放，與臺灣之火燒島相似。目光內移，則見時報廣場、洛克斐勒中心、百老滙大道、帝國大厦。稍右則爲聯合國大樓，祇見一方塊聳出，孤立無援，不知世界名建築家爲何作如此之單調設計？轉身至後方，見中央公園綠草如茵，稍遠，則見銀行集中區之華爾街、富豪達官之第五大道住宅區。紐約州隔河爲紐澤西州，工廠林立，住宅櫛比，在紐約市辦公者，爲圖清靜，多住在紐澤西州，現在兩州幾已打成一片，有數道跨州橋可通。

我登此高樓後，百感交集。既感人生之渺小，又感富貴之無常，更感神州陸沉，遺民待救。昔陳子昂〈登幽州臺〉：「念天地之悠悠，獨愴然而涕下！」杜甫〈登岳陽樓〉：「戎馬關山北，憑軒涕泗流！」又王粲登樓作賦，崔顥登黃鶴樓咏詩，我亦東施效顰，爰作歌如下：

「我本楚狂人」，狂歌遊美國，手持杖國杖，高登百層樓。
潘君賢伉儷，扶我上樓頭，舉目出世界，盪胸見雲流。
遠觀三百里，俯瞰兩紐州，海浪何滔滔，白雲空悠悠。
前望自由神，此日亦含羞，何來暴動客，炸神報私仇。
紐城水環繞，市民日夜浮，江流不復返，時光去不留。
華爾道在望，爭財日不休，第五街狹小，富貴豈無憂？
街頭人如蟻，海上似無鷗，時報場不廣，巨川如小溝。
人生何渺小？滄海一粟留，生命何短促，萬世一蜉蝣。
昨遊聯合國，高標正義謀，豺狼已羼入，狐鼠滾滾游。
憑欄望禹甸，十億多成囚，犂庭終有日，盡解遺民愁。

捌、丹佛高處不勝寒

丹佛位於美國的北部，氣候較南方各州爲寒冷，除落磯山的「六月飛雪」奇景外，他如紅石公園、格林伍熱泉、空軍官校、上帝花園與天下第一高吊橋的勝景，各具特色，均有可觀，分別列此。

一、落磯山六月飛雪——中國平劇中有齣戲叫做《六月雪》，說是竇娥含冤莫白，被判死刑，於六月間執行正法時，天空突然飛雪，以示不平與警告。民國七十四年六月二日，我與南山、陽山兄弟，攜帶小樵、小傑兩孫，同車共進落磯山，抵目的地後，祇見雲霧瀰漫，大雪紛飛，似天女散花，白珠飄落，高峯山頂，均爲白雪覆蓋，大地呈現一片銀色世界，雪景奇妙。正在登高賞雪之際，冷風吹來，不勝其寒！乃下山至休息站歇腳時，不僅四面鋪着白雪，連車前玻璃亦有雪粒撞擊，益證「六月飛雪」是實景寫照，更可這樣說：縱無寃獄案，六月亦飛雪。

二、遊韋爾市與科羅拉多河——韋爾（Vail）市爲一高山遊樂區，前有滑雪場，後有高爾夫球場，市內街道清潔，特產店林立，旅館高聳，皮貨滿街，女大衣價值有每件十餘萬美元者，諒爲資本家太太的寵物。福特總統有別墅在此，聞其他要人亦置有別墅，以作滑雪及避暑之用。此地三面有崇山峻嶺，松柏參天，許多人到此，卽流連忘返，故遊人絡繹於途，前往觀光。

由韋爾市再下山，車行不久，便與科羅拉多河平行，車路在兩山間蜿蜒，如輪船之在三峽中前進。三峽固多佳境，但與此間不同。三峽多爲青山與黑灰色石壁，此間多爲紅巖與栗沙，削壁千尋，奇峯萬狀，忽爾在前面，忽爾在左右，雖不如三峽谷之雄偉，但亦具體而微，差堪比擬。有一段路面較窄，右爲高巖，左爲深河，車行其間，驚險萬狀，亦有「蜀道之難，難於上青天」

之感！

三、格林伍市熱泉——此地熱泉，類似重慶的北溫泉，有上下二池，不過第二池較北溫泉爲大，可以跳水及舉辦游泳比賽。上下兩池可容數百人沐浴，男女老少，載沉載浮，各享游泳樂趣。又大池左上岸，設有彎彎曲曲的大水管，管內有半管活水，欲玩溜水者，攀扶梯登高，跳入水管，隨彎彎曲曲水管，漂流而下，沖入大池中，亦人生之快事也。

大水管旁有一小型高爾夫球場，有十八洞球道，購票而入，排隊擊球，由第一至十八球道擊完爲止。我有一次雙竿入洞紀錄，三兒陽山有三次雙竿入洞紀錄，可稱難得。擊球後，至一中國餐館晚飯，乃四川味，食客多爲美國人，可見中國菜在美國已無孔不入矣，餐後驅車回丹佛，到家已下午十一時矣。

四、參觀空軍官校——五月二十七日由南山駕車，載我前往美國空軍官校參觀。該校規模雄偉，校舍滿佈山麓，造就人才甚衆。內有狀似飛機教室一座，可以任意參觀；大廳爲基督教禮拜堂，中廳爲天主教禮拜堂，小廳爲猶太教禮拜堂。聞南韓軍中設有佛教，由和尚主持一部分精神教育，美國軍中則以牧師爲主，主持一部分精神教育，中國軍中則以儒家道德倫理爲精神教育的中心，用不着任何宗教。如果讓基督教或佛教深入軍隊，則可能引起反基督教或反佛教之鬪爭，引起思想紛歧，妨害軍人團結。

五、上帝花園——落磯山紅石遍嶺，除紅石公園外，他處亦多紅色，尤其是「上帝花園」

(Garden of the Gods)，園中的紅巖石，有數處拔地而起，高達數千丈，孤然挺立，令人嘆爲觀止。園內有處勝地，一塊大石置於另一磐石之上，似爲西湖靈隱寺之飛來石，遊人爭相攀登攝影。又有一特產店，出售各種照片、陶器、手飾等物品，店內有一房間，置一大石圓盤，放映「上帝花園」全部風景，購票入場，二十分鐘內，全景呈現眼前，可看到廬山眞面目。店外設有懸欄，及多處望遠鏡，可窺全山谷風景。

六、步行天下第一高吊橋——此橋位於科羅拉多河上流，高達一千零三十五呎，河流繞山前進，經過許多峽谷，如黑峽谷（Black Canyon）、葛林峽谷（Glem Canyon）、布萊峽谷（Bryce Canyon）等。我們站在橋頭一望，吊橋兩岸，懸崖削壁，好像有人用「縮地法」把大峽谷一抽，縮成這裏的奇形怪狀，故遊人到此，多爭相攝影留念。

此吊橋兩邊離岸不遠處，各立鐵架一付，左右架頂掛上斗大鐵索，鐵索下墜，形成弧形，弧形低處，接上鐵鍊橋樑，舖以厚木板，可以分駛二輛汽車，但爲留遊人步行道計，祇許單車輪流緩緩而馳，車輛馳過時，橋身稍有震動，但無礙遊人步行。我們行至吊橋半途，俯身下瞰，見滾滾江流之科羅拉多河邊，高岸之底，竟修有鐵路，讓長蛇般火車，在一面高崖、一面深河僅容兩軌之間，蜿蜒而行，其工程之艱難，超過臺灣橫貫公路不知若干倍，「其險也若此」；乘車經過此段路程，令人膽戰心寒！

我們一行五人，走過了長長的鐵吊橋，在橋頭小餐，吃了漢堡壯壯膽子後，再步返彼岸。吊橋左下方有一降谷電纜車，每次可坐五、六十人，右上有一電吊車，每次可容二、三十人。當天是六月十六日，恰爲美國的父親節，我與南山都做了爸爸，均獲免費票乘電纜車與電吊車，二小孩年幼，亦不要買票，原以爲衹購內人一張票，便可享受五人乘車之優待。後因內人自己怕乘，亦以年老爲由，勸我勿乘，遂一律作罷，乘客變成看客，老闆便賺了六張票子，我與南山便白做了兩個爸爸，乃咏詩三首，以抒觀感。

1.登天下第一高吊橋有感

天下有斯第一橋，安車當步樂逍遙；俯觀千尺谷深處，儼若置身在九霄。

2.咏電吊車

四大皆空一線通，電輿載客御清風；飄飄來往深溪上，何異騰雲駕霧中。

3.觀電纜車有感

纜車下谷險如何？坡陡山高危石多，滾滾濁河流不盡，人生何處覓清波。

玖、舊金山風光

民國六十九年五月十六日十二時，我與內人闕淑卿飛抵舊金山，受到暨南大學同學會暨好友梁大鵬先生等歡迎，承設宴招待，並暢遊市區與名勝地。

一、遊舊金山市區——舊金山（San Francisco）亦譯爲「三藩市」，顧名思義，原來是一個金鑛山，後來金鑛挖光了，便變成一個繁華市。我到江蘇無錫，亦因錫鑛挖光了，便叫無錫，因此聯想到一副對子：「無錫城邊原有錫，舊金山上已無金。」亦可改爲「昔年無錫縣有錫，今日舊金山無金。」

該市突出於太平洋與金山灣之間，三面環水，是一個好像香港的山城，內有三十三個山頭，上下坡度甚大，汽車，尤其是摩托車，要鼓足馬力，方能上山，因此容易發生車禍，初到該市的國人，必受到當地華僑的警告。我見有一位初來者，幾乎被摩托車衝倒，可謂險矣。在這山城，爲了上下方便，產生了一種電纜車，其辦法是在軌道中用一根鋼索把車子拉上拉下，與上海的電車（動力在上面）相似，與洛杉磯的上山纜車大致相同。

一九○六年，舊金山一場大火，燒毀了過去的面目，好像抗戰時期，湖南長沙遭了大火，後來又重新建設。舊金山爲富裕都市，重建之後，街道整齊，洋房屹立，煥然一新。市區有許多大百貨公司，陳設琳瑯滿目，電影院和戲院計有三十餘家之多，內有一家爲一九四五年四月至六月聯合國舉行成立大會並簽訂憲章之地，現已成爲觀光之良好去處，又是一個優良的漁港。碼頭有動力漁船數百艘，有些朝出晚歸，滿載海鮮而回。

舊金山因背山面海的關係，氣候溫和，溫度最高不超過華氏七十度，朝夕清風徐來，較臺北更爲涼爽，很少人家裝冷氣。又因蚊蠅甚少，亦無裝紗門窗的必要，內人在舊金山停留三天，就有點不願意離開。至西區海岸，是一大海濱浴場，有大旅館和紀念品商店，戲水滑水，老少咸宜，海中有幾塊巖石矗立如山，叫「海狗巖」，有數百隻海狗棲息其間，讓人遠眺，因爲這些海狗是被法律保護的，居民不敢捕獵，牠們便可自由自在，快樂逍遙！

二、中國城漫步——中國城又名唐人街，位於舊金山市的東北角，以葛蘭特街（Grant St.）爲中心，有幾條直街和橫街，向左右伸張，多爲舊式洋房，都是華人住此，經營商業，計有玉器古玩店、百貨店、臺灣特產店、書店、中藥店、洗衣店、縫級店，大概臺灣可以買到的東西，多數不會缺貨，惟麻將牌公開出賣，則爲臺北所未見，美國人視爲「城中之城」。除各種商店外，有中文課之小學與中學，有廣東銀行、郵政局、電話局、報館、戲院、夜總會、中國式廟寺、商會、中華會館、天主教堂、基督教堂、托兒所、職業介紹所，儼然是一個「小中國」。因爲廣東人佔極大多數，便被人稱爲「小廣東」，但不是說一個外省人亦沒有，城中固然粵語甚行，但能講國語者亦不少。

城內中餐館不少，多爲粵菜，廣東茶館曾見數家，在此用早點，比臺北貴不了多少。我在幾家商店前面，看見不少鐵梯，不知作何用途？經打聽一九〇六年四月十八日大火，樓上住民無法逃生，燒死數千人，後來住宅加裝鐵梯，是爲了緊急救命之需。又華僑遠居異國，素不忘本，每逢陰曆年，滿街懸燈，燃放鞭炮（美國警察局特准），舞龍舞獅，敲鑼擊鼓，熱鬧異常，美國人及他國遊客都視爲觀光節目之一。

三、參觀金門大橋——金門海峽外口，建了一座世界著名的金門大橋（吊橋）。因爲海峽來往輪船太多，不便造多墩的大橋，便需造一單樑高橋，以利輪船通行。一九二七年，著名工程師史屈勞斯負責設計，從一九三三年着手動工，用了十萬噸鋼鐵，動員數千名工人，在海峽兩邊水深處，各竪立一座七百四十六呎的高塔（與七十層紐約市洛克斐勒中心高樓差不多），用直徑一呎厚的鋼索把左右兩高塔加以連接，再運用鋼索建設九十呎的鋼鐵橋面，並向高塔兩邊引伸，全長六千五百呎，六部汽車可以同時通行，兩邊還有人行道，造價三千五百萬美元，如果要我步行過橋，實在有點膽戰心驚。

聽說這橋要不斷的油漆，以防生銹。由左邊漆到右邊，計時達五年之久。等到右邊漆好了，左邊又要開始，所以這些油漆匠便有了終身職業。另外還有兩座橋，都在金門橋之上，右邊有一座海灣橋，建在金山灣之上，連接舊金山市與奧克蘭，左邊有一座李卻蒙·辣斐爾橋，連接奧克蘭與馬林縣，三橋溝通，來往如環，非常稱便。

拾、神仙洞真似仙宮

民國六十九年六月十三日，我們遊覽紐約市幾條大街，買好赴華盛頓及加拿大旅行車票，去看尼加拉瀑布，並辦好赴加拿大簽證手續。十四日上午七時左右，在中國城搭中國人所辦之天馬旅行公司專車去華盛頓。原旅遊計畫，在赴華盛頓道上，先遊維基尼亞之「神仙洞」，據聞此洞原由幾個小孩玩挖土遊戲，無意中發現此一奇景，他們祇得幾十元美金酬報，現在每日不知要賣多少美金的入洞票，眞是「前人種樹，後人乘凉」。

抗戰時期，我曾到過「山水甲天下」的桂林，遊過桂林的「七星巖」山洞，此洞穿過七個山頭，洞內景物奇特，已經嘆爲觀止。神仙洞較七星巖更要長些，景物更爲奇特。七星巖未裝電燈，由導遊者燃火把前進，常聽到：「火把打到東，東邊有甚麼奇景；火把打到西，西邊有甚麼怪石」，好像瞎子摸象，看不清楚廬山眞面貌。此洞則沿途裝有電燈，各種奇怪景象，看得一清二楚，可飽眼福。洞中有數千年積下來的石乳，奇形怪狀，五花八門，有各種顏色不同的石頭，植物石、動物石，與夫各種工具及家具的石頭，形狀逼眞得很。其中有一石頭像孔子說經，另有一石頭像耶穌傳教，天造地設，鬼斧神工，林林總總，都是洋洋大觀，令人疑已置身天上仙宮，忽有「飄飄然若仙」的感覺。內人原不好山水，本不願來紐約與華盛頓，遊過神仙洞後，觀念爲之一變，此後愛遊山水，亦好談山水，可見山水之感人也甚矣！

第三節 著書與寫作

寫作與著書是我教書外的重要工作，五十年來，無論在何時何地，從未間斷，甚至寫稿至深夜，習以爲常。退休後編撰重要著作有七種；寫作方面包括論文、傳記、遊記、詩歌、對聯以及賀喜、祝壽、弔喪等應酬文章，作品甚多，分別刊登於報章雜誌。下面要談到㈠重要著作，㈡論文與應酬文章，㈢詩歌與對聯。

壹、重要著作

我於六十七年自政大退休，至七十七年止，在此十一年期中，六十八年著《國父遺教要義》與《三民主義思想三百題》，七十年與胞弟文湘合著《周禮的政治思想》，另出版《國父思想大綱》，七十二年著《三民主義要義》，以上五本書，均由三民書局印行。七十五年應國立編譯館約請，撰著《中西哲學與蔣公哲學思想》，於七十七年三月間寫好初稿。另七十一年至七十五年，先後增訂《國父思想要義》五次，重印發行，可能是出版界罕見的。以上七種著作中，除《中西哲學與蔣公哲學思想》尚未印行外，其他六本書，承各界人士及大專學校師生愛護，相當暢銷。所有著作中，《中西哲學與蔣公哲學思想》、《周禮的政治思想》與《國父思想要義》較爲突出，有分別說明之必要。

一、中西哲學與蔣公哲學思想——六十二年國立編譯館曾約請我與吳康先生合著《哲學概論》一書，遵約將國父哲學思想主要內容編入於章節中，是其特色。七十四年三月間，編譯館再約撰《中西哲學與蔣公哲學思想》一書，並以發揚先總統思想相責勉，期以三年完成，義不容辭，又因十年來堆積如山稿債，多已償還，撰寫時間又長達三年，遂同意簽約。

關於哲學思想方面，因曾撰《哲學概論》、《中國哲學史》、《三民主義的哲學體系》等書，材料甚爲豐富，寫作綱要與內容亦有腹案。惟爲求完善，仍繼續搜集有關文獻，重新整理，先研擬目錄，再按章節款項撰寫，深入淺出，文字力求通曉，內容不厭詳盡，集中心力，要將本書寫出水準以上，歷時三年多，於七十七年四月間完成初稿，全書共四十萬字，爲繼《三民主義的哲學體系》、《國父思想》，《中國哲學史》後較滿意的著作。又該書交稿後，編譯館聘請梁兆康教授審核，承梁教授在審核表中語多嘉勉，並提出許多寶貴建議，於五月間退回修正。適我身體欠佳，遵醫囑不宜操勞過度，遂囑胞弟文湘代勞，按照梁教授建議，逐項改正或補充資料，再送回編譯館復核與付印中。

二、周禮的政治思想——民國六十二年，我應黎明文化事業公司邀撰《國父思想與先秦學說》，書中〈國父思想與周禮〉一章，因公務與課務甚忙，囑胞弟文湘代筆，由於交辦時間較遲，及其文稿寫好，《國父思想與先秦學說》業已出版，全文約二萬字，分三期在《革命思想月刊》發表。其後鑒於《周禮》政治思想，不僅與中外政治學說有關，亦與神權、貴族、君主、民主政治制度，脈絡相通，遂鼓勵其繼續努力，寫一本《周禮的政治思想》專書，他當時行政工作亦忙，時寫時輟，費時五年，始將初稿寫好，先請周一倫與譚次修先生校正全文，我再復核修正稿，並愼作損益，請總統府資政陳立夫先生作序，始以合著名義，洽請東大圖書公司董事長劉振強先生同意，列入「滄海叢刊」印行。

本書出版後，獲荷蘭漢學會來書佳評，另日本漢學家高田豐壽先生特派其弟子渡邊實先生，持本書末頁所附作者照片，前來臺北採訪，轉致其師推重之意，當以本書相贈，返日後，曾來函致謝。原函云：「周先生鈞鑒：您好，上回到臺灣的時候，承贈《周禮的政治思想》一書，如獲至寶，在此謝謝您！我的老師高田豐壽想告訴您，有很多日本人也正在研究《周禮》，所以就寄上這資料給您，請您過目。高田先生也希望能和您通信，如果您有空的話，請回信。住址——日本國東京都北區赤羽一十目二十八番十一號。祝您康泰

渡邊實敬上 一九八四年十月二十一日」

渡邊先生來書是中文，其所附高田先生大作是日文，引經據典，係一佳作。復函是這樣寫的：「渡邊先生惠鑒：十月二十一日 手書與高田先生大作敬悉。前承 枉顧，適值忙於公務，未盡地主之誼，非常抱歉！《周禮》傳係周朝中央政府組織法典，理論精博，體系完整，誠是部集古代政治制度大成之歷史文獻。惟年代久遠，考證困難，國人研究此書之風氣，不甚流行，良可慨嘆！貴國漢學家對中國古代經典研究，向極重視；有關《周禮》政制學術價值之論著，引經據典，議論宏偉，尤可作『文化交流』與『他山之石』之借鏡。茲寄上拙作〈讀戴季陶先生讀禮札記之後〉文稿一份，請轉交 令師惠閱，聊表敬仰之忱，專此奉復，並頌

臺綏

周世輔
周文湘 敬啓 一九八四年十一月二十三日」

三、國父思想要義——本書出版於我退休的前一年（六十六年九月），而連續五年五次修改增訂的年次是：七十一年八月增訂初版，七十二年九月增訂再版，七十三年九月再增訂初版，七十四年九月第三次增訂初版，七十五年八月第四次增訂初版，均在我退休以後，所花時間與心力並不遜於初版著作，其內容含蓋國父思想、共黨理論批評、國家建設成就、三民主義與其他主義比較、中央政府各種政策，經多次增訂後，更加完整，可供教學、研究與應考之用。

我旅遊美、韓等國，外交界青年一見名刺，多謂已讀拙著《國父思想要義》，臺、澎、金、馬各界參加高、特考及格人員，一見名刺，亦謂已讀本書。後來打聽，方知各地高、特考輔導先生多引本書爲考試必備。因此，每年參加高、特考者爭相購閱，其數量超過大專生倍蓰，促成本書非常暢銷。另一銷路較廣之原因，端賴三民書局董事長劉振強先生，不惜成本，連續五年，每年增訂一次，加入新資料，重印出版，以回饋讀者，其魄力與遠見，令人敬佩！

貳、論文與應酬文章

我寫作中的傳記與遊記文章，本書每章均有編入，故從略。詩歌與對聯，已另列專項討論，此處僅談論文與祝壽弔喪應酬文章。我唸中學時便在報章發表過文章，以後所寫各種論文，不下千篇之多，惜大陸部分文稿，多已散失。到臺灣後所寫文稿，由於搬家的關係，遺失甚多，所保存部分亦未分類整理。至祝壽弔喪等應酬文章，非至親好友，多不動筆，亦很少代人寫稿，作品最少。爲回顧以上寫作的過程，特選錄論文、祝壽文各一篇，以留一些爪痕。

一、論文——論周禮官制與現行考試及監察制度

現行中華民國憲法規定考試權與監察權獨立行使，其思想淵源可追溯到唐虞時代，舜建九官制中，「龍作納言，出納帝命。」納言係九官之一，掌管規諫糾察，屬於監察權行使；至堯舉舜，舜薦八元八愷，本是一種薦舉人才的辦法，而與考試權有密切關係。夏、商、周三代，多沿襲前制，設官分主其政，周禮有關此項政制的記載，資料非常豐富。

《周禮》係周朝的行政法典，更歷八世，監於二代，均薈萃於此書，是集上古政治制度的大成。尤其關於「薦舉」與「監察」權行使的文獻，記載甚詳，且與現制多相類似，具有學術的研究價值。反過來說，要研究現行考試、監察權行使與古代政治制度的關係，祇有研究《周禮》，始知其來龍去脈，淵源有自，並可獲得正確的答案。

本來現制與《周禮》有關的問題太多，取捨困難，茲擇其重要者，作一比較研究，計分下列五個問題：㈠考試起源於薦舉，㈡《周禮》薦舉制度與考試權行使，㈢歷代監察制度，㈣監察院如何行使監察權，㈤《周禮》官制與監察權行使。

㈠考試起源於薦舉

中國在秦漢以前，人才的羅致，完全來自薦舉，多由大臣推薦賢能之士出任公職，或由君主自行選用，如堯舉舜、舜舉禹、禹舉益、舜薦八元八愷、鮑叔薦管仲、祁奚舉賢不避仇、公叔痤舉商鞅。這種薦舉辦法到秦漢演變為選舉制度，有所謂鄉舉里選，郡縣每年推選人才到中央，以備選用，這是就選舉孝廉而言。不定期選舉則有賢良方正與茂材異能，凡國家發生重大事故，郡縣都可向中央推薦賢良方正或茂材異能，出任公職。漢文帝曾親自策問賢良方正，查其所對，決定授職，就是選舉與考試並用的開始。如有特別任務，朝廷下詔求賢，中央與地方官吏都可推薦人才，自覺有此才能，亦可毛遂自薦，直接應徵。

隋朝採用「開科取士」辦法，考選人才，即一種分科考試的創新制度。唐襲隋制，實行「開科取士」，凡參加應考士子，須先在郡縣考試及格後，再轉報中央；另一種自由報考，謂之「懷牒自列」，地方政府亦予轉報，均在禮部會試，考試及格者，稱為「進士及第」，取得了做官資格；但在授職前，尚須通過吏部考試，才能走馬上任。

宋代最重要考試是「進士」，三年一貢舉，除禮部辦理省試外，君主親主殿試，以作最後決定，且考取後即予任用。同時又採用「糊名」與「謄錄」之法，「糊名」即密封，閱卷人無法得知應考者姓名，「謄錄」是將試卷另行抄錄，閱卷人無法得知應考者筆跡，這是防止考試舞弊的最有效辦法。

明朝的主要考試有三：一是府縣考，取錄者稱「秀才」，二是省考（鄉試），取錄者稱「舉人」，三是中央考，取錄者稱「進士」，進士及第三年後，得參加高於進士的高等考試，取錄者稱「翰林」。清朝沿用明制，對考試職權劃分得最清楚：提督學政主管考政，簡放考官主管鄉試，簡放總裁主管會試，其考試職權完全獨立行使。

以上所述，便是薦舉演變爲考試制度的簡史。國父爲補救歐美選舉制度的缺點，預防任用私人的惡習，故採用固有的考試與監察制度，創立五權憲法，將考試權交付考試院行使，可說是五權憲法的一大特點。

㈡《周禮》薦舉制度與考試權行使

中國現行憲法規定考試院考選部掌理考試行政有關事項，其主要職權有三：「一是關於考選公務人員事項，二是關於專門職業及技術人員事項，三是關於組織典試委員事項。」考選部根據典試法，組織各種典試委員會，分別主持普通考試、高等考試及特種考試。另有一種檢定考試，爲救濟未進學校之人才而設，如未進中學者參加普通檢定考試及格後，得參加普通考試，未進大學者參加高等檢定考試及格後，得參加高等考試，凡參加普、高及特種考試及格者，即取得公務員任用的資格。

又規定普通考試及格者，取得委任任用資格，高等考試及格者，取得薦任任用資格，高於高等考試及格者，取得「簡任」任用資格，並實行公開考試。憲法第八十五條規定：「公務員之選拔，應實行公開競爭之考試制度，並按省區分別規定名額，分區舉行考試，非經考試及格者，不得任用。」這與唐朝「開科取士」的考試精神，甚爲相似。

《周禮》雖無考試制度，卻有一種薦舉辦法，與考試權有關。太宰之職中有「以八則治都鄙」法令，其二曰「廢置」，「廢」卽去其不賢者，「置」卽選用賢者。又「以八柄詔王馭羣臣」，其三曰「進賢」，四曰「使能」，七曰「達吏」（達卽通也，薦舉之意），都是一種薦舉權行使。大司馬之職有云：「進賢興功，以作邦國。」所謂「進賢興功」，便是要各國諸侯選拔賢士，薦舉功臣於王朝，可說是薦舉體制的實施辦法。

地官之職亦云：「三年則大比，考其德行道藝，而與能者。」這是說三年之中，辦理薦舉人才一次，成爲一種制度。又有司諫之官，「掌糾萬民之德而勸之朋友，正其行而強之道藝，巡問而觀察之，以時書其德行道藝，辨其能而可任於國事者，以考鄉里之治，以詔廢置，以行赦宥。」司諫似爲周王特使，視察地方政府，直接考選人才，出任公職，更屬於一種薦舉權的行使。

以上所講的「廢置」、「進賢」、「使能」、「達吏」、「進賢興功」、「三年大比」等辦法，設有不同的官吏主持之，透過薦舉程序，羅致人才，與現代考選公務員的目的相似。又選舉本古代選賢與能的人事政策，行之既久，可能發生流弊，其所薦舉人士，不一定有眞才實學，且人數太多，鑑別亦很困難。所以薦舉之後，再加以考試，這是薦舉演變爲考試制度的主要原因。

考試是公開競爭，自與薦舉辦法有別，唯薦舉爲考試制度的濫觴，或說考試權行使起源於薦舉，推其本源，兩者有其制度上的歷史關係。

㈢歷代監察制度

講到監察制度，不能不推崇秦始皇，史稱始皇爲暴君，但爲建立監察制度的創始者。秦制，皇帝之下設有三大權臣，一爲丞相，掌政治；二爲太尉，主軍事；三爲御史大夫，管監察。地方政府官制與中央相同，一爲「郡守」，掌政治；二爲「尉」，主軍事；三爲「監」，管監察。御史大夫與郡監，其職權是糾察執法治民的官吏，並獨立行使其職權，亦可稱秦朝的三權分立政制。

漢襲秦制設三公：一爲丞相，爲文官之長；二爲太尉，爲武官之首；三爲御史，掌監察，輔助丞相糾察一切政治措施，如丞相有違法失職，亦可提出彈劾，其行使職權頗具獨立性。漢武帝廢郡監制，將全國劃爲十三區，每區設刺史一人，京師附近七郡設司隸校尉，分別擔任監察工作，其監察案件呈御史大夫，再報丞相處理，未能獨立行使職權。

唐代中央政府設「三省」、「六部」、「一臺」，「臺」即「御史臺」，爲脫離「三省」的獨立機關，「糾彈百官之不治」，官位似較秦漢御史大夫爲低，但能獨立行使職權。其中左御史監察尚書省六部，右御史負責地方政府的監察工作。又行「臺諫分立」制，御史臺監察政府內各機關官吏；至諍諫皇帝的官，設在門下省，行使對皇帝的諍諫權，並參預國政，官位不高，很受皇帝尊重。

宋行唐制設御史臺，其職掌是糾察百官，肅正綱紀，亦能獨立行使職權。又諫院的諫臣，由皇帝親自錄用，不再對皇帝行使諍諫權，而是糾察丞相，丞相既要奉承皇帝，又要應付諫官，動輒得咎，很難有所作爲。明朝的監察權又提高，改設都察院，掌「察糾內外有司之官邪」。每省設一監察御史兼都御史頭銜，監察地方政府官吏。另設六部「給事中」，掌侍從、規諫、補闕、拾遺，稽察六部百官之職，直接向皇帝負責，官位雖低，權力則甚大，既可審核詔令，其不同意者，可封還執奏，有駁回詔令的權力，又可審查本部經辦案件，若表反對，尚書祇好將原案擱置。清朝亦設都察院，監察中央各機關官吏。另設監察御史，糾察地方政府官吏，與明制相同。惟各部「給事中」，由於皇帝詔令，多不經六部，六部對下又不發布命令，已名存而實亡。

歷代的監察制度，各朝雖有出入，但受到皇帝重視則一，故能在政治上發生重大的制衡作用。又考試是考選人才於未用之前，監察則爲糾察官吏於既用之後，這種對人事任用及糾察的制度，可說是中國政治史上的兩大發明，值得提倡與研究。

(四)監察院如何行使監察權

西洋的三權分立制度，是將監察權併入立法權之內，議會權力太大，往往爲政黨利益，事事對總統掣肘，形成議會專制。遠如第一次世界大戰後，美國威爾遜總統倡世界聯盟組織，目標遠大，由於國會反對，美國便未參加；近如國會爲「水門」案件，小題大做，過分渲染，強迫尼克森總統下臺，使美國國際聲望遭受嚴重打擊。國父早就有鑒於此，創立「五權憲法」，將監察權賦予監察院，獨立行使；其重大職權，憲法第九十條規定，監察院爲「國家最高監察機關，行使同意、彈劾、糾舉、調查及審計權。」監察院如何行使以上權力？分述如下：

1.同意權——司法院長、副院長、大法官、考試院長、副院長及考試委員，均由總統提名，經監察院同意任命之，如監察院反對，即不得任命。

2.彈劾權——彈劾權的行使，分爲兩種：

(1)對總統、副總統之彈劾：監察院對於總統、副總統之彈劾案，須有全體監委四分之一以上之提案，全體監委過半數之審查及決議，向國民大會提出之。

(2)對公務人員之彈劾：監察院對於中央與地方政府公務人員違法失職之彈劾案，須有監委一人以上之提議，九人以上之審查與決議，向懲戒機構提出之。如情節重大，並通知該主管長官爲急速救濟之處分，如未及時處分，該主管長官應負失職之責任。

3.糾舉權——監察委員認爲公務人員有違法失職行爲，應予停職或作其他處分者，得提出糾舉案，經監委三人以上之審查與決議後，直接移送各主管長官爲急速之處分，如涉及刑事與軍法者，分送司法與軍法機構依法辦理。

4.糾正權——糾正權的行使，是對「事」而言，糾正有關機關的錯誤設施，並督促其注意改善；有關機關接到糾正案後，應速設法改善，並以書面答覆監察院。如逾一月未答覆者，監察院得質詢之。

5.調查權——監察院行使此權，得由監委持監察證，或派員持調查證，赴各機關、各部隊、各公私團體調查檔案册籍及有關文件，各級主管不得拒絕。且應答覆詢問，並得封鎖有關證件，或取其全部或一部。在必要時，得通知憲警當局協助；如認爲情節重大者，得通知憲警作適當之防禦措施；亦可指定案件或事項，委託其他機關調查，接受委託機關應將調查結果，以書面答覆監察院。

6.審計權——是由審計部行使，是對各級政府財務支付的監察，其重要職權有五：「一爲監督預算之執行，二爲核定支付命令，三爲審核財稅收支，四爲稽察財務上之不法或不忠於職守之行爲，五爲審核國家總決算。」

上列同意權、彈劾權與糾舉權，是對「人」而言，糾正權是對「事」而言，調查權是對「人」與「事」而言，審計權是對「財」而言。凡政府機關涉及「人」、「事」、「財」的案件，都是監察院行使職權的對象，其行使職權的廣大，實駕乎歷代監察制度之上。尤其是獨立行使監察權，不受行政權干涉，更非君主時代的監察職權所可比擬。

(五)《周禮》官制與監察權行使

《周禮》有關監察權的文獻，相當可觀，且設有行使監察權的官吏。如〈天官〉小宰之職云：「掌建國之宮刑（宮中刑法），以治王宮之政令，凡（作及字解）宮之糾禁。」小宰主管王宮政令，並監察宮內一切官吏，便含有監察權行使的意義。〈地官〉中有「保氏」之官，「掌諫王惡」，即對國王行使諍諫權，類似唐代的「諫議大夫」與明朝的「六部給事中」，亦與監察院對總統、副總統行使彈劾權，有其相同的含義。

〈地官〉中有鄉老（三公）之官，地位很崇高，他「內與王論道，中參六官之事，外與六鄉之教。」所謂「中參六官之事」，即對「六官」官吏如有違法失職行爲，或貪汚舞弊案件，都可提出彈劾，移交秋官大司寇審理，這與監察院行使彈劾權、糾舉權與糾正權，甚爲接近。

〈春官〉中又有「內史」之官，「掌八枋（柄）之法，以詔王治；……以考政事，以逆會計，掌敍事之法，受納訪。」所謂「以考政事」，可釋爲政事考察，與行使彈劾、糾舉及調查權有關；「以逆會計」，則涉及財務監督，便是一種審計權行使。至於「受納訪」，便是民意採訪，古代監察官吏對此非常重視；現代監察委員亦常根據民意反映，進行實地調查，往往貪汚案件，由此東窗事發，受到法律制裁。

《周禮》監察權行使對象，包括國王、王宮、各級政府官吏，亦涉及政府機關的「人」、

「事」、「財」三方面，且含有行使同意權、彈劾權、糾舉權、糾正權、調查權與審計權的各種意義。與憲法賦予監察院職權，有甚多相同或相似的權力，這說明現行監察制度與《周禮》監察權行使，有其源遠流長的歷史關係。

結　論

考試制度創建於隋朝，盛行於唐，歷代沿襲其制，實行考試權獨立。現制考試院除行使考試權外，還掌全國人事行政，其職權又已擴大，與《周禮》「選賢與能」的薦舉體制，發生密切關係。後世雖行考試制，並未廢除薦舉辦法，如「懷牒自列」、「彈冠待薦」、「保舉人才」，與現行的提名政策，都是步薦舉的後塵。可見薦舉不僅與考試有關，至今尚在推行中，追溯本源，還是《周禮》的古老辦法。

監察制度創始於秦始皇，歷代法其遺規，專設機構，獨立行使監察權。現制監察院各種職權，便是取法古制精神，其行使監察權範圍更是廣大。《周禮》設有各種官吏行使監察職權，且與監察院職掌亦多類似，因其思想淵源一脈相傳，故能影響中國政治兩千多年。

孔子說「殷因於夏禮」，「周監於二代」，歷代的禮法政教，相互沿襲，前朝與後朝的損益，極其有限，說明各種政治制度的建立，皆有其本源，且多取法於古代。關於考試與監察制度的創建，其思想淵源，亦甚古遠，可追溯到唐虞時代，《周禮》有關此兩制度的職權，尤與現制相類似，可說古代的薦舉政策，係考試權行使的濫觴；至有關監察權的行使，更是監察制度的最早理論依據。

二、祝壽文——壽潘公展先生八十大慶

我於民國十九年夏，由湘赴滬，先入復旦大學肄業，繼轉暨南大學畢業後，留滬服務教育界三年，抗日戰事起，欲組織游擊隊未成，於二十六年底離開上海，前後在滬七年半，追隨報界前宿、上海市教育局長兼社會局長潘公展先生甚久，其學問、道德、文章以及詩詞、言語、風範、行誼，知之甚多。茲值潘先生暨夫人唐冠玉女史八旬雙壽，爰撰此文，聊抒胸中敬仰之微意。

先生生於人才輩出之浙江吳興縣，革命先進戴季陶、張靜江、陳英士諸先生，都籍隸吳興，該縣原係湖州府首邑，湖綢名聞天下，乃產絲勝地。祖上業絲商，曾開大集成絲行，家境富裕。先生為遺腹子，雖有兄姊各一，非同母所生。年十二，太夫人棄養，卽成為孤哀子，幸生而穎慧，頭角崢嶸，幼入小學，名列前茅。十二歲就讀吳興縣人丁翔芝先生所設之私塾，丁氏常以革命救國勉學生，先生受其影響，遂與同學密組革命黨，鼓吹反滿，自編自強壁報，並購小刀分發同學，謀刺清吏，事為各家長所悉，同往質問丁氏，丁氏不得已嚴懲各學生，解散組織，先生受懲尤重。

先生受此打擊，卽離開私塾，隻身赴滬，考入聖約翰大學後，中英文成績均冠儕輩，校中英文比賽常因列名第一，而獲金牌獎。又因中文優異，獲得國父老師器重，介入「南社」為年輕社員，「南社」諸子皆詩詞聖手，先生受其薰陶，詩文猛進，妙筆生花，遂馳名文壇。及聖大畢業

時，適值五四運動發生，在滬參加全國學生聯合會，語驚四座，被推主辦該會會報，文筆犀利；旋與陳布雷先生受聘爲上海《商報》總編輯及總主筆，對北洋軍閥口誅筆伐，大肆聲討；卻爲中國國民黨宣揚三民主義，不遺餘力，名噪一時。

民國十五年，國民革命軍出師北伐，總司令蔣公介石駐節南昌，羅致秘書人才，陳果夫先生介先生與陳布雷先生應聘，時先生已受聘爲全國著名上海《申報》總編輯，蔣公召見時，先生坦陳在上海爲本黨宣傳之重要，獲得蔣公首肯，仍回滬辦報，以筆戰助陣，增進北伐軍之效力不少。及北伐軍收復上海，黃郛先生出任市長，邀任農工商局長（後改爲社會局長），一面廓清軍閥餘孽，一面防範共黨滲透，訂立制度，加強組織，對於安定社會秩序，鞏固本黨基礎，厥功甚偉！民國十六年清黨時，貢獻尤宏。

張羣先生接任上海市長後，更器重先生，邀兼市府秘書長，責重任繁，應付裕如；同時上海市黨部改選，又被選爲常務委員，身兼三要職。公務鞅掌，夙興夜寐，備極辛勞，亦最爲上海各界所讚譽。又上海爲十里洋場，五方雜處之地，教育界尤其複雜，共黨及其同路人、其他異黨分子，均以租界爲掩護，從事政治、文藝及羣衆活動。吳鐵城先生接任上海市長，邀任教育局長，對於整頓私立學校、維護優良學風、糾正反動分子、培養革命青年，建樹甚多。

「九一八」事變後，各異黨分子在上海活動更烈，無非藉抗日之名，號召羣衆，尤其是學生，以推翻國民政府，如發動各地學生請願，卽爲一實例。上海方面，有大專學生集體赴京請願、眞茹學生焚枕木阻止火車、交大學生主持開火車直衝南京等各種活動，不時發生，應付爲難。中央加派吳醒亞先生任上海社會局長，會同先生與吳開先先生等黨部常委，共任艱鉅。醒亞先生到滬，對於工運、學運曾發動兩種組織，學運方面，精選大專優秀青年，組織上海大學生聯合會，余時任暨南大學學生會出席人，與莫萱元、劉脩如諸兄同任上海市大學聯常務委員，薛光前兄任秘書長，直接受醒亞先生指揮，亦向開先先生與先生報告與請示。

民國二十二年，大學聯爲紀念「五四」，並取得全市學生信任與愛護，決議請當局於五月四日放假，此事應由教育局請示，余與各代表往謁，承撥冗接見，說明未奉中央命令，未便擅定假日，俟考慮成熟作答，措詞委婉，態度堅定，言語誠摯，風度甚佳，各代表肅然起敬，欣然告辭。不出三日，教育局毅然決然，宣布「五四」放假，大學聯決議生效，我們固然滿意，全市學生亦欣欣然有喜色。

自此之後，余常因暨大或學聯事件往請示，無不殷勤指教，愛護備至。二十三年暨大畢業後，承介任上海市立新陸師範教員兼訓育主任，次年又介任同德醫學院及音樂學院教授，雖屬兼任，鐘點不多，但大學畢業僅一年，即任學院教授，非有力者推薦，亦不易得。民國二十四年，吳醒亞先生因患高血壓逝世，先生奉令兼任社會局長；後教育局併於社會局，仍任局長。另一方面，初與開先先生共同主持青運工作，嗣因開先先生謙辭，遂獨任艱鉅，內含在校與畢業兩部門，派余主在校部，另由田植先生主畢業部，由於工作繁重，問題複雜，每隔兩、三天，必趨官邸或社會局請示，先生見識之廣博，反應之迅速，判斷之精闢，處事之公正，度量之寬宏，以及不念舊惡，不記小錯，甚重情感，尤重道義，凡與接觸者，無不表示敬佩。

「八一三」戰事發生，我軍在滬抵抗，先生以社會局長及市黨部常委名義，指揮工商界出錢出力，充實後援，青運同志亦在指導之下，參加宣傳與救濟工作，全力以赴。余首擬赴前方未果，返滬組織游擊隊，欲去浙江沿海從事抗敵活動，迨金山衞失守，大軍轉進，乃攜械入租界；嗣因滙款錯寄，接濟中斷，乃赴甬往浙贛路轉粵漢路抵漢口，先生當時在成都，留漢青運同志促赴川追隨，抵重慶不久，先生又離蓉經渝返漢，面囑設法救助上海青年，曾設辦事處介紹流亡青年轉學。二十七年春余離渝回武漢，常謁談抗戰前途及個人願望；五月間，遷至贛州之同濟大學，電請教育部介紹訓育人員，承商請陳部長立夫介任該校訓導主任，嗣因同濟奉令遷廣西，奉派至長沙招生，適先生榮任湖南省政府秘書長，湘人咸慶得人，欲留湘追隨，以初到同濟不便遽離見示。旋至衡陽代同濟轉運工、醫學院儀器機器，適逢長沙大火，湘省府改組，仍回中央服務，先後任中央宣傳部副部長及中央圖書審查委員會主任委員。余因同濟再遷昆明，乃押機器經廣西入安南抵雲南，函電往來，幸未中斷。二十九年離滇返湘，應邀入閩任經建會專門委員兼省訓團教席，數月未請示。三十年春，徐學禹與丘漢平先生因公同赴重慶，得知中央將在各省設圖書雜誌審查處，面囑丘先生介余擔任，卽發表余爲福建省圖書審查處處長，前後五年，函電報告與請示，無異在滬時間，惟不能當面奉談耳。

抗戰勝利，奉令結束圖書處工作，次年返湘任省黨部委員，先後兼民國、湖南等大學教授。先生返滬任上海市議會議長，兼報社社長，本欲赴滬追隨，因事未能成行。三十八年夏，余由湘攜眷到粵，晉謁於廣州，面抒積愫，請教一切。次月赴香港，再謁於跑馬地潘寓，承招持備至，並陪遊香港名勝，知有美國之行，以未能追隨左右爲憾。

先生抵美後，應僑胞請，主持《華美日報》，撰文編校，事必躬親；宣揚三民主義，闢斥共產邪說，從事國民外交，並撰文在臺灣各報報導國際情況，與論我國應採政策，卒因勞瘁過度，疾病纏綿，多年未能完全康復。幸有身強體健之唐夫人，日夕扶持，公子維新兄同住一宅，晨昏定省，兒媳攜孫女常來繞膝承歡，故健康雖然欠佳，而愛國熱心與中興宏願，仍未稍減，常表現於來賓接談與親友通訊中。

茲值先生與夫人八秩雙慶，雖力辭祝賀，尤誡舖張，在美僑胞猶集資編印論文集，以作紀念。在臺親友舊屬亦舉行簡單而隆重之祝壽儀式，以示崇敬。當此世風日下，權術利害之際，求如先生之誠懇待人，忠厚律己，謹愼處事，黽勉從公，既往不咎，大而有容，實不可多得。余亦年逾六五，服務黨政教界數十年，親見達官要人，專家學者亦不少，惟對先生之重道義而不尙權謀，重情感而不計利害，認爲勵末俗而敦世風，詢之上海青運同志，均有同感。

叁、詩歌與對聯

我在私塾曾讀古詩，學過作詩歌與對聯，自入小、中學後，即告擱筆。五十七歲後，因祝壽弔喪詩聯較多，央人代筆，未能按時交卷，乃自已動筆，明知不工，但可不求人。乃以打油詩自況：「四十年來不咏詩，央人代筆苦遲遲；今朝握管爲馮婦，釘鉸打油我自知。」（有釘鉸工人，本不善詩，某夜夢人以書一束揷入腹中卽能吟詩）。至對聯撰作，較做詩更難，惟爲喜喪壽慶的應酬需要，亦撰寫不少，本書若干節內已列有拙作。茲按詩歌與對聯二項，各選若干首，以寄感懷！並請教於高明。

一、詩歌——詩與歌難以劃分，如白居易的〈長恨歌〉、韓愈的〈石鼓歌〉、李白的〈子夜秋歌〉，不是都編入《唐詩三百首》中？故將詩歌同列。惟選錄時，詩編於前，歌列於後，以示區別。

㈠祝嚴靜波先生七旬晉九華誕詩（民國七十二年十一月一日撰）

傾蓋難忘第一橋❶，廟堂早卜志凌霄；田糧徵實計謀遠，臺幣更新功績超❷。意在中興恢漢

---

❶ 民國二十九年，我任福建省經建會委員兼科長，嚴先生兼任該會處長與秘書長，同在一厦辦公，公餘常與楊振先博士等赴嚴公館乘涼閒談，偶詢未來志願，謙以大使爲期，我等則謂必登廟堂領導羣倫。又閩省戰時省會永安縣、新建一座大橋，命名「第一橋」。

❷ 嚴先生任福建省財政廳長時，首創田賦徵實，中央繼之，對八年抗戰，饒有功績。又任臺灣省財政廳長時，發行新臺幣，合乎 國父提倡「錢幣革命」之原則，對維持幣信，厥功不小。

業，心存禪讓慕唐堯❸；明年返旆渭濱上，共祝八旬奏九韶。

❸先總統　蔣公逝世，嚴先生以副總統接任總統，期滿，自動在中常會提議由蔣經國先生任總統候選人，寓「禪讓」於民主，實開優良政風之先河。

(二)祝王大任先生七十大慶詩

有德有言四座傾，爲民喉舌著清聲；同心卅載研遺敎，共慶古稀祝大椿。

(三)祝吳曼君先生七秩大慶詩

傾蓋泰和四十春，善交久敬令人欽；今朝瀛島古稀慶，他歲廬山祝八旬。

(四)祝樊中天先生七秩大慶詩

陽明昔日幸同窗，演講奪標譽早揚；比歲同心宣敎義，今逢七秩晉瓊漿。

(五)祝張金鑑先生八秩大慶詩

學貫中西道養淳，立言立德政壇欽；英才樂育盈天下，桃李三千拜渭濱。

(六)祝傅啓學先生八秩大慶詩

傅公德邁並才雄，慷慨助人孰與同；遍地春風桃李笑，渭濱羅拜老仙翁。

(七)祝顏澤滋先生八秩大慶詩

能言善辯早稱賢，同調難忘十一全；今日八旬同慶壽，紫金祝嘏待他年。

(八)祝譚華玖學兄七旬大慶詩

水繞山環憶石床，初盟蘭譜賜書堂，相逢猶記下車揖，久敬善交道義長。下庠課讀近君家，高隴橋頭看晚霞；禍福吉凶誰省得？同觀鐵樹發奇花④。戰後還湘執教鞭，一中承乏育英賢；長才借重同甘苦，桃李春風笑眼前。為謀匡復會臺瀛，聚訓廿年幸有成，祝嘏今朝逢七秩，收京他日慶長春。

④我前後在茶陵四區小學求學三個月，教書一學年，校址設在高隴市石床村譚故國民政府主席及行政院長延闓先生之官邸「賜書堂」，曾與華玖兄同賞校園鐵樹開花。民國十六年朱毛侵入石床，官邸焚燬。

(九)壽內子闕淑卿六旬詩

乘桴浮海旅珠崖，日計油鹽夜計柴；不僅心愁生活苦，羸嬰臥病在親懷。十年設帳復興岡，
國父遺教賴闡揚；二女三男多長大，優良課業慰親娘。

(十)祝監委陳壽丞先生九秩嵩慶詩

柏臺亮節樹清風，御史廉明四海崇；茲值九旬同祝嘏，蓬萊稽首拜仙翁。

(十一)除夕有感（民國六十九年二月十六日農曆除夕）

曾公昔日常求闕，老叟今天不好全；天上陰晴誰作主，人間冷暖總隨緣。

(十二)譚祖安先生百年冥壽有感

從容鎮靜孰能師，戎馬生涯尚賦詩；宰相腹中寬似海，艨艟往返自如期。道德文章百世師，曲高和寡有傳詩；自來積善多餘慶，耀武充閭應夙期。存誠主敬是吾師，白雪陽春敢和詩？

天上北辰人共仰，景行行止我無期。

（十三）讀許君武方家悼亡篇後

陳家有女長門楣，咏雪才高譽遠馳；嫁得才郎同唱和，易安德甫睹文詩。宜室宜家兩情深，啓後承先同一心；記得展堂先輩語，名言讜論座中箴。患難夫婦萬里奔，時離時合不須論；難忘右老吟詩句，月共珠圓卅載春。多文自古以爲富，資產何須累萬千；安命順時遵古訓，功名富貴似雲煙。恩愛鴛鴦六十年，頓時分手自愴然；今朝潘岳哀宜節，待撰悼亡三百篇。

（十四）讀次女月英大陸來書有感（民國七十六年八月十二日）

今宵讀罷月兒書，血淚三更痛濕裙！卅載艱危多懊惱，胃寒體弱仰天歔。胞弟捕魚陷險潭，螺絲灣裏淹英男；親撈骨肉徒傷痛，滿腹悲哀孰與談。萱枯堂背傷何恃，貧病交加心怎寧；美滙如期能寄到，秦醫幸獲慶延齡。千里迢迢隔海天，心懸兩岸幾多年；聊憑雙鯉慰相憶，遠望衡雲徒悵然！

（十五）紐約是骯髒之城歌

漫云紐約市，天下第一城；人口近千萬，樓高百餘層。銀行集「華爾」，世界莫爭衡；交易所棋布，舉足自重輕。養老與慈幼，曾令鄰國傾；奈何一小事，街衢掃不清。碎紙滿天飛，垃圾街旁橫；煙蒂隨手棄，無論雨與晴。更有唐人街，骯髒遠傳名；何來觀光客，攝影嘆數聲。華僑金滿斗，穢物任充盈；「朱門酒肉臭」，巷口惡氣蒸。又有黑人區，髒亂令人驚；

到處飛塵埃，滿街餵蒼蠅。警察視無睹，市長不敢懲；如此講民主，魔鬼亦歡迎。君不見鄰邦加拿大，如何重衞生。

㈥淫亂之邦歌

我來美利堅，時未及初秋；男人多赤膊，女裝好風流：坦胸兼露背，蓬頭若楚囚。紐約繁華市，電影演「深喉」❺，華燈初上後，「野鷄」鳴啾啾！警察作用何？不問風馬牛。淫畫滿街走，淫書傳官郵。換妻云同樂，夫婦不知羞，男設俱樂部，女子亦好逑。同居不結婚，私兒到處遊，哀子憐母苦，那知父無愁？男女號平等，婦人不自由。離婚率日高，家如載客舟；漢子常更換，紅樓似青樓，國會多韻事，艷姬作應酬；女爲入幕客，總統約會幽。上樑既不正，下樑那堪修？淫亂亡人國，我爲貴國憂。

❺「深喉」是一部黃色影片，主演女星被其夫持手槍威脅排演，離婚後公布事實，籲請中外人士勿看此片，亦良知之恢復乎？

㈦鳳凰城歌鳳凰城（七十四年四月十八日於美國鳳凰城）

鳳凰城憶鳳凰城，中美兩市共一名；畢竟鳳凰非凡鳥，敬重安問東西鄰。美國鳳城多清潔，儼似玉女不染塵；自從先生長南市，街衢亦似氷玉清；臺南有事馬上辦，此地亦不壓公文。市政能與人媲美，實屬罕見亦少聞；臺南市多鳳凰花，朶朶紅艷笑迎賓。此市亦稱鳳凰美，迎風紅顏具眞情；兩市賓至皆如歸，走馬看花蹄不停。先生主長南市後，鳳凰小姐選出名；此間鳳城如選美，本人願作介紹人。介紹兩市鳳凰姐，爭奇鬭姸比芳鄰；更願兩地有情郎，跳牆探艷學張生。如果兩地美事多，市長何必抱獨身？我願現身作紅葉，在此鳳城覓嬌娘；他日洞房花燭夜，電請總統送張床❻。

❻ 蔣總統經國先生視察臺南市政時，見蘇市長南成獨睡沙發，願於其結婚時贈床作喜禮。

㈥任卓宣先生九秩嵩壽暨與夫人尉素秋教授金婚大慶

文壇老將誰堪稱，峨嵋山下仰先生；望之儼然似劍閣，即之也溫錦江春。昔年負笈遊巴黎，勤工儉學莫與京；繼而轉學莫斯科，逸仙大學超羣英。學成歸國參北伐，打擊軍閥氣縱橫；自從盧溝橋事變，挺身抗戰不後人。幸有知音潘公展，懇迎參加戰鬭營；往後宣揚中山學，千篇著作已等身。更有江右熊天翼，延攬人才慕高名；文化運動創泰和，推行主義宗三民。贛渝上庠頻主講，吾道南來誨諸生；獻身黨國並立憲，嘉言嘉猷計逸羣。抗戰勝利還都後，反對姑息矢忠貞；顚倒黑白敵人口，無端補列戰犯名。來臺糾合同心者，誓以至仁伐不仁；十年生聚十年敎，社會經濟共繁榮。玆逢九秩賀嵩壽，更爲伉儷慶金婚；五福九如齊歌頌，椿萱並茂祝康寧。

二、對聯——對聯是以精簡文字融會平仄與音韻，突顯事物過程的景象，意境超邁，較詩更高一層。其種類甚多，除喜、壽、喪、慶外，對任何事物，均可撰寫聯語，以抒感懷。我所撰對聯，以輓聯最多，偶亦寫其他對聯，茲選錄若干首，以供讀者指教。

㈠八十自戲聯

倘說八千爲春，未臨周歲。

如云七十曰始，幸逾九齡。

㈡第二次赴美探親撰聯

再度探親情，今欣萬里飛騰，不分南北。

久難淸稿債，偸得十週閒暇，寫點東西。

㈢看胡漢民先生致遠堂聯後作

輔世長民，政治修明原在德。

熙文耀武，存亡機運繫乎人。

㈣余耳重聽戲聯

世態多炎涼，祇好裝聾作啞。

人情亦冷暖，何妨詐聖佯愚。

㈤木柵住宅春聯

門對青山，樓臨秀水。

夜近素月，晚送夕陽。

㈥新北投住宅春聯㈠

望那邊紙迷金醉。

看這裏月白風清。

㈦新北投住宅春聯㈡

大屯山前雜花生樹。

溫泉池上羣鶯亂飛。

㈧觀復興岡鴛鴦池有感

桃李林中觀桃李。

鴛鴦池上弔鴛鴦❼。

❼ 復興岡（政治作戰學校）有鴛鴦池，爲紀念某生妻殉夫後而設。

㈨敬悼蔣總統經國先生輓聯

艱辛看卅載，對國家効忠，對民衆効忠，夕惕朝乾，鞠躬盡瘁。

德業自千秋，創財經奇蹟，創民主奇蹟，解嚴赦犯，舉世同欽。

㈩弔葉祖灝先生輓聯

同病久相連憐，怎忍修文先棄我？
療方慙未早告，那堪無語拜遺容。

㈩悼周應龍先生輓聯三首

甲

德邁才高，佐世有方稱良輔。
力強年富，問天何故厄英豪。

乙

愛師愛友愛英年，青睞頻顧「玉山」，尙冀長期承雅報。
憂國憂時憂天下，善言方聞「銀翼」，那堪此日哭雄才。

丙

傳道憶華岡，不貳不遷思顏子。
招魂悲瀛島，斯人斯疾哭伯牛。

㈩悼彭少安先生輓聯

能詩能賦並能書，德望重三湘，八斗才高學尤富。
從黨從軍復從政，魂歸逢十月，百僚淚下我更悲。

㈢悼立法委員朱有爲先生輓聯

知我深，愛我切，期我遠，待我誠，更難得視我如親手足。善相勸，過相規，病相扶，難相恤，歎今後誰相與話心腹。

㈣敬悼張曉峯先生輓聯

下傳孫蔣，上傳唐堯，集古今道統於一校。國學爲經，西學爲緯，以中外精華誨諸生。

㈤敬悼總統府國策顧問譚伯羽先生輓聯

文旆返茶陵，難忘高隴同遊，耒陽共旅。英靈還禹甸，忍看洞庭波惡，南嶽雲霾。

第七章　結論

本章包括：一、滄海生涯憶當年，二、縱情山水話遊樂，三、融貫文、史、傳、遊編本書。

第一節　滄海生涯憶當年

我生長於戰亂之世，親歷推翻滿清、建立民國、北伐、抗戰、戡亂各役，飽經災患，八十三年滄海生涯，有許多重要事情，值得作一總結：㈠學歷方面，㈡從政經歷方面，㈢教書經歷方面，㈣研究與著作方面，㈤教育子女方面。

壹、學歷方面

我於民元前一年發蒙，一連肄業私塾十二年，尚未進過小學，其原因是祖父腦海中祇有秀才、舉人、進士及翰林等學位，不知有小學、中學、大學等學校，加以本鄉很少有青年進小學，看相算命者都稱某些孩子可以中舉、會進士。因此與學校的新聞，鄉間好像未曾聽到。如果不是私塾被土匪「吊羊勒贖」而停辦，恐怕一生沒有進學校的希望。因土匪搶劫後，使我無書可讀，不得不掉過頭來讀小學，可說是不幸中的大幸，假如能與此類土匪見面，似乎應面致謝詞？

我在小學僅讀書三兩個月，那時高小開始教英文，祇學過拼音和簡單造句，算術不過教到四則題，即去長沙考中學。我肄業之楚怡高級工業學校，原係五年畢業，可是讀完四年之後，「報子」（滿清報科舉，民國仍報中學畢業）至我家誤報，硬說我已高中畢業，父親尚送彼等一筆不小旅費，害得我回家時有口難辯，承認則不合事實，否認則雙親與祖父母等心中難安，眞是無話可說。講到升大學，因缺少中學畢業文憑，是以同等學力應考，僥倖考取復旦大學土木工程系，後來轉入暨南大學教育系，民國二十三年大學畢業時，學友龍書化寫信告我：「小學未畢業，中學未畢業，大學倒畢業了，不知你怎樣『跳』？」像我初小未讀跳高小，高小未畢業跳中學，中學未畢業跳大學，如果生在今天的臺北，或可叫做三級跳的優材生。又大學畢業後，本想出國留學，一方面是經費有問題，另一方面是上海抗日學運領導人不讓我離開，故研究所與碩士學位與我無緣，至於哲學博士學位，那是韓國的東國大學所贈授，不是由研究得來。

貳、從政經歷方面

師長與朋友多以爲我是政治人才，均勸讀政治系，但是家庭則希望學工程，當我在復旦大學土木工程系讀不下去時候，本想轉政治系，可是好友彭炳盛卻主張我讀教育系。他的理由是：「教育系進可以取（從政），退可以守（教書）。」結果完全接受好友的意見。不過，我一生進而從政之時間很短，退而教書之時間卻甚長。惟民國三十年至三十四年，前後五年任福建省圖書雜誌審查處處長，算是從政而已。至於任湖南省黨部委員，湖南省政府參事及福建省政府顧問，仍然在教書，祇可說靠近政治邊緣而已。

另外值得一提的是：我不從政則已，從政便「一鳴驚人」，當圖書審查處長職務發表，就是簡任官，因此又有朋友戲說：「未做委任官，未做薦任官，便做了簡任官。」與前說：「小學未畢業，中學未畢業，大學倒畢了業」相對，卻是我學歷與從政經歷的眞實寫照。

我常對研究生表示，知識青年有三條大路：㈠從政（做公務員、做民意代表），㈡從事工商業，㈢從事文教事業（教書及其他文教工作）。並且要知道：㈠做官要靠貴人提拔，㈡做生意靠財運，㈢做學問靠自己努力。我知道我不能依靠貴人，所以專心致志於專靠自己努力的工作。有一年，有位算紫微斗數的朋友對我說：「你有貴人但不專。」我說：「你講對了！」我認識貴人甚多，但不願深切交往，如何能踏上政治途徑？次男玉山曾寫一本《文學邊緣》，將來我想寫一本「政治邊緣」。

叁、教書經歷方面

我自認是很幸運者，能在十里洋場的上海入大學；又認為很幸福，是剛遇上「九一八」、「一二八」、「七七」及「八一三」抗日學生運動。因為參加此項學生運動，便能與上海黨政領導人物取上聯絡，獲得他們的提拔，於大學畢業第二年卽能擔任上海同德醫學院及國立音樂學院教授。上海失守後，跑到漢口，因為身邊攜有三年教授證書，故能在漢口教育部登記為流亡教授，又因此而能受聘為國立同濟大學訓育主任，自此先後任民國大學、國立湖南大學、國立（湖南）師範學院，國立長白師範學院等校教授十餘年。到臺灣後，免審而獲得教育部頒發教授證書。因此又有人戲稱：「未做助教，未做講師，未做副教授，倒做了教授。」與學歷、從政經歷相等，都是三級跳，這在大陸是件不容易的事情。至於來臺後，在政工幹部學校（後改為政治作戰學校）任教授十年，在政治大學任教授二十餘年，並兼文化、輔仁、東吳、淡江、師範等大學教授，更不足為奇。

肆、研究與著作方面

我自入暨大教育系後，本欲以十二年私塾所讀經、子為基礎，研究中國教育史，後來因常聽李石岑教授講授的哲學概論與中西哲學史，深受其影響，便將興趣移向這方面去。又因當年在上海租界潛伏的左傾分子，在各大學宣傳唯物論、辯證法及唯物史觀，爲了思想作戰，遂從事三民主義哲學之研究，因此，我的三十多本著作，偏重於哲學概論、中國哲學史、三民主義與三民主義哲學。又我之研究三民主義，以哲學爲主；在哲學中，以中國哲學爲主；在中國哲學中，以先秦學說與宋明理學爲主；在先秦學說中，以儒學爲經，百家爲緯；在百家學中，行師禹墨，學宗黃老。在拙著《中國哲學史》完成後，曾撰數聯，以誌心得：

其一

荀云性惡性豈惡？

老學無爲無不爲。

其二

與世無爭宗黃老。

相輔爲用滙朱王。

其三

道傳一脈，堯舜禹湯文武。

學無常師，儒墨道法縱橫。

民國二十九年，我第一本著作的書名爲《三民主義哲學思想之基礎》，由正中書局在南京出版，銷路網甚廣，發行量亦甚大。三十二年任福建省圖書審查處長時，著《中國青年與中國之命運》，交勝利出版社發行。由於銷路佳，曾被人盜印。三十四年著《總理總裁的哲學體系》，亦由勝利出版社發行。四十四年著《三民主義哲學》，四十五年著《革命哲學》，均交政工幹部學校印行。四十六年著《革命建國的政綱政策》，四十八年著《中國近代哲學史》，均為自費出版，由陽明出版社印行。五十六年著《國父思想與中國文化》，由幹校印行。五十七年著《國父思想》，至六十一年已增訂五次重印發行，由三民書局出版。六十年一月又由三民書局出版《中國哲學史》，至七十七年已修正五版。六十二年承國立編譯館邀約，與吳康先生合著《哲學概論》，由正中書局出版。同年又著《國父思想與先秦學說》，由黎明文化公司印行。六十五年著《國父思想要義》，至七十五年已先後增訂五次，發行至六版，由三民書局印行。六十五年又著《三民主義要義》，至七十五年已發行十二版；六十六年著《國父遺教要義》，至七十五年亦發行至七版，均交五南圖書出版公司印行。六十六年著《民生主義新論》，由國父遺教研究會印行。以上各種著作，係退休前出版，其中由三民書局印行的《國父思想》與《國父思想要義》，五南出版公司印行的《三民主義要義》與《國父遺教要義》，各印行數萬册，均可列為暢銷書。另著《三民主義的哲學體系》，自印多版後，交黎明文化公司續印。

六十八年退休那年，曾編著《國父遺教概要》、《國父思想三百題》，七十年與胞弟文湘合著《周禮的政治思想》，另著《國父思想大綱》，七十二年著《三民主義要論》，以上各書，均由三民書局印行。七十七年應國立編譯館約，編著《中西哲學與蔣公哲學思想》。又七十一至七十五年期間，曾五次修改增訂《國父思想要義》重印，此爲出版界所罕見。有人以爲我暢銷書甚多，一定發了大財，其實不然。因爲我的暢銷書通通賣斷版權，留有版權者，都不甚暢銷。因爲出書甚多，當然亦得過著作獎，計有：

一、五十一年教育部學術著作獎。

二、六十六年行政院新聞局金鼎著作獎。

三、六十七年國父遺教研究會學術著作獎。

四、七十年中正文化教育基金會著作獎。

五、另獲海陸空軍獎，教育部資深教授獎。

此外曾編著講義、研解等書十二本，未一一列舉。總計編著及出版書三十三本，論文約一千篇，詩歌三百首，聯語百餘首，賀喜、祝壽、弔喪等應酬文亦不少，故撰一聯以自慰：「文積千篇堪稱富，書藏萬卷不言貧。」

伍、教育子女方面

我與內子闕淑卿於民國三十年在福州結婚，先後生有子女六人，長男榕光在長沙夭折。長女中英臺灣大學法律系畢業，美國密蘇里州立大學教育碩士，現服務於加州大學聖地牙哥分校。長男南山國立成功大學土木工程系畢業，南卡羅萊那州立大學土壤工程碩士，現服務於科羅拉多州政府工務局，任土壤工程師兼組主任，兼讀該州立大學土壤學博士班。次男玉山畢業於輔仁大學社會系、政治大學東亞研究所碩士班，七十七年獲得文化大學三民主義研究所博士學位，現任政治大學國際關係研究中心副研究員。次女明英畢業於銘傳女子商業專校電子計算科，曾任電腦助教與講師。三男陽山畢業於臺灣大學政治系、哥倫比亞大學政治研究所碩士班及博士班，現任臺灣大學副教授。

南山曾發表詩文甚多，並常主編工程會刊。玉山曾獲教育部青年研究著作獎二次，又獲中國文藝協會文藝理論獎、國家文藝獎；先後著有《中國左翼作家聯盟研究》、《五四運動與中共》、《文學邊緣》、《大陸文藝新探》等書。陽山曾獲得教育部青年著作獎三次，又獲《中國時報》報導文學獎、《中國論壇》徵文獎，編書十餘本。

第二節 縱情山水話遊樂

我所旅遊的中外名勝風景區，包括名山、大川、峽谷、巖洞，名湖、瀑布、公園、廟寺、樓塔與古蹟，範圍甚廣，美不勝收。分項標題是：㈠名山大川的險奇，㈡峽谷瀑布與巖洞的壯麗，㈢名湖公園的勝景，㈣廟寺樓塔的風光，㈤歷史古蹟的憑弔。

壹、名山大川的險奇

中國名山中的五嶽，除南嶽位於江南外，其餘均在江北。我未去過江北，對於巖巖獨尊的東嶽泰山，壁立萬仞的北嶽恒山，五峯萬石的西嶽華山，峻極於天的中嶽嵩山，雙峰挺峙的黃山，劍門天險的秦嶺，以及景觀壯麗的呂梁、中條、太行諸山，都無機會登臨，不得瞻其大山喬嶽的蒼古渾噩之氣，領悟其磅礴無際的山林風光，祇有退而求其次，效法朱熹觀賞廬山五老峯下三疊奇景摹畫，以償宿願。因閱覽書畫，亦可縱情山水，無遠而弗屆，景物逼眞，猶如身臨其境，獲得遊目放懷的樂趣。

我喜遊山玩水，因受工作環境限制，是以大城市爲中心，向四周展開，作寄情山水活動，不像旅遊家有固定目標，按計畫進行。若距城市較遠的名山，便未去「問津」，如浙江的五台山、江西的廬山、湖北的鷄公山、廣東的大庾嶺、四川的峨嵋山、海南島的五指山、貴州的黔靈山、福建的普陀山、安徽的九華山，祇有閱書看畫，增益見聞，神遊其境而已。

講到親往登臨的名山，卻亦不少。茶陵的雲陽山，徐霞客曾去遊過，風景秀美，相傳南嶽聖帝到此避暑。鼎鼎大名的南嶽衡山，七十二峯的景觀，「九向九背」的湘水縈廻，其風光奇絕，嘆爲觀止。長沙的岳麓山，景象幽美，古蹟甚多，遊人絡繹於途。漢陽的龜山，山上有禹王廟，山麓有狀元石，天然風景甚佳。南京的紫金山，龍蟠虎踞，遍山紫色頁巖，發射金光。桂林的山水甲天下，陽朔的山水甲桂林，奇峯突出，萬態畢陳，峽谷與碧水相映，構成一幅奇特的風貌。福建的武夷山，有七十二峯的勝景，環山九曲的清溪，巧雅壯麗，挺秀異常。福州山明水秀，俗有「三山藏、三山現、三山看不見」的景觀，形勢之美，得自天成。昆明的五華山與睡佛山，湖山映帶，水光蕩漾，廟寺與古蹟均有可觀。臺灣北部的陽明山，中部的八卦山，南部的阿里山，東部的太平山，我因參加環島旅遊多次，都先後去過，形勢不同，景觀有異，各有千秋。

我國有四大河流，南北各半，南方的長江，發源於青海的巴顏喀喇山，流經八省入海，除青海未去外，其餘各省，都有我的足跡，曾坐船往返於武漢至上海及重慶之間，途經天險的「三峽」，領悟「逆水行舟」的艱危與「千里江陵一日還」的樂趣；杏花春雨，飽覽長江的煙波。次爲流經雲南、貴州、廣西與廣東的珠江，有東江、北江與西江三支流，我到過北江的韶關、西江的柳州與南寧，與三江滙入珠江的廣州，包山帶海，白浪滔天，益顯風光的壯麗。他抗戰勝利後返湘，奉派督導湘北各縣黨務，得覽湘、資、沅、澧四水注入洞庭湖的景觀。對諸如浙江的錢塘江、江西的贛江、雲南的瀾滄江、福建的閩江、湖北的漢江，都曾身歷其境，對諸江的美麗景色記憶猶新。只因遊興驅使，參與「錢塘觀潮」、「海珠賞月」、「秦淮泛舟」、「滇池遊湖」，放浪形骸，寄情於山水之間，偷閒去學那陸放翁「一生看盡佳風月，不負湖山不負身」的胸襟，海濶天空，任我遨遊，又是何等的人生快事！

貳、峽谷瀑布與巖洞的壯麗

關於峽谷、瀑布與巖洞的壯麗，就我中、美旅遊所見的實際觀察，作一比較報導。美國的大峽谷、尼加拉瀑布與神仙洞，優於長江三峽、黃菓樹瀑布與桂林七星巖，後者的格局及景象相差太遠，未免有「小巫見大巫」的感嘆。分述於左：

一、峽谷——黃山的「一線天」，因兩個山峯緊靠，中間距離甚小，巖壁千仞，由谷底向上望，祇見天光一線，景象奇特，可是格局太小，有欠壯觀。武夷山的峽谷，清溪繞廻於萬峯環抱之中，曲折九轉，兩岸巖石峭立，寬僅二丈，長達十餘里，每一曲折，都有景緻不同的峯巒山水，氣象雄渾。至臺灣的太魯閣峽谷，羣峯突兀，高揷雲霄，清流貫穿於高峯峻嶺之間，長達二十五公里，溪流兩岸，奇岩削壁，高達千餘尺，形成一個驚險萬狀的壯觀景象。

講到國內的峽谷，如論峽長、峯叠、岩削、灘多與景奇，應首推長江的三峽。三峽是西陵峽、巫峽與瞿塘峽，位於湖北宜昌與四川萬縣之間，地勢險要，全長二〇四公里，峽道寬度不一，最狹爲一百五十尺，由數百個巉巖絕壁所構成，山水連天，風光奇佳。兩岸奇巖壁立，有如鬼斧神工，從天削下，峽氣蕭森，光線暗淡，非正午或午夜時間，看不到日月。沿岸有巫山十二峯、神女峯、白帝城、黃陵廟、太白巖等勝景，爭奇鬬妍，均有可觀。峽中又有牛肝馬肺、兵書、鐵棺、風箱與灩澦堆等峽，流經崆嶺灘、洩灘、夔門等三大險灘，水流急險，與巖石相激蕩，亂流漩廻，船行其中，容易發生舟覆人亡的慘劇！

民國六十九年五月赴美探親，專車去遊大峽谷，其形勢之雄，澗谷之深，面積之廣，巖壁之奇，彩色之美，均非國內任何風景區所能望其項背。該峽谷畫分爲五區，各區都形勢雄威，浩氣蓬勃，敢說長江三峽僅能與其一區相比擬。如第一區一字形奇巖，高達數十丈，第一層巖石爲栗色，第二層巖石爲紅色，第三層爲土壤斜坡，第四層又爲紅色，均相疊數十重，有似錦網疊成，直達谷底，險峻異常。其他各區巖石彩色，各不相同，奇形怪狀，美不勝收，別有一番新氣象。另科羅拉多河上流，流經谷底，亦猶長江之流經三峽，山色水光相映，益增麗美，雖有鬼斧神工，何能雕成如此的江山妙畫；縱使大禹復生，亦不能劈削如此多的千百處夔門，暢遊其間，如入仙境，令人流連忘返！

二、布瀑——可說是三生有幸，得天獨厚，遊覽過名列國內第一的黃菓樹大瀑布，與名列世界第一的尼加拉大瀑布。民國二十九年十二月間，我在中央訓練團受訓畢，由重慶返昆明，途經黃菓樹大瀑布勝地，大家認爲機不可失，下車前往參觀。該瀑布位於貴州省鎮寧縣布依族部落的白水河，高達二百一十五呎，寬亦百餘呎，瀑布自危崖下瀉，像是數十條白練高懸，水流汹湧，與岩石相沖激，打入「犀牛潭」，轟轟如雷鳴，聲聞數里，水光相輝，好似白雲湧起，向兩面山頭飄射，銀花飛舞，有天翻地覆之勢，氣壯河山！距潭邊百餘丈外，飛濺仍及人身，不勝其寒，至進入餐廳，猶見小小水珠，落在桌上，密密如蔴，非常美觀。

黃菓樹大瀑布在世界的地位，已降為第三名，位於美、加邊境交界處的尼加拉大瀑布，名列第一。我前往參觀，先在加拿大瀑布區瞻望，祇見斷岸千丈，飛瀑下瀉，雷聲轟轟，地動岸搖，似萬馬奔騰，飛躍前進，飛銀濺雪，何止千堆，景象非常奇絕！後乘船遊覽美國區，雖有雲雨飄飛，但不驚人。及進入大瀑布正面，頓覺暴雨傾盆，雲霧瀰天，雷霆萬鈞，震耳欲聾，船身傾斜前進，似有沉入深潭的趨勢，驚險萬狀！其面積之大，瀑面之寬，形勢之雄，巖石之險，與夫山景水光之壯麗，均為世界第一。

三、巖洞——名山中多有巖洞的景觀，如嶗山的白雲洞、敦煌的千佛洞、武夷山的水簾洞、羅浮山的黃龍洞、曲江的觀音洞、三峽的太白巖、峨嵋山的九老洞、青田的天師洞、大冶的漪珏洞，林林總總，景物各殊，均有可觀，都是聲名遠播的勝地。如就巖洞的廣大深度及洞內景物奇特來說，桂林的七星巖，應拿第一名。

七星巖位於桂林城東三里的隔江處，由七個山頭連接起來，上有七個巖頂得名；洞內最寬處四十三米，最高處二十七米，深達四華里，鐘乳石如林，構成各種山川人物狀態，美不勝收，須燃火把進入，「火把打到東，看見老子道君坐神宮；火把打到西，看見印度來的釋迦牟尼」。各種奇怪石頭，神似某些人物形像，由導遊說來，總是頭頭是道，那時未見美國的神仙洞，總以為桂林山水甲天下，七星巖洞亦甲天下。

民國六十九年六月間，余觀賞尼加拉瀑布後，便去遊維基尼亞的神仙洞。抗戰時期看到七星巖的景物奇特，嘆爲觀止，神仙洞的景物，更爲奇特，洞內又裝有電燈，得窺廬山眞面貌，數千年來積下來的各種鐘乳石，奇形怪狀，五花八門，各種不同顏色的石頭，很像各種動物、植物、工具及家具的形狀，其中有塊石頭像孔子講學，另一石頭像耶穌傳教，神似得很，眞是天造地設，鬼斧神工，洋洋大觀。令人疑已置身天上仙宮，誠有飄然若仙的感覺。

叁、名湖公園的勝景

國內鼎鼎大名的名湖中，我遊過湖南的洞庭湖、昆明的滇池、杭州的西湖。

洞庭湖位於湖南的岳陽縣，四面環山，河川與湖泊相聯，省內湘、資、沅、澧四大河流，均滙入湖中，過去的面積三千七百五十平方公里，曾爲中國淡水的第一大湖，冬春水落，湖面縮小，沙洲迭起，呈現「三湖」、「五滀」、「九江」的不同景觀。夏秋水漲，長江洪水倒灌，烟波萬頃，浩蕩無際，湖水天色，氣象萬千，素有「洞庭天下水」的美譽。湖內有出產名茶的君山，湖岸有呂洞賓題詩的岳陽樓，及其它名勝古蹟甚多，風光壯麗，古往今來，留下很多騷人墨客讚美湖景的不朽詩文。

中外有名的滇池，位於昆明的城南，有金馬、碧鷄兩山，東西對峙。高出海拔二千餘公尺，長六十九公里，寬二十公里，周圍約五百公里，雖略小於洞庭湖，但烟波浩蕩，水光接天，朝暉夕陰，氣象變化無窮，並不遜色。兩岸峯巒挺秀，環繞其間，風景優美。池畔名勝甚多，各有千秋，如大觀樓的長聯，金馬山的觀賞日出，圓通寺的海覺禪師肉身像，黑龍潭的一泓綠水，景象均甚奇特。

「浮光吐景十里外」的西湖，位於杭州的城西，環湖三十公里，三面皆山，湖中有白、蘇二堤，分水為裏湖、外湖與後湖，青山綠水，相映爭輝，風景具四時不同的變化，湖光有朝夕各異的景觀，晴雨雪月，盡態極妍，除蘇堤春曉、三潭印月、花港觀魚、平湖秋月等十景外，還有岳王墳、淨慈寺、湖心亭、文淵閣、靈隱寺、保俶塔、飛來峯、水樂洞及九溪十八澗等勝景，以及私人別墅、名士匾聯、香市花會、酒樓茶店、豐富錯綜，薈萃一處，化作大千世界，成為歷史文物的偉大藝苑。

中國各大城市均有公園的設立，不是格局太小，就是自然景觀貧乏，或布置設計粗俗，可列為風景區者實在不多。惟上海以公園著稱，而設在租界內，抗戰勝利後，改為市立公園。如黃浦公園，規模宏偉，風景甚為優美，在外灘公園時期，相傳曾懸掛華人與狗不准進入侮辱國人的牌子，追懷往事，不勝今昔之感！中山公園佔地約三百畝，設計與花草培植，完全是英國式的翻版。復興公園水池、青草、桐樹等景觀，頗有法國風味，青年男女，多在此談情說愛，浪漫氣氛甚濃。至私人花園，以哈同花園最負盛名，最小是江灣的葉園，布置甚典雅；最大是黃金榮的黃家公園，園內亭閣、樓榭、花木，別有格局，遊人甚衆，幾有「山陰道上」的盛況。

講到外國的公園，應首推美國的黃石公園，具有名湖、野獸、溫泉、峽谷、瀑布與削壁等名勝，都是天然風景，沒有一個國家的公園，可與比擬。因爲禁獵的關係，成羣的野牛、野馬、兕牛、猴子、猩猩與灰熊等野獸，自由自在的覓食與賽跑。園內的黃石湖，湖面遼濶，水淸如鏡，且有溫泉流入，風光甚佳。此處的峽谷，巖石削立，高達萬丈，小瀑布甚多，泉水自高山下瀉，經過幾層巖石形成瀑布而下，異常壯觀。又「老忠實」的信泉，按時自地下噴射泉水，一聲雷鳴，飛躍而上，高達數十丈，周約十圍，霧騰半空，氣沖牛斗，嘆爲觀止。

肆、廟寺樓塔的風光

名山勝地，多有廟、寺、樓、塔各種建築，如浙江的西湖、雲南的滇池，都是四美具備，亦可單獨成爲風景區，如衡山的南嶽廟、廣州的六榕寺、武昌的黃鶴樓。下面綜合以上景觀，提出個人的觀感！

一、廟——廟、祠、宮、觀名稱雖異，均爲敬神的聖地。諺云：「神靈廟祝肥」，似指道教而言，其實不盡然，如孔子廟、關公廟、留侯廟、東坡祠，其所崇拜的聖賢都不是道教，因爲儒家亦是有神論，孔子就說過「敬神如神在」這類話。至「觀」與「宮」的名詞，便是道教所專用，如三淸觀、老君觀、上淸宮。道教主張「以道爲萬物之本」，以無爲而治，高唱淸虛自守。自張道陵創教以後，玄風盛行，繁衍十數世紀，建設了「三十六洞天」、「七十二福地」，如靑城山的天師洞、羅浮山的沖虛觀，尤其是武當山建有「八宮、六院、二十四庵、七十二觀」，延續長達一百四十華里，其規模的壯大，爲中國各名山之冠。

二、寺——寺、庵、院、殿，都是佛教徒修道的地方，通常「寺」名爲最多。諺云：「世間妙諦佛參盡，天下名山僧佔多。」原因何在？因爲佛教是出世主義。甚具規模的重要寺院，多建在深山大谷之中，名山奇景，大都是野寺山僧所開發，如「普陀」建於孤懸海外的島上，成爲海天佛國的聖地；「五台」位於晉北荒漠之處，信徒多不遠千里去膜拜。只有佛教徒男女是分開參禪，不在同一寺庵拜佛，與基督教徒男女混在一起做禮拜，完全不同。男名僧或和尚，以寺爲修行的處所，女名尼或尼姑，以庵爲拜佛的靜地，界限分明。

三、樓——樓、閣、臺與亭，名稱不同，都是登臺遠眺的處所，「欲窮千里目，更上一層樓」，其中樓閣亦有用作藏經、藏書的書庫。長江沿岸有三大名樓，一爲范仲淹撰記的岳陽樓，二爲崔顥題詩的黃鶴樓，三爲王勃作序的滕王閣，與此三樓齊名的是孫髯翁手書長聯的昆明大觀樓。他如長沙的天心閣、廣州的鎭海樓、貴陽的甲秀樓、采石磯的妙遠樓、梧州的水上樓閣，均相當有名。

臺的建築格局，與樓閣有別，但功用相同。其中聲名最著者，計有南京的雨花臺、開封的禹王臺、四明山的妙高臺、富春江的釣魚臺、廬山的文殊臺、羅浮山的華首臺。亭爲四者中的最小者，兼有遠望與歇脚的功能，如蘇州的滄浪亭、滁縣的醉翁亭、徐州的快哉亭、嶽麓山的愛晚亭、惠州的方飯亭，都是亭中的佼佼者。

四、塔——塔別名浮屠，是隨佛敎東來而傳到中國。「救人一命，勝造七級浮屠」，完全是佛敎徒的語調。其主要功能，原爲藏經與放骨灰之用，其後擴充作登高望遠、紀念賢哲、鎮壓妖怪、指示目標等多種用途，功效更爲提高，經過久遠年代後，藏經的功能漸消失，登遊的作用則擴大，與原義不相符合。國內最著名的寶塔，計有開封的鐵塔、西安的寺塔、西湖的三塔（六和塔、保俶塔與雷峯塔）、梧州的允升塔、北平的白塔、西安的大雁塔、蘇州的北寺塔、鎮江的七壽塔、鷄公山的啼笑塔、吉林的寧古塔，從以上各塔的建築年代考察，其掌故甚多，可增益對佛敎的見聞與認識。

伍、歷史古蹟的憑弔

中國的歷史古蹟比比皆是，自湖南講起：茶陵有炎帝皇陵，民間奉爲農神。雲陽山的赤松丹井，傳爲赤松子煉丹之處，其古城建於漢代，城畔鎮壓水怪的鐵牛，是宋朝的遺物。長沙的賈誼祠，創建於漢，嶽麓書院建於北宋，朱熹曾講學於此。天心閣位於城南的最高點，太平天國大軍進攻長沙時，西王蕭朝貴在此中礮彈陣亡。洞庭湖岸有呂洞賓三醉題詩的岳陽樓，湖中的君山，有蒼梧臺、湘君墓、封山印、柳毅井、楊么寨等古蹟。衡山的南嶽聖帝廟，奉祀封神榜上的崇黑虎，山上有唐宰相李泌故宅及韓昌黎、張南軒講過學的嵩山書院，都是宋朝以前的古宅。

上海是戰國時代春申君的封邑，寺院中首推有五百羅漢的龍華寺，次爲天下第六泉的靜安寺，珍藏中國志書的藏書樓，與抗戰前商務印書館的東方圖書館，同爲東方文化寶庫。自然景觀以園林著稱，如黃浦、中山、復興、哈同、半淞濤等公私花園，均負盛名。南京的石頭城，早已全燬，明孝陵、中山陵、淨慈寺、靈隱寺、雨花臺、御碑亭、鷄鳴寺、篡字碑，溯源甚古，其豐功偉業，流傳後世。西湖的古蹟最多，如岳王廟、兩堤（白堤與蘇堤）、三塔（六和塔、保俶塔與雷峯塔）、放鶴亭、龍井寺、虎跑寺等勝地，追懷史跡，任人憑弔！重慶最有名的景觀應是大足石刻，與雲崗、龍門齊名，塗山的禹王廟、天外思波的溫泉寺、神像石身的仙女洞，是尋幽探勝的最佳去處。長江中的三峽，除形勢險峻外，古蹟亦不少，如黃牛山麓的黃陵廟、屈原故宅的秭歸城、朝雲暮雨的神女廟、劉備託孤的白帝城，都是風光壯麗的勝地。

昆明的滇池，烟波浩蕩，氣象萬千，池畔古蹟，不可勝數：如孫髯翁所撰一百八十字長聯的大觀樓、觀賞日出的金馬山、海覺禪師肉身像的圓通寺、一泓綠水的黑龍潭、花簇錦團的大華寺、紫銅鑄造的太和殿，其景觀各有特色。福建的武夷山，有清溪九曲的勝景，朱熹主管武夷宮多年，附近曾建文公書院，爲其講學與讀書之所，天心寺位於武夷大叢林，山頂所產大紅袍茶葉，列入貢品，最爲名貴。該山又爲道教第十六洞天勝地，道觀多於佛寺，山巒深處，有斷垣殘瓦，均爲高人修道之所。福州是有名海洋都市，鼓山的湧泉寺，創建於唐朝，象徵榕城的羅星塔，風景佳麗，馬尾的造船廠，爲中國海軍的發祥地。

廣州是中國南方最美麗的江海都市，秦漢時建南海郡，趙佗曾據此稱南越王，古蹟最多。秀山最大的古蹟鎮海樓，創建於明初朱祖亮；規模宏偉的大榕寺，建於梁大同三年；懷聖寺創建於隋代，爲廣東最大回教禮拜堂；萬里波澄的南海神廟，亦是梁大同元年所建的古刹；浩氣長存的黃花岡，是爲國犧牲的七十二烈士埋骨之所。他如光孝寺、華林寺、君臣塚、呼鸞道等勝地甚多。

海南島古名儋耳，雖是離國都萬里外的南蠻地方，卻先後誕生了李德裕、宋胡銓、李綱、李光、趙鼎、海瑞等偉大人物。宋代文學泰斗蘇東坡，被貶官在此四年，留下不少遺跡。其著名古蹟計有下列三項：一爲「瓊臺勝景」的蘇公祠，二爲「南溟奇甸」的五公祠，三爲內海水道甚狹與外港遼濶的楡林港。

臺灣古名夷洲，明季爲荷蘭人所佔；清初，鄭成功又逐荷蘭人，而光復國土。及鄭氏亡，屬清，初隸福建省，後改建行省，甲午戰敗，割讓於日本，統治達五十年之久，抗日戰爭勝利後歸還我國，仍爲我國行省之一。至於古蹟方面，如臺南的赤嵌樓與安平古堡、淡水的聖多明峨城、芝山岩的抗日志士義塚、霧社的山胞起義紀念碑，以及義軍灑血的八卦山，都是荷、日時代留下來的遺跡外，他如香火旺盛的臺北龍山寺、珍藏玄奘佛骨的玄光寺、開島元魁的延平郡王祠、陳列明朝史料的文昌閣、殺身成仁的吳鳳廟、建築巍峩的鵝鑾鼻燈塔，均爲鄭成功光復臺灣後的建築物，憑弔古蹟，益增江山如畫之感。

第三節　融貫文、史、傳、遊編本書

胡適之先生生前，常勸人寫回憶錄，強調利用此等材料，可充實將來的歷史內容。但現身說法，難免有「老王賣瓜」之嫌，若據此以作信史材料，亦有欠妥的考慮。我認爲寫回憶錄這類文章，除應態度謹嚴，實事實說，不可違悖史家精神外，還要擴大寫作的領域，融貫文、史、傳、遊資料，引人入勝。並含蓋下列主題：㈠文學品題，㈡歷史文物，㈢傳遊感懷，㈣融貫文、史、傳、遊於一爐。

壹、文學品題

本書編寫的重點，甚重視文學的內含，多方搜集各地風土文物，風流遺韻，名詩名詞名聯，風景題詠，古蹟歌謳，以及佛教的藝術，道教的天地，這些林林總總的材料，經過融會後，都編入相關章節中，勝景配文，詩詞咏古，互爲烘托，閱覽之餘，亦不無風流瀟灑之感。並就編入的文學資料，提要鈎玄，再作分項說明：

一、風流遺韻——負笈長沙市，想起屈原的投江自盡，參觀太傅祠，追念賈誼的哭陳〈治安策〉，嶽麓書院的朱熹題字，愛晚亭中的杜甫詩句，許多風流遺蹟，任人憑弔。旅遊石頭城，看那吳宮花草，南朝金粉，物換星移，留下多少興亡古跡！求學上海，春申君的豪情未滅；暢遊西湖，白居易的遺規猶存。服務昆明，吳三桂與陳圓圓的艷史安在？逃難廣州，趙佗據此稱王的霸業成空。敎書海南，難忘蘇東坡詠詩闖下了貶瓊的大禍；避秦臺灣，追懷鄭成功反淸復明的偉業！至於蔡鍔與小鳳仙的艷史，王壬秋與張嫣的相戀，葉德輝的詼諧詩文，蕭精忠的風流史話，這些文采風流的往事，足以啓發壯志凌雲的雄心，兼舒懷古思賢的幽情。

二、名詩名詞名聯——本書彙列詩、詞與對聯甚多。在江山如畫中，緬懷先人守土拓疆的英雄氣慨，「秦時明月漢時關，萬里長征人未還」，慷慨悲歌，又是何等的激人胸懷！

唐人的詩，多詠勝景，名聞天下。如「兩岸猿聲啼不住，輕舟已過萬重山」，三峽的奇景，恍然如在眼前；「坡上平臨三塔影，湖中倒侵一輪月」，西湖的景色，似乎活現紙上；「氣蒸雲夢澤，波撼岳陽城」，洞庭湖的風光，記憶猶新；「菩提本無樹，明鏡亦非臺」，大榕寺的佛偈，發人省思。又崔顥題詩的黃鶴樓，使成武漢名勝，爲萬世歌謳；朱熹的〈九曲歌〉，爲武夷山景增光，流傳於千古，每讀一首詩，等於旅遊一處勝景，以大自然寄其感懷，亦人生的一大快事。

「唐詩宋詞漢文章」，是說三個朝代的文學特徵。詠詞最盛行於宋朝，蘇軾是作詞的宗師，其〈赤壁懷古詞〉云：「大江東去，浪淘盡千古風流人物。故壘西邊，人道是三國周郎赤壁；亂石崩雲，驚濤裂岸，捲起千堆雪。江山如畫，一時多少英雄豪傑……。」描寫山川文物之盛，雄視百代。本書所錄名詞不多，但爲絕世之作。如陸放翁的〈釵頭鳳〉與其前妻唐氏的和詞，情意纏綿，文辭悲悽，令人共灑同情之淚！大詞人張于湖，是詠湖名人，其所作〈念奴嬌調過洞庭〉，文句華麗，境界高遠，寫得有聲有色。又岳州人徐君寶之妻所寫〈滿庭芳〉一闋，是烈婦殉情的悲詞，詞中「從今後，魂斷千里，夜夜岳陽樓」數句，最爲感人。

對聯與詩詞同等重要，均爲文學的極品，中國的各種廟、寺、祠、觀、樓、閣、亭、臺等處，都懸掛名人的對聯，點綴其中，爲景增色。本書搜集此類聯語甚多，其中尤以大觀樓、岳陽樓與黃鶴樓的長聯，最爲有名。孫髯翁所撰大觀樓的一百八十字長聯，上聯講滇池風景，下聯講歷史文物，對昆明的風土文物，躍然紙上，是一空前絕作。尹聯芳所撰黃鶴樓的一百一十字長聯，咏景懷古，氣勢雄壯，武漢三鎭的風光，俱納筆下，不愧爲名家大筆。竇君埒所撰岳陽樓的一百零四字長聯，既咏岳陽文物，又謳洞庭景觀，對仗嚴整，吐辭曲雅，可說是膾炙人口的不朽名聯。

三、風景題詠——中國的名山勝蹟，很少是由政府倡導開發。自古以來，多係民間集資籌辦，或由方外人士負責策畫，開山、闢路、修橋、築堤，一點一滴，胼手胝足，便成爲後來的有名勝景。另騷人墨客尋幽攬勝，游跡所至，到處題詩留字，詠之以詩，謳之以詞，頌之以聯，發之以文，爲名山勝景增光，一經品題，其名大張。如王勃作序，滕王閣名聞千古；崔顥題詩，黃鶴樓身價百倍。他如韓退之與潮州，柳宗元與永州，岑參與嘉定，蘇軾與杭州，除開發風景外，詩歌吟詠，文章賦記，盛極一時，充滿了文學的氣氛，構成了中國風景的另一特色。

四、古蹟歌謳——我國著名的古蹟，首推萬里長城與縱貫四省的運河，工程浩大，冠絕世界。他如北平的故宮、五嶽的聖廟、西安的秦始皇陵、孔孟的故里、開封的相國寺、雲崗的石窟、敦煌的壁畫，都是祖宗的文化遺產，宜效歐美體制，以法律來保護國寶國粹，使無亡失。又偉大古蹟中，涵蓋歷史文物的餘澤，與激昂壯烈的往事，文士詩人所作的貢獻，最足稱道；其氣魄之大，運筆之妙，嘆爲觀止。

本書記述的古蹟甚多，較爲著名者，計有南京的明孝陵、西湖的岳王墓、上海的春申祠、福州的羅星塔、武漢的黃鶴樓、岳州的岳陽樓、昆明的大觀樓、重慶的溫泉寺、長沙的天心閣、大足的石刻、桂林的七星巖、海口的五公祠、臺南的延平郡王祠，以上各種古蹟中，都珍藏古聖先賢所撰的詩、詞、歌、賦、聯語、鴻文及其他貴重文物，均是國家的寶藏。惜年久失修，與戰亂破壞，幾至流失淹滅的地步。我們面對這些歷史古蹟與文物，逐一加以記述，使後人無忘其國家的偉大，亦爲意義深遠的文化工作。

貳、歷史文物

寫回憶錄性質的文章，涉及層面甚廣，凡是生長、讀書、服務與旅遊等地區，因生活和工作的需要，與各地的歷史風土文物，自然發生密切關係，身歷其境，入境問俗，是何等重要。所以孔子入大廟，每事問，其原因在此。我本楚狂人，對於生於斯長於斯的茶陵縣，念茲在茲，其歷史事蹟、古城考證、山川形勢、風景勝地、生產物品、風俗習慣，耳聞與目見，記憶猶新，白雲親舍，益增木本水源的懷念。至歷代的傑出人物甚多，其中文治與勳業彰者，計有宋朝祭酒譚世勣、元朝進士李一初、文淵閣學士張文邦、華蓋殿大學士李東陽、翰林學士劉三吾、內閣學士彭維新、七省總督譚鍾麟、風流狀元蕭精忠，他們的道德文章與豐功偉業，與日月爭光，名垂青史，足爲後人效法的典範。

湖南古屬三苗的居住地方，舜南巡歿於蒼梧之野，炎帝葬於長沙之茶鄉，都在湖南省境內。商周時代，與中央的關係密切，各地出土的文化遺物，多爲那個時代的精美產品。當時楚國因大量移民於湖南，又將鄭、唐、蔡等族遺民遷住，與原住民雜處，互通婚姻，融合成爲今日的漢族。屈原忠心報國，但爲楚懷王放逐於長沙，鬱鬱不得志，投汨羅江自殺，其遺著〈離騷〉，可稱爲南方文化的鼻祖。漢置長沙、桂陽、武陵、巴陵四郡，封吳芮爲長沙王，賈誼爲長沙王太傅，蔡倫發明製紙，張仲景著〈傷寒雜疾論〉，蜀將關羽征長沙，吳將魯肅鎮巴陵，這是兩漢三國時代的幾件大事。

晉後各朝代，戰伐頻傳，陶侃都督湘州軍事，侯景與王僧儒鏖戰於岳陽，蕭銑據巴陵稱帝，李靖統軍征湘北各縣。唐代有名文士紛紛蒞湘，李白、杜甫、韓愈、柳宗元、劉禹錫、白居易、元稹等人，先後到過湖南，寫過許多的優秀詩文。湘鄉的褚遂良，長沙的歐陽詢和懷素，都是鼎鼎大名的書法家，留下不少讀書與練字的遺跡。

道州人周敦頤，著《通書》與《太極圖說》，為宋代理學的開山祖。大儒朱熹曾主持嶽麓書院，求學生徒不遠千里而來，文風特盛。南宋時楊么據洞庭湖叛亂，横行郡邑，岳飛統軍征剿，擒么斬首。元將忽必烈派阿里海牙攻陷潭州，湖南安撫使衡州人李芾全家殉難，一門忠烈。元末陳友諒佔領湖南稱王，其子陳理降明，化干戈為玉帛，湘民亦分享天下太平的安樂。中葉湘省人才輩出，蜚聲士林，如翰林出身的李東陽，歷事四朝，官至華蓋殿大學士，著《懷麓堂集》，創「茶陵詩派」，是當時的文壇領袖。明末李自成、張獻忠造反，蹂躪湘境甚久，災情慘重！其部將郝搖旗、劉體純、高一功等人，曾率軍入湘，與湖廣總督何騰蛟、湖北巡撫培胤錫聯合反清。又愛國學人王夫之，參加反清運動失敗後，著書立說，寫了一百多種著作，與顧炎武、黃宗羲齊名，被譽為「明末三先生」。另湘潭人周智楷，著《楚寶》與《湘水元夷》，專記湖南歷史文物的要籍，是兩部可讀性甚高的名著。

清初吳三桂在雲南反清，攻佔衡州後稱帝，為湖南帶來戰禍。苗民領袖柳鄧、石三保、吳隴登、吳八月等人，在湘西各地起義，瑤民亦多次響應，惜孤軍作戰，終為清兵鎮壓下去。洪秀全所領導的太平軍，由廣西攻入湖南，所向無敵。未料進攻長沙時，西王蕭朝貴戰死，大軍轉攻湖北，留下長沙與衡陽兩大軍事缺口，種下後來敗亡的禍根。曾國藩當時丁憂在家，奉令編練鄉勇禦寇，得到左宗棠、彭玉麟與胡林翼的擁護，成立湘軍，與太平軍鏖戰多年，榮獲最後勝利，成爲清廷中興的四大功臣。同治元年西北的捻匪與回匪叛亂，左宗棠奉令西征，經略十四年，平定陝甘，收復新疆，史家給予最高的地位。清末戊戌政變失敗後，六君子殉難，其中譚嗣同是湖南人，滿腔熱心，慷慨赴義，值得國人崇敬。

關於居住或旅遊的各大城市，其歷史事蹟與風土文物，本采風問俗的精神，搜集資料，愼加考證，然後筆之於書，務求眞實。南京形勢重要，十代皆建都於此；又石頭城建築的史跡，金陵名稱的由來，與夫各種風土文物，美不勝收，均是洋洋大觀。他如上海命名的考據，開埠的歷史與春申君的關係，曾分作評介。另白居易與蘇東坡任杭州刺史的政績、西湖與蘇堤白堤的往事、楚將莊蹻開發滇池、吳三桂封王昆明、王陽明悟道於貴陽、趙佗稱王於廣州、明桂王建行都於桂林，這些風雲際會與慷慨悲歌的輝煌歷史，創建極爲燦爛的典章制度，都是祖宗最寶貴的文化遺產。

叁、傳遊感懷

韓愈說：「莫爲之前，雖美而不彰；莫爲之後，雖盛而不傳。」英雄豪傑的偉大事業，必須有後人宣揚，才能名垂青史，爲世典範。但寫名人傳略，對所擷取的資料，要旁徵博引，愼加選擇，本「述而不作」的態度，持史家論事的精神，力求公正，不涉偏激，然後筆之於書，公諸世人，書中縱有褒貶，亦不失厚道，好似一面鏡，在世道人心上，發生一點端正的作用。

本書在記述名勝古蹟中，講到古聖先賢的勳業，爲數甚多，其豐功偉業與鴻文名聯名詩，照耀史册，與日月爭光，令人崇拜。

講到遊記方面文章，古來傑出文士與墨客騷人所撰的佳作，不可勝數，其中尤以〈徐霞客遊記〉及柳宗元〈永州八記〉，最負盛名。又多提倡尋幽攬勝的旅遊活動，強調與大自然接近。有益於身心的健康，「山水之樂，得之於心，而寓之以酒也」。歐陽修「醉翁之意不在酒，在乎山水之間」的論調，完全是就遊樂而言。蘇東坡對旅遊的看法，境界甚高，認爲遊名山大川，可以滌蕩胸襟，陶冶文思：「太史公行天下，周覽四海名山大川，與燕趙間豪俊交遊，故其文疏蕩，頗有奇氣。」（見〈上樞密韓太尉書〉）與「居廟堂而有江湖之思，處江湖而懷用世之心」，旨趣相同，沒有甚麼區別。

太史公司馬遷自謂：「西至崆峒（山名，位今河南臨汝縣），北過涿鹿（山名，位今河北涿鹿縣），東漸於海（指山東濱海地區），南浮江淮（長江以北地區）。」其遊歷區域，僅在河北、河南、山東三省及蘇北、皖北地區而已。我因求學、謀事、訪問與探親關係，曾奔走於湖南、湖北、江西、安徽、江蘇、浙江、福建、廣東、廣西、雲南、貴州、四川、海南島及臺灣十四省，又途經越南與日本，訪問韓國，三次去美國探親，並遊覽各州名勝地區，超過太史公的遊歷範圍好幾倍。惜在大陸所撰遊記，多已散失，卽本書所列篇幅，亦有數萬字，雖不敢高調「風月交游，山川懷抱」，自鳴風雅；但追求歷史文物，山川貌態的理想，卻亦不願後人，滿腔熱血，融滙於大自然的贊頌享受之中。

肆、融貫文、史、傳、遊於一爐

文學、歷史、傳略與遊記文章，分屬敘事、敍時、敍人、敍景不同體裁的作品，各有其特殊背景及寫作對象。但四者之間，沒有甚麼鴻溝，聲氣相通，文思交流，有密不可分的重大關係。如文學內容，離不開時、人、景、物的描寫；歷史詩文，亦包容人事與風景的記載；高水準的傳記和遊記，更充滿着文學氣氛。因此，要寫回憶錄方面的文稿，最好採取綜合性資料，包含文、史、傳、遊的內容，刮垢磨光，擷其精華，才能寫出特色，獲得共鳴。

孔子說：「吾道一以貫之。」是將許多理論貫通起來，歸納爲一個基本觀念，不是普通學生所能瞭解。祇有他的高徒曾子能領悟其中道理：「夫子之道，忠恕而已矣。」我在撰寫回憶錄以前，便想到一個問題，如果專寫自己的事情，很難取信於人，就是妙筆生花，也談不到甚麼價值。因此，聯想到貫通的道理，不妨以回憶錄爲主題，博取文、史、傳、遊的資料，編入相關章節中，壯大文章的篇幅，提升作品的品質，並以此爲奮鬪目標，全力以赴，使書中內容，融貫文學的氣氛，歷史的文物，傳奇的名人，遊記的勝景，集散文、韻文爲一體，溶傳記、遊記於一爐，使讀者閱此一書，獲得多種學識與樂趣，回味無窮，便是我編寫此書的目的。

本書開始寫稿於民國七十六年二月，搜集資料是五年以前，尤其是部分來自大陸的文獻，輾轉抄寫與託寄，甚費周章。其中引用古人文章，查考不夠謹嚴，參考時賢著作，取材未能融化，文字雖力求精簡，因包羅萬象，書中錯誤，在所難免，尚希海內外高明學者，不吝指敎。作者最後謹錄自撰一聯，以作本書的結語：

進無以立功，退無以補過，庸庸碌碌，流傳着千萬字文章，桃李復多姿，宜無憾矣！

後不見來者，前不見古人，渺渺茫茫，回憶那八三年往事，黃粱徒一夢，能不休乎？

父親的回憶錄

周玉山

民國七十七年十一月十四日，父親在撰寫回憶錄時倒下，帶給我此生最大的哀傷，始終不能消散。父親素稱體健，偶有病痛，總可迎刃而解，久之我們也習以爲常，不想致命的心臟病一朝襲來，打得我心喪至今。我在追悔莫及中，哭著抹上父親的眼，請他瞑目，莫再凝視我的不孝。三十多年來，我受惠於父親的，豈止是生命與生活？些許的風格與榮譽，亦拜父親所賜。我報答父親的，卻是讓他留下飽滿的智慧，至佳的記憶，以及最後的清淚，絕塵而去！

父親還留下回憶錄，成爲畢生唯一未竟之作。我自幼以來，長期目睹父親的勞苦，記憶中的背影，以伏案寫作爲大宗。我清晨起身，中午返家，深夜歸來，恒見他與時間競賽，奮力相搏。父親少小離家，在國難中求學與工作，艱辛的歷程非我所能想像，壯歲以後日日與文字纏鬭，我視爲勞苦，父親則甘之如飴。他以此延續生命，卻付出了燃燒生命的代價。

父親辭世前，我以節勞相勸，他笑謂能思能寫，就能長壽。我想到曾師虛白和胡師秋原的佳例，不無釋懷，二師至今筆力猶健，實大可賀，我卻在瞬間失去了父親！八十三歲算不算長壽？

父親何等曠達，最後湧出清淚，除了不捨親友，或亦掛念未竟之作吧。

面對父親的遺篇，思及他布衣粗食，一無所求，只盼借到更多的餘生，完成自己的著作。這麼單純的願望，我卻未助一臂之力，大慟之後，又徒擁哀傷，一籌莫展。這樣的人子，還坐享虛名，眞不知如何立足於天地之間。我在精神恍惚中度日，想起馬叔禮兄的來信所言，「父喪如天崩」。崩裂的天，怎麼修補呢？

幸而家叔文湘公聞訊，毅然負起續完的重任，了卻大家的心願。文湘公根據父親的散稿，參考相關資料，加上追隨多年的體驗，在數載的努力下，終使本書完整問世，從父親的童年起，寫到退休生活，個中章節皆爲原訂，內容則收踵事增華之效。父親的天靈有知，必然欣慰不已，存殁俱感四字，如今應獲最好的印證。

三民書局兼東大圖書公司的主人劉振強先生，是我最敬佩的出版家，也是本書的催生者。三十年來，劉先生眼見父親如此勤奮，力勸退休後撰寫回憶錄，爲青年朋友留下一個榜樣。如今，本書正式呈現在讀者面前，我深深感激上述各長輩，也確信父親的生命業已延續，連同他的其餘著作，走向二十一世紀。

父親的畫像

周陽山

民國七十七年十一月十四日，父親告別塵世，爲八十三年的人生旅程，寫下了最後的句點。

父親離開的那個下午，二哥玉山和我在三軍總醫院加護病房的窗臺旁，緊握著手，焦心如焚，注視父親最後的呼息。在父親安詳告別的那一刻，我默默的告訴自己：一個偉大的時代過去了。一個歷經動盪時代煎熬卻堅持「知其不可而爲」的仁者與勇者，就要羽化登仙了！

當天晚上，強拭著悲慟的淚水，二哥和我草就訃聞稿，文中指出：父親一生以儒家治生，以道家待人，以墨家束己，堅毅自持，著述不輟，直至辭世的前夕，仍伏案振書。在他等身的著述中，我們看到了經國濟世的光輝，在親承的庭訓中，更感受到溫暖和煦的春陽，照拂著後進，導引著門生，也爲後世的子孫，勾勒出一幅平凡中偉人的不朽楷模。

在日後報刊的追悼文中，鄭貞銘、張放、廖立宇等先生分別悼念了一位當世師表的離塵。張錯先生更以〈隱沒的大樹〉，描述父親這樣一位學界巨匠的故去。二哥也早以〈父親的書桌〉一文，表達對父親清儉一生的深摯感動。但是，四年多來，我振筆疾書逾百萬言，卻始終不敢，也不能寫就一篇短短的感懷，感懷內心深處的靈明，那股支撐著我奮力向前的道德泉源。

我始終猶豫的是，緬懷父親所經歷的動盪大時代時，究竟該如何爲他勾勒出一幅眞實的畫像？而那幅畫像，究竟是彼世的眞切寫照，還只是我自己跳不出時空，一廂情願的此世嚮往？更重要的是，人子的追懷，乃是一生一世的牽掛，而如何面對父親，讓自己不汗顏的走完此生，恐怕是我在此世遙望彼世的父親時，最大的試煉吧？

爲了讓父親安息，也爲了使自己心安，過去四年多來，我繼承父親的遺志，將其遺著逐册改訂擴增，預計以十年爲期，完成各書的新編計畫。目前已出版民族、民權二册，並開始著手第三册民生與哲學的撰寫。而最後的著述——回憶錄，由父親起草，在文湘叔接力後完成，再由二哥擔任逐字逐句的校勘，於今終於面世，似乎告示著後人，父親的自畫像終於出現了。

面對父親的畫像，這部八十多年的人生奮鬥史，卻沒有絲毫高不可攀的距離，我只感到，父親和悅的臉龐，微駝的身軀，又在春陽下和我們見面了。每一次，當我提筆接續父親的遺著時，都會清楚感受這股春陽的和暖，和其中洋溢的道德感召。於今，父親的回憶錄正式出版，我們身爲人子，除了感懷與慰藉，只有以更大的毅力與堅持，爲父親一生努力的文字工作，做更現代的詮釋吧！

面對父親，面對自己，面對人文的傳統，面對那幅自畫像，我似乎看到，那個悲戚的午後，二哥與我緊握著手，目睹一個偉大心靈的昇華！

滄海叢刊書目㈡

國學類

先秦諸子繫年	錢　　穆　著
朱子學提綱	錢　　穆　著
莊子纂箋	錢　　穆　著
論語新解	錢　　穆　著
周官之成書及其反映的文化與時代新考	金春峯　著

哲學類

哲學十大問題	鄔昆如　著
哲學淺論	張　康　譯
哲學智慧的尋求	何秀煌　著
哲學的智慧與歷史的聰明	何秀煌　著
文化、哲學與方法	何秀煌　著
人性記號與文明—語言・邏輯與記號世界	何秀煌　著
邏輯與設基法	劉福增　著
知識・邏輯・科學哲學	林正弘　著
現代藝術哲學	孫　旗　譯
現代美學及其他	趙天儀　著
中國現代化的哲學省思	成中英　著
不以規矩不能成方圓	劉君燦　著
恕道與大同	張起鈞　著
現代存在思想家	項退結　著
中國思想通俗講話	錢　　穆　著
中國哲學史話	吳怡、張起鈞　著
中國百位哲學家	黎建球　著
中國人的路	項退結　著
中國哲學之路	項退結　著
中國人性論	臺大哲學系主編
中國管理哲學	曾仕强　著
孔子學說探微	林義正　著
心學的現代詮釋	姜允明　著
中庸誠的哲學	吳　怡　著
中庸形上思想	高柏園　著

儒學的常與變	蔡仁厚 著
智慧的老子	張起鈞 著
老子的哲學	王邦雄 著
當代西方哲學與方法論	臺大哲學系主編
人性尊嚴的存在背景	項退結編著
理解的命運	殷 鼎 著
馬克斯・謝勒三論	阿弗德・休慈原著、江日新 譯
懷海德哲學	楊士毅 著
洛克悟性哲學	蔡信安 著
伽利略・波柏・科學說明	林正弘 著
儒家與現代中國	韋政通 著
思想的貧困	韋政通 著
近代思想史散論	龔鵬程 著
魏晉清談	唐翼明 著
中國哲學的生命和方法	吳 怡 著
孟學的現代意義	王支洪 著
孟學思想史論(卷一)	黃俊傑 著
莊老通辨	錢 穆 著
墨家哲學	蔡仁厚 著
柏拉圖三論	程石泉 著

宗教類

佛教思想發展史論	楊惠南 著
圓滿生命的實現 (布施波羅密)	陳柏達 著
○蔔林・外集	陳慧劍 著
維摩詰經今譯	陳慧劍譯註
龍樹與中觀哲學	楊惠南 著
公案禪語	吳 怡 著
禪學講話	芝峯法師 譯
禪骨詩心集	巴壺天 著
中國禪宗史	關世謙 著
魏晉南北朝時期的道教	湯一介 著
佛學論著	周中一 著
當代佛教思想展望	楊惠南 著
臺灣佛教文化的新動向	江燦騰 著
釋迦牟尼與原始佛教	于凌波 著

唯識學綱要　于凌波 著

社會科學類

中華文化十二講　錢穆 著
民族與文化　錢穆 著
楚文化研究　文崇一 著
中國古文化　文崇一 著
社會、文化和知識分子　葉啓政 著
儒學傳統與文化創新　黃俊傑 著
歷史轉捩點上的反思　韋政通 著
中國人的價值觀　文崇一 著
紅樓夢與中國舊家庭　薩孟武 著
社會學與中國研究　蔡文輝 著
比較社會學　蔡文輝 著
我國社會的變遷與發展　朱岑樓主編
三十年來我國人文社會科學之回顧與展望　賴澤涵 編
社會學的滋味　蕭新煌 著
臺灣的社區權力結構　文崇一 著
臺灣居民的休閒生活　文崇一 著
臺灣的工業化與社會變遷　文崇一 著
臺灣社會的變遷與秩序(政治篇)(社會文化篇)　文崇一 著
鄉村發展的理論與實際　蔡宏進 著
臺灣的社會發展　席汝楫 著
透視大陸　政治大學新聞研究所主編
憲法論衡　荊知仁 著
周禮的政治思想　周世輔、周文湘 著
儒家政論衍義　薩孟武 著
制度化的社會邏輯　葉啓政 著
臺灣社會的人文迷思　葉啓政 著
臺灣與美國的社會問題　蔡文輝、蕭新煌主編
自由憲政與民主轉型　周陽山 著
蘇東巨變與兩岸互動　周陽山 著
教育叢談　上官業佑 著
不疑不懼　王洪鈞 著

史地類

國史新論	錢　穆　著
秦漢史	錢　穆　著
秦漢史論稿	邢義田　著
宋史論集	陳學霖　著
中國人的故事	夏雨人　著
明朝酒文化	王春瑜　著
歷史圈外	朱　桂　著
當代佛門人物	陳慧劍編著
弘一大師傳	陳慧劍　著
杜魚庵學佛荒史	陳慧劍　著
蘇曼殊大師新傳	劉心皇　著
近代中國人物漫譚	王覺源　著
近代中國人物漫譚續集	王覺源　著
魯迅這個人	劉心皇　著
沈從文傳	凌　宇　著
三十年代作家論	姜　穆　著
三十年代作家論續集	姜　穆　著
當代臺灣作家論	何　欣　著
師友風義	鄭彥棻　著
見賢集	鄭彥棻　著
思齊集	鄭彥棻　著
懷聖集	鄭彥棻　著
周世輔回憶錄	周世輔　著
三生有幸	吳相湘　著
孤兒心影錄	張國柱　著
我這半生	毛振翔　著
我是依然苦鬥人	毛振翔　著
八十憶雙親、師友雜憶(合刊)	錢　穆　著

語文類

訓詁通論	吳孟復　著
入聲字箋論	陳慧劍　著
翻譯偶語	黃文範　著
翻譯新語	黃文範　著
中文排列方式析論	司　琦　著
杜詩品評	楊慧傑　著

詩中的李白　楊慧傑　著
寒山子研究　陳慧劍　著
司空圖新論　王潤華　著
詩情與幽境——唐代文人的園林生活　侯迺慧　著
歐陽修詩本義研究　裴普賢　著
品詩吟詩　邱燮友　著
談詩錄　方祖燊　著
情趣詩話　楊光治　著
歌鼓湘靈——楚詩詞藝術欣賞　李元洛　著
中國文學鑑賞舉隅　黃慶萱、許家鶯　著
中國文學縱橫論　黃維樑　著
漢賦史論　簡宗梧　著
古典今論　唐翼明　著
亭林詩考索　潘重規　著
浮士德研究　李辰冬　譯
蘇忍尼辛選集　劉安雲　譯
文學欣賞的靈魂　劉述先　著
小說創作論　羅盤　著
借鏡與類比　何冠驥　著
情愛與文學　周伯乃　著
鏡花水月　陳國球　著
文學因緣　鄭樹森　著
解構批評論集　廖炳惠　著
世界短篇文學名著欣賞　蕭傳文　著
細讀現代小說　張素貞　著
續讀現代小說　張素貞　著
現代詩學　蕭蕭　著
詩美學　李元洛　著
詩人之燈——詩的欣賞與評論　羅青　著
詩學析論　張春榮　著
修辭散步　張春榮　著
橫看成嶺側成峯　文曉村　著
大陸文藝新探　周玉山　著
大陸文藝論衡　周玉山　著
大陸當代文學掃描　葉穉英　著
走出傷痕——大陸新時期小說探論　張子樟　著

大陸新時期小說論	張　放　著
兒童文學	葉詠琍　著
兒童成長與文學	葉詠琍　著
累廬聲氣集	姜超嶽　著
林下生涯	姜超嶽　著
青　春	葉蟬貞　著
牧場的情思	張媛媛　著
萍踪憶語	賴景瑚　著
現實的探索	陳銘磻　編
一縷新綠	柴　扉　著
金排附	鍾延豪　著
放　鷹	吳錦發　著
黃巢殺人八百萬	宋澤萊　著
泥土的香味	彭瑞金　著
燈下燈	蕭　蕭　著
陽關千唱	陳　煌　著
種籽	向　陽　著
無緣廟	陳艷秋　著
鄉　事	林清玄　著
余忠雄的春天	鍾鐵民　著
吳煦斌小說集	吳煦斌　著
卡薩爾斯之琴	葉石濤　著
青囊夜燈	許振江　著
我永遠年輕	唐文標　著
思想起	陌上塵　著
心酸記	李　喬　著
孤獨園	林蒼鬱　著
離　訣	林蒼鬱　著
托塔少年	林文欽　編
北美情逅	卜貴美　著
日本歷史之旅	李希聖　著
孤寂中的廻響	洛　夫　著
火天使	趙衛民　著
無塵的鏡子	張　默　著
關心茶——中國哲學的心	吳　怡　著
放眼天下	陳新雄　著

生活健康　卜鍾元　著
文化的春天　王保雲　著
思光詩選　勞思光　著
靜思手札　黑野　著
狡兔歲月　黄和英　著
老樹春深更著花　畢璞　著

美術類

音樂與我　趙琴　著
爐邊閒話　李抱忱　著
琴臺碎語　黄友棣　著
音樂隨筆　趙琴　著
樂林蓽露　黄友棣　著
樂谷鳴泉　黄友棣　著
樂韻飄香　黄友棣　著
弘一大師歌曲集　錢仁康　著
立體造型基本設計　張長傑　著
工藝材料　李鈞棫　著
裝飾工藝　張長傑　著
人體工學與安全　劉其偉　著
現代工藝概論　張長傑　著
藤竹工　張長傑　著
石膏工藝　李鈞棫　著
色彩基礎　何耀宗　著
五月與東方——中國美術現代化運動在戰後臺灣之發展(1945～1970)　蕭瓊瑞　著
中國繪畫思想史　高木森　著
藝術史學的基礎　曾堉、葉劉天增　譯
當代藝術采風　王保雲　著
唐畫詩中看　王伯敏　著
都市計劃概論　王紀鯤　著
建築設計方法　陳政雄　著
建築鋼屋架結構設計　王萬雄　著